A GUIDE TO
EMPLOYMENT AND LABOR LAWS AND
REGULATIONS

労働法制度
ガイドブック

岡崎淳一

Okazaki Junichi

日本経済新聞出版

まえがき

　雇用・労働に関して、憲法をはじめとして、多くの法令によって、ルールが定められ、制度が作られている。また、厚生労働省は、指針やガイドラインで望ましい姿を示し、様々な支援措置を講じている。
　事業者が労働者を雇用して働かせる場合には、これらの法制度や施策を十分に理解して、適切に雇用管理を行い、労働者が安心して働き、最大限に能力を発揮できるようにすることが必要である。
　労働基準法、労働安全衛生法、最低賃金法などの労働基準関係法は賃金、労働時間、安全衛生などの労働条件の最低基準を定めているが、罰則を伴う刑罰法規であるので、これらの法令に違反をすると、刑罰を科される可能性がある。そして、司法警察権限を有する労働基準監督官が適時事業場を臨検監督し、法令が遵守されているかチェックをしている。また、労働者が法令に違反があると思った場合には労働基準監督官に違反の申告をすることができる。労働基準監督官による臨検監督件数は毎年十数万件に及んでいる。
　労働施策総合推進法、労働契約法、男女雇用機会均等法、育児・介護休業法、職業安定法、高年齢者雇用安定法、障害者雇用促進法、パート・有期雇用労働法、職業能力開発促進法などの雇用関係法は労働者の募集、採用、配置、教育訓練、福利厚生、均等待遇、ハラスメント防止、定年、解雇などに関して、ルールや事業者が講ずべき措置について定めている。これらのルールには罰則はないが、ルールに反する状況がある場合、労働者は行政機関に是正指導を求め、あるいは労働審判や裁判で争うことができる。
　また、労働組合法等は労働者の団結権、団体交渉権、団体行動権の労働基本権を擁護するため不当労働行為制度を設け、事業者に不当労働行為があった場合のために労働委員会による救済制度が用意されている。
　雇用・労働関係の法令は多岐にわたり、労働法制度全体を理解することは容易ではない。本書は、企業の経営者、人事労務担当者、そして管理職の方に労働法制度の基本を理解していただくことを目指して執筆をした。また、働いている

方々にとっても、自分の権利を守り、良い職場で働くためには、労働法制度の基本を知っておくことは意味があると思う。

　労働法制度は労働条件の最低基準や基本的なルールを定めているので、これは当然遵守すべきであるが、あくまで最低基準あるいは基本的ルールを定めたものであり、各企業は法制度の許容するギリギリのラインを模索するのではなく、それぞれの業種・職種、企業理念、慣行、労使協議などを踏まえて、労働者が満足して働くことができ、企業として最高のパフォーマンスを発揮できる制度を構築することが重要と考える。

　その際には、経営者や雇用関係の制度を構築・運用する人事労務担当者の労働法制度に関する十分な理解が必要であるが、それとともに実際に日々の指揮命令をする管理職が制度の趣旨に沿って部下に接することが求められる。例えば、忙しいからといって36協定で定める上限を超えて働かせたり、サービス残業をさせたりすれば、企業とともに当該管理職も責任を問われることになる。

　ところで、平成29年に働き方改革実行計画が取りまとめられ、これを受けて、働き方改革関連法によって労働基準法等が改正され、また、新たに兼業・副業やテレワークに関するガイドラインが策定されるなど労働法制度が大きく見直された。その後も、労働施策総合推進法の改正によるパワーハラスメント防止対策の義務付け、高齢者雇用対策法の改正による60代後半の就業確保措置の努力義務化など、雇用労働を取り巻く状況の変化に応じて制度改正が行われている。

　本書は、基本的に令和7年4月時点の制度を前提に執筆しているが、厚生労働省は時代の変化に応じて多くの制度改正の検討を行っている。令和7年4月以降の制度改正の動きには留意していただきたい。

　本書が、企業経営者、労務担当者、管理職の方々をはじめ、雇用・労働に関わる多くの方々の労働法制度の理解に役立ち、企業における働き方の見直し、適切な労働環境の確保に資することができれば幸いである。

令和7年初春

著者

本書のポイント

- 労働に関しては多くの法律があり、労働者を雇用する場合には、法制度の内容とともに基本的な考え方を理解しておく必要がある。
- 労働関係の法律は憲法を根拠にしたものなど重要なものが多い。
- 労働基準法など最低労働基準を定めた法律には罰則規定があり、違反した場合には刑事罰が科されることがある。なお、事業者のみならず、部下を持つ管理職も刑事罰の対象になる。

　労働法制度には、様々なものがあるが、まずは憲法と関連付けながら、その概要をみてみよう。
　憲法第22条第1項は「職業選択の自由」を規定し、第27条第1項は「国民の勤労の権利と義務」を規定している。これらの規定を受けて、様々な状況にある国民が実際に働くことができるようにするため、以下の法律が制定されている。
　労働施策総合推進法、職業安定法、職業能力開発促進法、男女雇用機会均等法、女性活躍推進法、次世代育成支援対策推進法、若者雇用促進法、高年齢者雇用安定法、障害者雇用促進法、パート・有期雇用労働法、労働者派遣法
　また、憲法第25条は第1項で「国民の生存権」を規定し、第2項で「社会保障制度を設けること」を規定している。雇用に関わる社会保障制度に関しては以下の法律が整備されている。
　雇用保険法、求職者支援法、労災補償保険法、厚生年金法、確定給付企業年金法、確定拠出年金法、中小企業退職金共済法、勤労者財産形成促進法、健康保険法
　さらに、憲法第27条第2項は「最低労働基準法定主義」を宣明し、第3項では「児童の酷使を禁止」している。これらの規定を具体化するために、最低労働基準など労働条件に関する以下の法律が整備されている。なお、労働基準法等は刑罰法規であり、重大な違反があった場合には事業者及び管理職等に刑事罰が科されることがある。

労働基準法、最低賃金法、賃金支払確保法、労働安全衛生法、育児・介護休業法

そして憲法第28条は、「労働者の団結権等」を保障しており、これを保障するため、集団的労使関係について定めた以下の法律が制定されている。

労働組合法、労働関係調整法、スト規制法

また、個別的労働関係に関する法律も整備されている。

労働契約法、労働契約承継法、個別労働関係紛争解決促進法、労働審判法

本書はこれら法律をベースにして、労働法制度全般について解説するものである。各章の各節の冒頭には、以降、説明する内容のポイントを抽出している。概要の把握や復習のために参照していただきたい。

労働法制度ガイドブック　目次

まえがき 3

本書のポイント 5

第1章　募集・採用から退職まで

第 1 節　**労働者を雇用する** 34

　1. 労働者とは 34

　　労働者=雇用者か、それ以外かを判定するもの 34
　　労働関係法が定義する2つの要素 35
　　労働組合法が定める労働者 35

　2. 雇用類似の働き方 36

第 2 節　**事業場を設立する** 37

第 3 節　**募集・採用** 38

　1. 労働者の募集方法 39

　　ハローワークによる労働者の募集 39
　　民間職業紹介事業者による労働者の募集 40
　　民間職業紹介事業者の業務形態 40

　2. 労働者募集・採用のルール 41

　　求人情報の明示が必要 41
　　求人情報に求められる内容 41
　　年齢制限の禁止 42
　　差別禁止 43
　　公正な選考のために留意すべきこと 43
　　個人情報の取り扱いで求められること 44

第 4 節　**採用——労働契約の締結** 44

　1. 労働契約 45

　　　　労働契約の原則　45
　　　　労働契約の成立　46
　　2. 契約期間　47
　　　　無期雇用と有期雇用　47
　　　　契約期間の制限　47
　　　　有期契約の更新のルール　48
　　　　有期契約からの無期転換ルール　49
　　3. 労働条件の明示　50
　　　　明示すべき内容　50
　　　　パート・有期雇用労働者　51
　　4. 労働者を採用した場合に必要な事項　51
　　　　健康診断、安全衛生教育ほか　51
　　5. 労働者名簿　52

第 5 節　**雇用管理**　52

　　1. 日本型雇用慣行　53
　　2. 転職再就職の受け入れ促進　54
　　3. 多様な正社員　55
　　　　無限定正社員と限定正社員　55
　　4. 人 事　56
　　　　事業者が有する人事権　56
　　　　昇進・昇格　56
　　　　配置転換・転勤　57
　　　　職種転換　57
　　5. 在籍出向　58
　　6. 転 籍　58
　　7. 企業再編　59
　　　　企業合併に伴う転籍　59
　　　　会社分割による転籍　60
　　　　事業譲渡に伴う転籍　60
　　　　企業価値担保権の実行による事業譲渡　61

第 6 節　教育訓練 61

1. 職業能力開発の基本理念 62
- 職業能力開発基本計画 62
- 教育訓練の種類 62

2. 事業者の取り組み 63
- 事業内職業能力開発計画 63
- 職業能力開発推進者 63
- グッドキャリア企業アワード 63

3. 企業が実施する教育訓練 64
- OJT 64
- Off-JT 64
- 実習併用職業訓練 65
- 認定職業訓練 65
- 企業における教育訓練の重要性 65

4. 労働者の主体的な職業能力開発 66
- 労働者の職業生活設計と主体的職業能力開発 66
- 事業者による主体的な職業能力開発の支援 66
- キャリアコンサルティング 66
- セルフ・キャリアドック 67
- ジョブ・カード 67
- 教育訓練休暇等 68
- 教育訓練給付 68

5. 職業能力評価制度 69
- 企業横断的に職業能力を測るものさし 69
- 技能検定 70
- 社内検定 70
- ビジネス・キャリア検定 70
- 職業能力評価基準 71

第 7 節　懲戒処分と損害賠償 71

1. 懲戒処分 72
- 懲戒事由 72
- 懲戒処分の種類 72
- 懲戒手続き 73

2. 損害賠償 73
　　損害賠償額の予定の禁止 74
　　損害賠償の支払い 74

第 8 節　就業規則 75

　　就業規則の機能 75
　　就業規則作成義務 76
　　就業規則の記載事項 76
　　就業規則の形式 77
　　就業規則の作成・変更手続き 77
　　就業規則の変更による労働契約の内容の変更 78
　　就業規則と法令・労働協約との関係 78
　　就業規則と労働契約の関係 79
　　就業規則の周知義務 79

第 9 節　退職・解雇 79

1. 定年退職 80
2. 有期契約の期間満了 81
3. 労働者の申し出による退職 82
　　期間の定めのない契約 82
　　有期労働契約 82
4. 労使合意による退職 83
5. 解雇 83
　　普通解雇 84
　　懲戒解雇 84
　　整理解雇 85
　　雇用維持努力 86
　　解雇禁止事由 86
　　解雇禁止期間 87
　　解雇予告 87
　　障害者を解雇する場合 87
6. 多数の離職者が生じる場合 88
　　大量雇用変動届 88
　　再就職援助計画 88
　　多数離職届 88

7. 退職時の手続き 89

第2章　賃金

第 1 節　賃 金　92

　　賃金の定義　92
　　平均賃金　92
　　賃金台帳　92

第 2 節　賃金体系　93

　　基本給　93
　　手当　94
　　配偶者手当の見直し　94
　　賃金改定　94

第 3 節　賃金の支払い　95

　　通貨払いの原則　95
　　直接払いの原則　96
　　全額払いの原則　96
　　毎月払いの原則　97
　　一定期日払いの原則　98
　　非常時払い　98
　　退職・死亡時の支払い　98
　　賃金の立替払い制度　98

第 4 節　休業手当　99

　　休業手当　99
　　民法に基づく請求権　100

第 5 節　最低賃金　100

　1. 最低賃金の趣旨　100

　2. 地域別最低賃金　101

　　最低賃金額の改定　101
　　最低賃金の対象となる賃金　101

　3. 特定最低賃金　102

                4. 減額特例　103
        第 6 節　**退職金**　103
                退職金の趣旨　104
                退職金規程　104
                退職金の保全　104
                公的な社外積み立て型退職金・年金制度　105
        第 7 節　**貯蓄制度**　106
                強制貯蓄の禁止　106
                社内預金制度　106
                財産形成貯蓄制度　107

第 3 章　労働時間

第 1 節　**労働時間の現状**　110
第 2 節　**基本的な労働時間制度**　110
        1. 法定労働時間　111
                週40時間・1日8時間制　111
                小規模事業場の特例　111
        2. 法定休日　112
                法定休日　112
                週休2日の場合の法定休日　112
                休日振替　113
                国民の祝日　113
        3. 休　憩　113
                休憩時間の付与に関するルール　113
                休憩の一斉付与　114
                休憩の自由利用　114
        4. 所定労働時間・休日の設定　115
                事業者が設定できる労働時間、休日　115

5. 労働時間管理 116

労働時間とは 116
労働時間の把握 117
事業場外労働の場合の労働時間の把握 118
みなし制度による労働時間の算定方式 118
1日の労働時間 119

第 3 節　柔軟な労働時間制度 120

1. 1か月単位の変形労働時間制 121

1か月単位の変形労働時間制を導入する手続き 121
変形期間における労働時間の上限 122
法定時間外労働となる時間 122

2. 1年単位の変形労働時間制 122

1年単位の変形労働時間制を導入する手続き 123
変形期間における労働時間の上限 123
労働時間、労働日数等に関する要件 124
日々の労働時間の特定 124
法定時間外労働となる時間 125
1年単位の変形労働時間制を利用する場合の留意点 125

3. 1週間単位の非定型的変形労働時間制 126

4. フレックスタイム制 126

フレックスタイム制の導入手続き 127
フレックスタイム制の清算期間 127
清算期間における所定労働時間 127
コアタイムとフレキシブルタイム 128
フレックスタイム制の労働時間管理 129
法定時間外労働となる時間 129
標準となる1日の労働時間 129
フレックスタイム制の留意点 130

5. 裁量労働制 130

専門業務型裁量労働制の対象者 131
専門業務型裁量労働制の導入手続き 131
企画業務型裁量労働制の対象業務 132
企画業務型裁量労働制の対象労働者 132

企画業務型裁量労働制の導入手続き　133
みなし労働時間の設定　133
みなし労働時間による労働時間の算定　134
労働時間の状況に応じて実施する健康・福祉確保措置　134
苦情処理　135
裁量労働制の留意点　135

6. 高度プロフェッショナル制度　136

高度プロフェッショナル制度の導入手続き　136
高度プロフェッショナル制度の対象業務　136
年収要件は1075万円以上　137
職務記述書　137
労働者の同意　137
高度プロフェッショナル制度の対象労働者への指示　138
健康管理時間の把握と医師の面接　138
休日確保　138
健康確保のための選択的措置　139
健康管理時間の状況に応じた健康・福祉確保措置　139
苦情処理　139
高度プロフェッショナル制度の実施状況の検証　139
高度プロフェッショナル制度の留意事項　140

第4節　時間外・休日労働　140

1. 法定時間外・法定休日労働　141

2. 36協定　142

法定時間外・法定休日労働をさせるための法的要件　142
36協定で定めるべき内容　143

3. 時間外労働の法的上限　144

原則　144
特別条項　145
研究開発業務の適用除外　146
自動車運転者　146
建設事業　147
病院の勤務医　147

4. 健康に特に有害な業務の　　1日の法定時間外労働の上限　147

5. 時間外・休日労働の管理　147
    36協定の遵守　147
    法定休日労働を含めた管理　148

6. 非常災害時の法定時間外・休日労働　148

7. 割増賃金　149
    割増賃金率　149
    所定時間外労働等の賃金　149
    割増賃金の計算基礎　150
    固定残業代制度　150

8. 代替休暇　151

9. 時間外・休日労働、深夜業の制限　152

第5節　労働時間規制の適用除外　152

農業、畜産業、水産業　152
管理監督者　153
機密の事務を取り扱う者　153
監視労働に従事する者　154
断続労働に従事する者　154
宿・日直　154

第6節　年次有給休暇　154

1. 年休の意義　155

2. 年休の権利　155
    出勤率　156
    継続勤務　156
    年休の付与日　156
    年休の管理期間　157

3. 年休の付与日数　157
    通常の労働者の付与日数　157
    比例付与　158

4. 年休の取得　158
    労働者の時季指定権　158

　　　　事業者の時季変更権　158
　　　　年休を取得できる日　159
　　　　年休の取得単位　159
　　　　時間単位の年休　160
　　5. 計画的付与制度　160
　　6. 事業者が年休を取得させる義務　162
　　　　最低5日を取得させる義務　162
　　　　5日取得させる義務の対象労働者　162
　　　　事業者による時季指定　162
　　　　計画的付与制度の活用　163
　　7. 年休を取得した場合の賃金　163
　　8. 年休取得を理由とする不利益取り扱い禁止　163
　　9. 年休管理簿　164

第 7 節　働き方の見直し　164
　　1. 労働時間管理の改善　164
　　2. 長時間労働をなくすために　165
　　　　企業における取り組み　165
　　　　社会を挙げての取り組み　165
　　3. 年休取得促進のために　165
　　4. 勤務間インターバルの確保　166

第4章　働きやすい職場

第 1 節　子育てと仕事の両立　168
　　1. 妊娠中の女性の保護　169
　　　　妊婦健診等　169
　　　　業務の軽減　170
　　　　危険有害業務　170
　　　　不利益取り扱いの禁止　171

2. 産前産後休業　171

産前休業　171
産後休業　171
産前産後休業中の処遇　172

3. 育児休業　172

育児休業の対象労働者　172
育児休業期間　172
パパ・ママ育休プラス　173
育児休業の取得方法　173
育児休業取得の手続き　173
育児休業中の処遇　174
育児休業中の労働　174
男性の育児休業取得状況の公表　174
1歳以降の育児休業　174

4. 産後パパ育休（出生時育児休業）　175

5. 育児時間　175

6. 看護等休暇　175

看護等休暇の日数　176
看護休暇の単位　176
看護等休暇の取得事由　176

7. 子育てと両立するための勤務制度　177

短時間勤務制度　177
定時勤務制度　177
法定時間外労働の制限　177
深夜業の制限　178
3歳から小学校就学前の子を養育する労働者の柔軟な働き方実現措置　178

8. 育児と仕事の両立ができる職場　179

育児休業制度等の周知　179
育児休業取得者の適切な雇用管理　179
育児と仕事の両立を容易にする制度　179
育児目的休暇　180
転勤の配慮　180
再雇用制度の整備　180

　　　　職業家庭両立推進者　180
　　　　育児のための制度の活用を阻害する行為の禁止　180
　　　　労働者の苦情等への対応　181
　　　　法律の履行確保　181
　　9. 次世代育成支援対策　181
　　　　一般事業主行動計画　182
　　　　くるみん・プラチナくるみん　182

第 2 節　**介護と仕事の両立**　182
　　1. 介護休業　183
　　　　介護休業の対象労働者　184
　　　　介護休業期間　184
　　　　介護休業取得の手続き　184
　　　　介護休業中の処遇　184

　　2. 介護休暇　185
　　3. 介護と仕事を両立するための勤務制度　185
　　4. 介護と仕事の両立ができる職場　186
　　5. 介護離職を予防するための両立支援対応モデル　186

第 3 節　**ハラスメント防止**　187
　　1. パワーハラスメント　188
　　　　優越的な関係を背景とする　188
　　　　業務上必要かつ相当な範囲を超える　189
　　　　就業環境が害される　189
　　　　パワーハラスメントの6類型　190
　　　　身体的な攻撃　190
　　　　精神的な攻撃　190
　　　　人間関係からの切り離し　191
　　　　過大な要求　191
　　　　過小な要求　192
　　　　個の侵害　192
　　2. セクシャルハラスメント　192
　　　　対価型セクシャルハラスメント　193

　　　　　　環境型セクシャルハラスメント　193
　　　　　　判断基準　193

　　3. マタニティハラスメント　194
　　　　　　状態への嫌がらせ型　194
　　　　　　制度等の利用への嫌がらせ型　195
　　　　　　妊娠、出産、育児休業等を理由とする不利益取り扱いの禁止　195
　　　　　　妊娠、出産することへの嫌がらせ　195

　　4. 家族を介護している労働者へのハラスメント　196

　　5. ハラスメント防止措置　196
　　　　　　事業者と労働者の責務　196
　　　　　　事業者の方針の明確化及びその周知・啓発　197
　　　　　　相談窓口　197
　　　　　　ハラスメント事案への対応　198
　　　　　　プライバシーの保護　198
　　　　　　相談等を理由とする不利益取り扱いの禁止　198

　　6. 自社の労働者以外が関わるハラスメントへの対応　199
　　　　　　自社の労働者によるハラスメントの防止　199
　　　　　　自社の労働者が他から受けるハラスメントへの対応　199

第 4 節　**テレワーク**　200

　　1. テレワークとは　200

　　2. テレワークの効果　201
　　　　　　企業のメリット　201
　　　　　　労働者のメリット　201
　　　　　　社会のメリット　202

　　3. 雇用型テレワークの留意点　202
　　　　　　フレックスタイム制　202
　　　　　　裁量労働制　203
　　　　　　労働時間の把握　203
　　　　　　長時間労働の防止　203
　　　　　　健康確保措置　203

第 5 節　**副業・兼業**　204

1. 副業・兼業の意義と留意点 205

   企業のメリットと留意点　205
   労働者のメリットと留意点　205

2. 副業・兼業に関するルールの見直し 206

   副業・兼業の解禁　206
   副業・兼業をする労働者への対応　206
   副業・兼業の労働時間管理　207

第5章　健康と安全

第1節　労働安全衛生の現状 210

第2節　事業者の責任と安全な職場 210

1. 安全配慮義務 211

   労働者の安全確保に対する事業者の責務　211
   安全や健康に関わるすべての事項が対象　211

2. 労働者の責務 212

3. リスクマネジメント 212

4. 安全衛生優良企業制度 213

5. 労働災害が発生した場合 213

   労働災害の報告義務　213
   再発防止対策の策定　213

6. 労災補償 214

第3節　安全衛生管理体制 214

1. 総括安全衛生管理者 215

2. 安全管理者 215

3. 衛生管理者 216

4. 安全衛生推進者・衛生推進者 216

  5. 安全委員会 217

  6. 衛生委員会 217

  7. 作業主任者 218

  8. 建設業・造船業における安全衛生管理体制 218

  9. 救護技術管理者 219

第 4 節 **安全衛生確保措置** 219

  1. 事業者による安全確保措置 219

    熱中症対策 220
    情報機器等に関する対策 220
    腰痛・転倒対策 220

  2. 注文者等による安全確保措置 221

第 5 節 **心身の健康確保** 221

  1. 労働者の健康に関する事業者の責任 222

  2. 産業医・産業保健体制 223

    産業医の選任 223
    産業医の職務 224
    産業医への情報提供 224
    産業医の権限 225
    産業医の勧告 225
    産業医の身分保障 225
    産業歯科医 226
    産業医の活動環境の整備 226

  3. 健康診断 226

    健康診断実施は事業者の義務 226
    労働者の健診受診義務 227
    一般健康診断 227
    特定業務従事者健康診断 228
    特殊健康診断 228
    海外業務従事者健康診断 229
    歯科健診 229
    推奨されている健康診断 229

　　　　臨時の健康診断 229
　　4. メンタルヘルスとストレスチェック 230
　　　　心の健康づくり計画 230
　　　　ストレスチェック制度 230
　　5. 長時間労働をしている労働者に対する医師の面接指導 231
　　6. 労働者の健康確保のための措置 232
　　7. 健康情報の適正管理 232
　　8. 受動喫煙対策 232
　　9. 職場における感染防止 233
　　10. トータル・ヘルス・プロモーション（THP） 234
　　11. 健康経営 234
　　12. 病気治療と仕事の両立 234

第 6 節　**安全衛生教育** 235
　　　　雇い入れ時、作業内容変更時教育 235
　　　　職長教育 236
　　　　危険有害業務従事者に対する特別教育 236
　　　　危険有害業務従事者のフォローアップ教育 236
　　　　安全衛生管理業務従事者の能力向上教育 236

第 7 節　**職場環境** 237
　　1. 職場の環境基準 237
　　　　事務所の職場環境の基準 237
　　　　工場・作業場等の職場環境に関する基準 238
　　2. 作業環境測定 238
　　　　作業環境測定の実施 238
　　　　作業環境測定結果の評価 239
　　3. 快適職場 239

第 8 節　**機械の安全** 240

第 9 節　**化学物質の安全** 240

1. 製造禁止・許可 240
　　　2. 表示・文書交付 241
　　　3. 危険・有害性調査 241
　第 10 節　労働安全衛生関係資格 241
　第 11 節　労働災害をなくすために 242
　　　1. 労働災害防止計画 242
　　　2. 労働災害防止協会 242
　　　3. 労働災害防止活動 243
　　　4. 過労死の防止 243

第 6 章　対象別の雇用管理

　第 1 節　女性の雇用 246
　　　1. 女性の雇用の状況 246
　　　2. 男女雇用機会均等 247
　　　　性別を理由とする差別の禁止 247
　　　　募集・採用における差別禁止 248
　　　　配置における差別禁止 248
　　　　昇進・降格における差別禁止 249
　　　　教育訓練における差別禁止 249
　　　　福利厚生における差別禁止 249
　　　　職種・雇用形態の変更における差別禁止 250
　　　　退職・解雇等における差別禁止 250
　　　　男女で異なる扱いが均等法違反とならない場合 250
　　　　コース別雇用管理 251
　　　　間接差別の禁止 251
　　　　ポジティブアクション 252
　　　　機会均等推進責任者 252
　　　　労働者の苦情等への対応 252

3. 女性活躍推進 253

　　基本方針 253
　　一般事業主行動計画 253
　　情報公表 254
　　えるぼし・プラチナえるぼし 254

第 2 節　若者の雇用 255

1. 若者の雇用の状況 256

2. 児童労働 256

3. 年少者の保護 257

　　未成年者の労働契約 257
　　年齢証明書 257
　　年少者の労働時間 257
　　年少者の危険有害業務の禁止 258

4. 若者の雇用促進 258

　　募集の改善 259
　　採用の改善 259
　　職場定着支援 260
　　ユースエール認定 260

5. インターンシップ等キャリア形成支援 260

6. 新規学卒者の募集・採用 261

　　新規高校卒業者の採用活動に関するルール 261
　　新規大学卒業者の採用活動に関するルール 261
　　企業情報の充実 262
　　多様な採用方法 262
　　採用内定 263

第 3 節　高齢者の雇用 264

1. 高齢者の雇用の状況 264

2. 高齢者の雇用確保 265

　　60歳未満定年の禁止 266
　　60歳から65歳までの高齢者雇用確保措置 266
　　65歳から70歳までの高齢者就業確保措置 267

高齢者雇用確保・就業確保措置の履行確保　268

3. 高齢者の雇用管理　268

高年齢者雇用推進者　269

4. 高齢者の労働災害防止　269

5. 高齢者の再就職援助　269

6. シルバー人材センター　270

第4節　障害者の雇用　270

1. 障害者の雇用の状況　271

2. 障害者に関する法制度の概要　271

障害者基本法　271
障害者総合支援法　271

3. 障害者雇用対策の概要　272

4. 法定雇用率制度　273

法定雇用率　273
実雇用率　274
実雇用率の算定対象となる障害者　274
障害者の把握方法　275
企業の労働者数のカウント　275
雇用障害者数のカウント　276
雇用率の算定が通算できる特例　276
障害者雇用率の報告と未達成の場合の指導　277

5. 障害者雇用納付金制度　277

100人超の企業　277
100人以下の企業　278
在宅就業の発注に対する支援　278

6. 障害者差別の禁止　278

経緯　278
差別禁止　279

7. 障害者への合理的配慮　280

合理的配慮とは　280

合理的配慮の手順　280
　　　合理的配慮の内容　281
　　　過重な負担　282
　　　労働者の苦情等への対応　282

　8. 虐待防止　282

　9. 障害者の解雇　283

　10. 障害者が働きやすい職場　283

　　　障害者雇用推進者　285
　　　障害者職業生活相談員　285
　　　優良な中小企業事業主認定制度　285

　11. 特例子会社　285

　　　親会社との関係　285
　　　特例子会社に求められること　286

　12. 職業リハビリテーション　286

　　　就労支援　286
　　　ジョブコーチ　287

第 5 節　**外国人の雇用**　287

　1. 外国人雇用の現状　288

　2. 在留資格制度　288

　　　専門的・技術的分野　289
　　　高度専門職　289
　　　技術・人文知識・国際業務　289
　　　特定技能　290
　　　技能実習制度から育成就労制度へ　291
　　　ワーキングホリデー　292
　　　留学生　292
　　　身分に基づく在留資格　293

　3. 外国人を雇用する　293

　　　不法就労に注意　293
　　　在留カード　293

　4. 外国人の適正な雇用管理　294

第 6 節　パート・有期雇用労働者の雇用　294
 1. パート・有期雇用労働者の状況　295
 2. パート・有期雇用労働者対策　295
  パート・有期雇用労働法の基本理念　296
  対象となる労働者　297
 3. パート・有期雇用労働者に対する労働関係法令の適用　297
  労働条件の明示　297
  就業規則　298
  労働者代表　298
  年次有給休暇　298
  健康診断　299
  育児・介護休業制度等　299
  解雇　299
  社会・労働保険　299
 4. 同一労働同一賃金の概要　300
  同一労働同一賃金の枠組み　300
  比較対象となる通常の労働者　301
 5. 通常の労働者と同視されるパート・有期雇用労働者　301
  職務内容の判断基準　301
  職務内容と配置の変更　302
 6. 通常の労働者と同視される労働者以外の
  パート・有期雇用労働者　303
  不合理な待遇差の解消　303
  待遇ごとに判断すること　303
  基本給　304
  賞与　305
  通勤手当　305
  食事手当・食事補助　305
  役職手当　306
  職務に関連する手当　306
  地域手当　306
  精皆勤手当　306
  時間外、休日、深夜手当　307

　　　　　家族手当 307
　　　　　住宅手当 307
　　　　　退職金 308
　　　　　休暇 308
　　　　　福利厚生施設 308
　　　　　教育訓練 309
　　　　　安全のための措置 309

　　7. パート・有期雇用労働者への説明義務 310
　　　　　雇用管理改善に関する事項の説明 310
　　　　　待遇決定に際して考慮した事項の説明 310
　　　　　正社員との待遇差と理由の説明 310

　　8. 正社員転換措置 311

　　9. パート・有期雇用労働者が働きやすい職場 312
　　　　　パート・有期雇用労働者の雇用管理 312
　　　　　相談窓口の整備 313
　　　　　短時間・有期雇用管理者 313
　　　　　労働者の苦情等への対応 313

第 7 節　**労働者派遣・業務請負** 314

　　1. 労働者派遣と業務請負 314
　　　　　労働者派遣 314
　　　　　業務請負 315
　　　　　偽装請負 315

　　2. 労働者派遣の利用 315
　　　　　許可制 315
　　　　　労働者派遣禁止業務 316
　　　　　事業場ごとの期間制限 317
　　　　　同一職場で同じ派遣労働者を受け入れる期間制限 318
　　　　　期間制限の例外 318
　　　　　労働者派遣契約の締結 319
　　　　　派遣労働者の賃金と派遣料金 319
　　　　　派遣される労働者を特定する行為の禁止 320
　　　　　労働者派遣契約の遵守 321
　　　　　派遣労働者受け入れの際の対応 321
　　　　　労働関係法令の遵守 321

　　　　派遣先における適正就業のための措置 322
　　　　派遣会社の雇用管理への協力 323
　　　　派遣労働者の社員登用 324
　　　　派遣労働者の苦情への対応 324
　　　　派遣先責任者 324
　　　　派遣先管理台帳 325
　　　　労働者派遣契約の中途解約 325
　　3. 業務請負 325
　　　　業務請負と労働者派遣との区分 325
　　　　発注者による請負事業者の労働者の雇用改善への協力 327

第7章　労使関係と労使紛争

第1節　集団的労使関係 330

1. 集団的労使関係と個別的労使関係 330

2. 労働基本権 331
　　　　団結権、団体交渉権、団体行動権 331

3. 労働組合 332
　　　　労働組合の組織形態 332
　　　　労働組合の要件 333
　　　　労働組合の結成 334
　　　　労働組合の資格審査 335
　　　　ユニオンショップ制 335
　　　　労働組合への便宜供与 336

4. 団体交渉 336
　　　　団体交渉義務 336
　　　　団体交渉事項 337
　　　　団体交渉のルール 338

5. 労働争議 339
　　　　労働争議と争議行為 339
　　　　争議行為に対する保護 339

　　　　正当な争議行為　340
　　　　争議行為の態様と正当性　340
　　　　事業者による対抗措置　341
　　　　労働組合の活動　342
　　　　公益事業における争議行為の予告　342
　　　　争議行為の届け出　342
　　　　労働争議の調整制度　343

　　6. 労働協約　343
　　　　労働協約とは　343
　　　　労働協約の有効期間　344
　　　　労働協約の効力　344
　　　　一般的拘束力　345
　　　　地域的な拘束力　345

　　7. 不当労働行為の禁止　346
　　　　不当労働行為とは　346
　　　　不利益取り扱い　346
　　　　黄犬契約　347
　　　　団体交渉の拒否　347
　　　　支配介入　347
　　　　経費援助　348
　　　　労働委員会利用を理由とする不利益取り扱い　349
　　　　不当労働行為の救済制度　349

　　8. 労働委員会　350

第 2 節　**労働者代表制度**　350

　　1. 労働者代表制度の概要　351

　　2. 労働者代表との協定方式　351
　　　　過半数労働組合との協定　352
　　　　過半数代表との協定　352

　　3. 労使委員会　354
　　　　事業場の労使委員会　354
　　　　労働時間等改善設定委員会　355

第 3 節　**個別労働紛争** 356
　　1. 個別労働紛争の状況　356
　　2. 企業内における解決　356
　　3. 個別紛争解決のために利用できる主な制度　357

第1章

募集・採用から退職まで

労働法制度ガイドブック

第1節 労働者を雇用する

[ポイント]

- 労働者とは基本的には雇用契約によって雇われている者であるが、請負、委任などの契約形式をとっていても実態によって労働者と判断されることがある。労働者には労働関係法令が適用される。
- 労働者に該当しないフリーランスには、労働関係法令は適用されないが、特定受託事業者にかかわる取引の適正化等に関する法律（フリーランス法）において注文者等の義務が定められている。

1. 労働者とは

▶労働者＝雇用者か、それ以外かを判定するもの

　働いている人は、その立場によって、自分で事業を行う「事業者」と事業者に雇われて働く「雇用者」に区分される。事業者には、労働者を雇用して事業を行っている企業や個人事業主のほか、家族だけで運営している個人商店や飲食店の店主、1人で仕事をしている建設職人（一人親方）、個人タクシー、フリーランス、クラウドワーカーなどが含まれる。

　雇用者は、正規雇用と非正規雇用に区分され、非正規雇用には、パート、アルバイト、派遣社員、契約社員、嘱託などが含まれる。近年、非正規雇用労働者の割合が高まっている。

　非正規雇用を含めた雇用者が労働関係法令の適用される労働者であり、労働契約法、労働基準法などの労働関係法令が適用され、社会・労働保険は厚生年金、健康保険、雇用保険、労災保険が適用される。

　一方、一人親方やフリーランスなど労働者でない者には、労働関係法令による保護はなく、社会保険は自分で国民年金、国民健康保険に加入する。労働者かそれ以外かで法制度の適用関係が大きく異なるので、労働者に該当するかどうかの判断は極めて重要である。なお、「労働者」の定義は、労働組合法とそれ以外の労

働関係法では異なっており、労働組合法のほうが労働者の範囲が少し広い。

▶労働関係法が定義する2つの要素

　まず、労働組合法以外の労働関係法の「労働者」についてみてみよう。労働契約法では、「『労働者』とは、使用者に使用されて労働し、賃金を支払われる者をいう。」としている。そして、使用者が労働者を雇う契約が労働契約であるとしている。なお、労働契約法では「使用者」という用語を使っているが、一般にいう事業者のことである。

　この労働者に該当するかどうかは、契約の形式ではなく、働いている実態によって判断される。契約形式が雇用契約であれば当然労働者になるが、契約形式が請負や委任であっても、その実態が労働者の定義に該当する場合には労働者であり、労働関係法令の適用がある。

　労働者の定義は、「使用されている」ことと「賃金を支払われる」ことの2つの要素から構成されている。これらは、一般に、使用従属性と称されており、労働者であるかどうかの判断基準となっている。

　具体的な判断要素には、仕事の依頼、業務従事の指示に対して諾否の自由があるか、業務の内容や遂行方法について通常の注文者・委託者の指示の程度を超えた指揮をしていないか、働く場所や時間が指定されていないか、本人に代わって他の人による労務の提供が認められているか、報酬が時間給など仕事の成果とかかわりがない方式でないか、本人が高額の機械等を所持していないか、報酬額が正社員に比して著しく高額ではないか、他社の仕事への従事を制度上制約していないかなどが含まれる。事実を整理した上で、それらの要素を総合勘案して判断する。

　ここで問題なのは、業務の性質等から具体的な指揮命令が必要な場合や注文者が働く者を専属にして思い通りに仕事をさせたい場合であるのに、あえて雇用契約にせず、労働者でないと主張することである。労働関係法令の規制を嫌う、あるいは社会・労働保険料の支払いを免れるなどが動機と思われるが、明らかに脱法行為であり、許されない。

▶労働組合法が定める労働者

　次に、労働組合法の労働者についてみてみよう。労働組合法の労働者の定義は、

「『労働者』とは、職業の種類を問わず、賃金、給料その他これに準ずる収入によって生活する者をいう。」とされている。労働契約法と異なり、「使用されている」という文言がなく、賃金などの収入面で定義されている。

個別の交渉では労使間の交渉力に大きな格差があることから、労働組合法は労働者に団結権を保障し、対等な交渉によって労働条件を決定することを目的としている。そのため、業務に関する指揮命令関係ではなく、経済的従属性や両者の力関係が判断基準の中心となる。

労働組合法に関しても、雇用契約の場合には労働者性が顕著なので、それ以外の契約形式が問題となる。基本的な判断要素として、3つの要素が示されている。

すなわち、①事業遂行の不可欠あるいは枢要な労働力として事業の組織に組み入れられていること、②事業を行う側が契約内容を一方的に定めていて、働くためには示された労務内容や条件を受諾するしかないこと、③報酬が労務提供の対価としての性格を有していることである。

労働組合法の労働者性は労働委員会や裁判で争われることになるが、労働契約法等の労働者に比べて、広く認められている。例えば、労働委員会はプロ野球選手の選手組織を労働組合と認めたが、プロ野球選手は労働基準法等の関係では労働者とされていない。

2. 雇用類似の働き方

従来から、建設職人や検針・集金など請負契約や委託契約で働く者がいたが、近年、クラウドソーシングの拡大や働き方の多様化が進む中で、フリーランス、クラウドワーカーが増加してきている。

クラウドを利用するものとしては、データ入力、文書入力、添削などの事務関連、アプリ等の設計、ウェブサイトの作成などIT関連、デザイン・映像制作などがある。クラウドと直接関係がないものとしては、製造・組立などの現場作業、運送・配送、建設職人、コンサルタント、設計、通訳、塾の講師、委託営業員、芸能・音楽関係など、多岐にわたっている。

これらのうち、実態が労働者に該当する者については労働関係法の適用があるが、労働者に該当しない者については労働関係法の適用はなく、従来は注文者に対して独占禁止法、下請代金支払遅延等防止法の適用があるのみであった。

しかしながら、これまで様々なトラブルがあったのでフリーランス等の保護を図るため、新たに「特定受託事業者に係る取引の適正化等に関する法律」(フリーランス法)が制定された。業務委託をする事業者に対し、給付内容・報酬の明示、報酬の60日以内の支払い、育児・介護との両立の配慮などを義務付け、受託者に責任がない場合の報酬減額、返品などを禁止した。

第2節 事業場を設立する

[ポイント]
- 新たに事業場を設立した場合には、労働関係や社会・労働保険関係の手続きをしなければならない。
- この場合の事業場には、支店や工場等の新設も含まれる。

　労働者を雇用して事業を始める場合、あるいは、それまで本人だけで行っていた事業で初めて労働者を雇用する場合には、労働関係や社会・労働保険関係の法律の適用を受けることになり、関係の手続きが必要である。
　労働関係や社会・労働保険関係の法律は、原則として企業単位ではなく、事業場単位で適用されるので、新たに支店や工場などを設立する場合にも、同様の手続きが必要になる。
　この場合の事業場とは、1つの場所において相関連する組織のもとに継続的に行われる作業の一体をいうこととされている。基本的には場所的概念によって決定され、同じ場所にあるならば1つの事業場(一の事業場)、異なる場所にあれば別の事業場である。支店、営業所、工場、店舗などはそれぞれ一の事業場である。
　ただし、同じ場所にある場合でも著しく労働の様態を異にする部門がある場合にはそれぞれ別の事業場となる。例えば、支店と工場が同じ敷地にあるが、それぞれ支店長と工場長がいて、本社の別の部門の指揮を受け、労務管理も別に行われている場合などである。
　一方、小規模な出張所等に関しては、規模が著しく小さく、組織的関連、事務能力等を勘案して一の事業場という程度の独立性がない場合には、直近上位の機

構と一括して一の事業場として取り扱うこととされている。

　労働基準監督署には、労働基準法に基づく適用事業報告と労働保険の保険関係成立届を提出する。労働基準法や労災保険は、正社員に限らず、すべての非正規雇用労働者にも適用されるので、短時間のパート等を1人でも雇った場合には手続きが必要である。

　ハローワーク（公共職業安定所）には、雇用保険適用事業所設置届を提出する。雇用保険は、週所定労働時間20時間以上（令和10年10月から10時間以上）で31日以上雇用見込みの労働者に適用されるので、正社員やこれに該当するパート等を雇った場合に提出する。

　年金事務所には、健康保険等の被保険者となる労働者がいる場合に、健康保険・厚生年金保険新規適用届を提出する。法人の場合はすべて強制適用であり、個人事業主の場合には一部のサービス業を除き被保険者となる労働者を5人以上雇用する場合に強制適用になる。なお、個人事業主で強制適用にならない場合にも労働者の半数以上の同意を得て健康保険・厚生年金の任意適用を申請することができる。

第3節　募集・採用

[ポイント]

- 労働者を募集する場合、直接募集、文書募集は原則自由にできるが、委託募集は許可・届け出が必要である。
- 労働者の採用にハローワークや許可を受けている民間職業紹介事業者を利用できる。
- 求人に際して、業務内容、契約期間など職業安定法で定める事項を明示しなければならず、虚偽の内容や誇大な表現をしてはならない。
- 労働者の募集・採用に際して、原則として年齢による制限は禁止されている。ただし、例外として年齢で限定できる場合が定められている。
- 労働者の募集・採用に際して性別による差別は禁止されている。また、障害者に均等な機会を与えなければならない。
- 募集・採用に当たっては、労働者の適性・能力を基準として公正に選考をしなけ

ればならない。面接等において家族や思想・信条に関する質問をしてはならない。
- 募集・採用に際して取得した個人情報を適正に管理・廃棄しなければならない。

1. 労働者の募集方法

　労働者を募集する方法には、直接募集、文書募集、委託募集があるほか、ハローワークや民間職業紹介事業者などの職業紹介機関を利用する方法がある。仕事内容、雇用期間、採用人数、求める人材などに応じて、適切な方法で募集する。

　直接募集は、事業者や自社の従業員が直接労働者に働きかけて応募を勧誘するものである。具体的には、知り合いなどの縁故を利用したり、いろいろな場で声掛けをしたりして探すことになる。直接募集は原則として自由にできる。

　文書募集は、労働者を募集する旨の広告を掲載したり、文書を掲示・配布したりするものである。具体的には、新聞・雑誌の求人広告欄や求人情報誌などへの求人広告の掲載、求人募集のチラシの配布、事業場の門前等への求人募集の文書掲示などのほか、テレビ・ラジオなどの電波を利用するもの、インターネット求人サイトへの登録、自社ホームページへの求人募集の掲載、電話での勧誘など、不特定の者に働きかけるものが含まれる。文書募集も原則として自由にできる。

　委託募集は、自社の従業員以外の者に労働者の募集を委託するものである。募集を委託する者に報酬を支払う場合には、募集案件ごとに、厚生労働大臣または都道府県労働局長の許可が必要である。募集条件が適正であることなどが審査される。また、報酬額については認可が必要である。報酬を支払わない場合には、許可は必要ないが、届け出が必要である。

▶ハローワークによる労働者の募集

　ハローワークは国が運営する全国ネットワークの職業紹介システムであり、職業紹介のほか、雇用保険、雇用対策を一体として実施している。ハローワークは国費で運営されているので、求人者、求職者いずれも無料で利用できる。すべての求人・求職者を対象にしているが、管理職、技術職等の求職者はそれほど多くない。

また、一部の地方公共団体は無料の職業紹介事業を実施している。

▶民間職業紹介事業者による労働者の募集

民間職業紹介事業者は、厚生労働大臣の許可を受けて職業紹介を行っており、主として、求人者の支払う手数料でビジネスを展開している。手数料の決め方には上限制手数料と届出制手数料との2つの方法がある。

上限制手数料の上限は、求人受付手数料が710円、就職した場合の手数料が賃金の11％（6か月分まで）である。

届出制手数料は、紹介事業者が自由に設定して厚生労働大臣に届け出るもので、手数料の構成・額はサービスの内容や紹介就職の難易度などに応じて決められる。上限制手数料に比して高額である場合が多い。紹介事業者は手数料を明示することになっているので、利用する場合にはしっかりと確認することが必要である。

▶民間職業紹介事業者の業務形態

民間職業紹介事業者の業務形態には4つの種類がある。

第一は、主として無期雇用の正社員の紹介を行う人材紹介型である。紹介事業者によって得意な分野は異なるが、管理職や技術者などホワイトカラーを中心とする事業者が多い。また、医師、看護師など特定の職業に特化している事業者もある。通常、届出制手数料を採用している。

第二は、あらかじめ求職者を登録しておき、求人があった場合に、登録している求職者から適切な人を紹介するものである。日雇いや短期間の雇用の紹介が多い。伝統的な職業紹介所であり、対象職種は家政婦、看護師、配ぜん人、マネキン、モデルなどが多い。上限制手数料の場合が多い。

第三は、求人者の求めに応じて積極的にニーズに合う人材を探して紹介するヘッドハンティング型である。求職登録している人に限らず、在職して転職を考えていない人にもアプローチして求人者の要求に対応する。届出制手数料で、手数料は着手金、活動報酬、成功報酬などで構成され、人材確保の難易度によっては相当高額になる場合もある。

最後に、リストラなどの場合に再就職を支援する再就職支援型である。整理解雇等を行う事業者には再就職支援義務があり、その際に再就職支援型の職業紹介事業者に専門的な支援を委託できる。ただし、紹介事業者が積極的に退職勧奨

関与することは適切ではないとされているので、委託する場合にはこの点に留意する必要がある。手数料は、再就職希望者に対するコンサルティングや講習、相談などを含んだものとなり、リストラを実施する事業者が負担する。

このほかに、派遣会社が行う紹介予定派遣がある。紹介予定派遣は、6か月以内の派遣就業後に派遣先への就職を予定して派遣するものである。派遣先と派遣労働者は派遣就業期間中にお互いに見極めることができる。派遣先は採用を決めた場合には、派遣料金に加えて、紹介手数料を支払うことになる。紹介予定派遣は、職業紹介の許可を有する派遣会社が行っている。

優れた職業紹介サービスの提供に取り組み、健全な運営を果たしている民営職業紹介事業者を推奨するための「職業紹介優良事業者認定制度」があるので、民営職業紹介事業者を利用する場合には参考になる。

2. 労働者募集・採用のルール

▶求人情報の明示が必要

労働者の募集・応募は、求職者にとって、就職につながる第一歩である。的確な情報に基づいて、かつ、個人情報に関する心配もなく、公平な状況で求職活動ができるようにすることが必要である。特に、早く就職したい求職者にとっては、面接に行ったら話が違ったというようなことは迷惑である。

職業安定法は、求人する場合に明示すべき事項として、業務内容、労働契約期間、就業場所、始業・終業時間、残業の有無、休日、賃金などを定めている。募集広告等に明示するか、明示しきれない場合には応募しようとする者から問い合わせがあった場合に文書、メール等で答える必要がある。

▶求人情報に求められる内容

求人情報は、虚偽又は誇大な内容とならないようにしなければならない。応募者を引き付けるために、例えば、業務内容が飛び込み営業であるのにルート営業と説明する、残業代を含めた収入見込みを基本給と誤解させる、残業が多いのに定時に帰れると説明するなどは許されない。

また、労働者が具体的に理解できるよう、わかりやすい表現にするとともに、労

働条件等の水準、範囲等を可能な限り限定することが求められる。特に、有期契約の場合には具体的な期間を明記すること、試用期間を設ける場合は必ず明記すること、賃金に幅を持たせる場合には可能性の高い幅を示すことなどに留意する必要がある。

募集に際しては、これらの労働条件に関する事項に加えて、労働者が応募に際して自分に適した仕事であるか、自分の能力で大丈夫かを適切に判断できるように、職務の遂行に必要とされる労働者の適性、能力、経験、技能の程度など応募者に求められる事項をできる限り明示することが求められる。

募集に応じた求職者と面接等をする中で、業務内容や労働条件を変更して採用したい場合や賃金等に幅を持たせている場合に具体的な額を決める場合には、採用合意の前に応募者が検討する余裕を持たせて文書等で示さなければならない。

▶年齢制限の禁止

高齢化が進展する中で、経済の持続的な成長のために、年齢にかかわりなく能力が発揮できる社会としていくことが求められている。その一環として、労働施策総合推進法において、募集・採用に際して年齢による制限が禁止されている。

労働者の募集に当たっては、原則として年齢不問としなければならない。形式的に年齢不問とすればよいものではなく、年齢を理由に応募を断わることや、採用選考過程で年齢を理由にした採否決定なども許されない。

労働施策総合推進法は募集・採用に際して年齢で制限できる例外を認めており、以下に該当する場合は、年齢制限が可能である。

定年制がある会社が無期雇用労働者を採用する場合には定年を上限にすることができる。定年制との整合性から認められる例外であり、60歳定年の会社であれば、60歳未満にできるが、58歳未満などとすることは許されない。

法令によって就業に年齢制限が設けられている場合には、その年齢で制限することは可能である。例えば警備業法で定める警備業務に従事する労働者を募集する場合には18歳以上とすることができる。

長期勤続によるキャリア形成を図るため、期間の定めのない労働契約で若年者を募集・採用する場合には、一定の年齢上限を設けることができる。新卒者を一括採用して企業内でキャリア形成を図る日本型雇用慣行に配慮するとともに、新卒時に正社員になれなかった者や離転職を繰り返した者に安定した雇用への途(みち)を

ひらくための例外である。この趣旨に沿うよう、職業経験を不問にすること及び新卒採用者と同等の正社員とすることが要件となっている。

技能・ノウハウの継承が必要となる職種において年齢層に偏りがあって特定の年齢層の労働者が少ない場合には、その年齢層に限った募集・採用ができる。

芸術・芸能分野で表現の真実性などの必要性がある場合には年齢を限定できる。芸術性とは関係なく、イベントのコンパニオンとして30歳未満とするなどは許されない。

60歳以上の高齢者を対象とする募集は認められる。高齢者の雇用促進のための例外である。この場合には、年齢の上限は設けられないこととなっており、例えば、60～70歳というような募集はできない。

最後に、特定の年齢層の雇用を促進する国の施策に対応するための求人については、その施策の対象年齢に限定して募集・採用することができる。例えば、就職氷河期世代で安定的な仕事に就いていない人を対象にハローワークに求人を出す場合などが該当する。

▶差別禁止

男女雇用機会均等法は、募集・採用における性別による差別的取り扱いを禁止している。また、障害者雇用促進法は、募集・採用において、障害者に対して障害者でない者と均等な機会を与えなければならないとしている。

▶公正な選考のために留意すべきこと

事業者には採用の自由がある。一方で、労働者には職業選択の自由があり、労働者の採用選考に当たっては、労働者の基本的な人権である職業選択の自由を侵さないような公正な選考が必要である。すなわち、労働者の適性や能力を基準として選考すべきであり、本人に責任のない家族の職業や本籍地、本人の自由であるべき思想や信仰などを判断材料とすべきではないということである。

このため、公正な選考のために必要がない事項について本人から情報の提供を求めたり、採用面接で話題にしたりすることは厳に慎まなければならない。

具体的には、社会的差別の原因となる人種、民族、社会的身分、門地、本籍、出生地、家族の職業・収入、本人の資産等に関すること、思想・信条に関わる人生観、生活信条、支持政党、購読新聞・雑誌、愛読書等に関すること、労働運動、学生

運動、消費者運動等に関することなどがこれに該当する。

▶個人情報の取り扱いで求められること

　事業者は採用の過程において、履歴書の提出を求めたり、面接をしたりする中で、応募者の個人情報を知ることになる。これらの個人情報に関しては、公正な選考の観点とともに、個人情報保護の観点から適切な対応が必要である。

　個人情報保護に関しては、職業安定法に個人情報保護規定があり、求人者は採用の目的で必要な範囲内で求職者の個人情報を収集し、保管し、使用すること、紛失・漏洩防止措置を講じること、不要になった場合には適切に廃棄することなどが求められる。

第4節 採用──労働契約の締結

[ポイント]

- 労働契約法は、労働契約に関する5原則を定めている。
    1. 事業者と労働者との対等の立場での合意に基づくものであること
    2. 就業の実態に応じて均衡を考慮したものであるべきこと
    3. 仕事と生活の調和に配慮したものであるべきこと
    4. 労働契約を遵守しなければならず、信義誠実の原則が適用されること
    5. 権利を濫用してはならないこと
- 労働契約は事業者と労働者の合意があれば書面等がなくても成立する。
- 企業において就業規則が労働者に周知されていれば、新たに採用された労働者の労働条件は原則として就業規則の定めているものとなる。
- 有期契約とする理由に限定はないが、特段の理由がない場合には無期契約とすることが望ましい。また、有期契約にする場合には必要以上に短い期間とすることがないようにしなければならない。
- 有期契約にする場合には、労働者が長期間拘束されることがないよう、原則として3年以内としなければならない。
- 有期契約は期間満了により終了するが、期間満了後も異議なく働き続けた場合

には同じ内容で更新される。また、有期契約が反復更新され無期契約と同視される場合と契約更新を期待させる合理的な理由がある場合には、雇止めするには合理的理由と社会的相当性が必要である。
- 有期契約が更新されて5年を経過した場合には労働者に無期契約転換請求権が発生し、労働者が請求すれば新たな契約から無期契約となる。
- 労働者を採用した場合には、契約期間、就業場所、業務内容、就業時間、賃金等の労働基準法で定める事項を文書で明示しなければならない。
- パート・有期雇用労働者の場合には、併せて、昇給、退職金及び賞与の有無、相談窓口を文書で明示しなければならない。また、雇用管理の改善のための措置の内容を説明しなければならない。
- 労働者を採用した場合には、健康診断の実施、安全衛生教育の実施、社会・労働保険の手続き等が必要である。
- 事業場ごとに労働者名簿を作成しなければならない。

1. 労働契約

▶労働契約の原則

　労働契約とは、労働者が使用従属関係の下で働き、その対価として賃金を受け取る契約である。民法第623条「雇用」のほか、民法第632条「請負」、民法第643条「委任」などの契約形態をとっている場合でも、実態によっては労働契約に該当する場合がある。

　労働契約に関しては、労働契約法が民法の特別法であるので、労働契約法の規定が民法に優先する。雇用契約のみならず、請負契約、委託契約でも、実態から労働契約と判断されれば、労働契約法が優先する。

　労働契約法では、労働契約に関して、5つの原則を定めている。

　第一は、労働契約は事業者と労働者の対等の立場における合意に基づくものであるということである。両者の合意に基づくものなので、事業者が一方的に労働契約の内容を変更することはできない。また、対等の立場によるとされていることから、事業者が優位な立場を利用して変更を強要することは厳に慎むべきであ

り、変更が必要となった場合には十分な説明により納得を得るようにしなければならない。この点は、労働基準法にも同旨の規定がある。

第二は、労働契約の締結・変更に当たっては、就業の実態に応じて、均衡を考慮すべきであるということである。パート・有期雇用労働法などに具体的な均等・均衡に関する規定があるが、労働契約法では基本理念を明確にしている。

第三は、労働契約の締結に当たっては、仕事と生活の調和に配慮すべきであるということである。ちなみに、ワークライフバランスがとれている目指すべき社会とは、「国民一人ひとりがやりがいや充実感を感じながら働き、仕事上の責任を果たすとともに、家庭や地域生活などにおいても、子育て期、中高年期といった人生の各段階に応じて多様な生き方が選択・実現できる社会」(ワーク・ライフ・バランス憲章)とされている。

第四は、労使双方は労働契約を遵守するとともに、信義に従い誠実に、権利の行使、義務の履行をしなければならないということである。一般の契約と同様に労働契約にも信義誠実の原則が適用される。

最後に、労使双方は労働契約に基づく権利の行使に当たって権利の濫用をしてはならないということである。一般の契約と同様に労働契約においても権利の濫用は許されない。人事権の行使などにおいて事業者の行為が問題となる事案が多いので注意が必要である。

▶労働契約の成立

労働契約は、事業者と労働者の合意によって成立する。両者の合意があれば、契約書などがなくても成立する。すなわち、採用面接において、事業者側が採用したいとの意思表示をして労働者がお願いしますといえば、それで労働契約が成立したことになる。

また、契約成立時に契約内容が決まっていることが基本であるが、労働条件などが明確に決まっていなくても、働くことの合意があれば労働契約は成立するとされている。そして、労働契約が成立している場合には、実際に働き始める前であっても労働関係法が適用されるので、例えば、働き始める前に採用を取りやめる時には解雇に関する規定の適用がある。

事業者は、通常、労働者を採用した場合には、その事業場の就業規則を適用することを想定している。労働契約法は、そのような実態を踏まえて、労働契約の

締結に際して、事業者が就業規則を事業場で労働者に周知している場合には、労働契約の内容は就業規則に定める労働条件によることとなるとしている。新たに採用される労働者の労働契約は、特別な合意がない限り、現にその事業場で働いている労働者に受け入れられている就業規則に従うことになる。したがって、例えば専門職の採用に際して就業規則で定める他の労働者の労働条件を上回る待遇にする場合などには、労働契約においてその内容を明確にしておく必要がある。なお、就業規則を下回る待遇にはできないので注意が必要である。

　採用後における労働契約の内容や労働条件をめぐるトラブルを防止するため、労働契約法は事業者に対して労働契約の内容や労働条件について労働者の理解を深めるようにすることを求めている。そして、労働契約の内容はできる限り文書で確認することとしている。

　事業者は、事業者と労働者とは対等な契約関係にあることを念頭に、雇われた以上は事業場の決まりに従うのが当然であるというような誤った認識に立つことなく、労働者が契約時に労働契約の内容や就業規則を十分理解したうえで契約することになるよう心掛けなければならない。

2. 契約期間

▶無期雇用と有期雇用

　労働契約には、正社員のように期間の定めがない無期労働契約と契約期間が定められている有期労働契約とがある。

　日本の法制度では労働契約の契約期間について、有期契約にできる場合を限定してはいないが、有期労働契約の更新や無期労働契約転換権について規定を設けるなど、労働者の雇用の安定を図る制度を導入している。事業者が契約期間について検討する場合には、労働者の不安をなくし安心して能力が発揮できるよう、契約期間を限定する特段の理由がなければ、無期労働契約とすることが望ましい。

▶契約期間の制限

　有期労働契約とする場合には、契約期間は3年以内の期間としなければならない。有期契約の場合には、労働者が辞めたい場合に制約がかかるため、労働者が

契約期間によって長期にわたって拘束されることがないように契約期間の上限が定められているものである。3年を超える契約をした場合には、その契約期間は無効となり、3年に短縮される。

なお、一定の事業の完了までとする労働契約、高度の専門的知識を有する労働者や60歳以上の労働者との労働契約については契約期間の制限の例外が設けられている。

一方、契約期間の長さの下限については、法律の規制はなく、1日単位の労働契約も可能である。日雇い労働者や1日限りのイベントのアルバイトなどの労働契約の期間は1日である。

ただし、労働者の従事する仕事がある程度続くことが見込まれる場合などにことさら短い期間の契約とすることは、労働者の不安を助長するものであり、適当ではない。労働契約法は労働者を雇用する目的に照らして必要以上に短い期間を定めることがないようにすることと規定している。

▶有期契約の更新のルール

有期労働契約は、基本的には、期間の満了によって自動的に終了する。

有期労働契約を締結している場合に、期間満了時に契約の更新手続きを行った場合には、その際の労使の合意内容によって契約が更新される。契約更新に当たって、業務内容の見直しや賃金の引き上げなど待遇の見直しをすることもできる。

契約期間終了後も労使双方から何ら意思表示がないまま異議なく働き続けている場合には、従前と同じ内容で労働契約が更新されたことになる。すなわち、事業者が期間満了で雇止めをしようとする場合には、期間満了前にその旨を通告して、期間満了後は働かせないようにする必要がある。期間を徒過した場合には次の契約期間に入るので、その期間満了時まで原則として雇止めできない。

有期労働契約が何回も更新された場合には、労働者に契約の更新についての期待が生じる。これまでも判例によって、そのような場合における期間満了による雇止めに制限が認められてきたが、労働契約法はこの判例の考えを取り入れて、雇止めの法理を明文化した。

第一に、過去に反復して有期労働契約が更新されて期間満了によって雇止めをすることが社会通念上無期労働契約の解雇と同視しうる場合である。言い換えれば、反復更新によって、実質的に無期労働契約になっていると判断される場合で

ある。反復更新の程度、更新管理の状況などで判断される。

　第二に、労働者が期間満了時に契約が更新されると期待することに合理的な理由がある場合である。合理的な期待の判断は、採用時の事業者側の言動、従事する業務が継続的か一時的か、過去に同種の労働者の雇止めの事例がどの程度あったか、それまでの更新回数などを総合勘案して判断する。

　このいずれかに該当する場合に期間満了により雇止めをするときは、解雇と同様に、その雇止めが客観的に合理的な理由があり、社会通念上相当と認められることが必要である。

▶有期契約からの無期転換ルール

　有期労働契約が反復更新されて通算5年を超えた場合には、労働者の申し込みによって、新たな契約期間から無期労働契約に転換する。有期労働契約が反復更新されて長期間継続して働く例が多い状況を踏まえ、それらの労働者の不安定な立場を改善するために、通算5年という基準によって、労働者に無期転換申込権を付与したものである。なお、大学、研究開発法人の任期付研究員、大学の任期付教員については、通算10年が要件となっている。

　労働契約の通算期間は、当該事業者と最初に労働契約を締結した時から、契約内容等に変更があった場合を含めて通算される。通算年数による基準のみで更新回数は関係がないので、3年契約であれば、1回更新した2回目の契約期間の時に無期転換申込権が発生する。

　契約期間に6か月以上の空白期間がある場合には、期間の通算はリセットされ、空白期間後の期間のみが通算される。6か月の空白期間がある場合には、空白期間後の契約期間が5年経過するまで無期転換申込権は発生しない。

　事業者の中には無期転換申込権の発生を嫌って、5年を超えて契約を更新しない制度、5年経過時点で必ず6か月の空白期間を設ける制度などにしている例が見受けられる。有期労働者の従事している業務が一時的な場合は格別、継続的に存在する業務であるにもかかわらず、そのような制度とすることは好ましくない。長期にわたって継続して働いている労働者を無期雇用にして技能やノウハウの活用など積極的に戦力化することが望まれる。

　労働者が無期転換申込権を行使した場合には法律によって当然に無期労働契約に転換される。事業者は拒否できない。無期労働契約に転換した場合には、原則

として、契約期間以外はそれまでの契約内容が継承される。労働条件が当然に正社員と同じになるものではない。

　なお、有期のプロジェクトに従事する高度専門職と定年退職後に継続雇用されている労働者について、無期転換ルールの例外が設けられている。

3. 労働条件の明示

▶明示すべき内容

　事業者は、労働契約を締結して労働者を採用した場合には、労働条件を明示しなければならない。

　職業安定法は求人段階に関して、労働契約法は採用過程に関して、それぞれ求人条件や採用された場合の労働条件について明示・説明することを規定しているが、労働基準法は、最終的に採用が決まった段階で、労働条件を明示することを罰則付きで義務付けている。

　労働条件のうち、①労働契約の期間、②有期労働契約の場合における、更新基準、更新上限の有無・内容、無期転換申込機会、無期転換後の労働条件、③就業場所、従事する業務及びその変更の範囲、④始業・終業時刻、残業の有無、休憩時間、休日、休暇、交替制、⑤賃金の決定・計算・支払方法、締切・支払時期、昇給、⑥退職・解雇については、書面の交付によって明示しなければならない。労働者が希望した場合には、FAX、電子メールなどによって明示することもできる。

　なお、有期雇用の場合には、契約更新に関わるトラブルが多いため、労働契約の更新基準などを明示しなければならないこととなっており、「有期労働契約の締結、更新及び雇止めに関する基準」を参照して適切に対応することが求められる。

　労働条件のうち、退職手当、賞与、表彰・制裁などについては、制度がある場合に労働者に明示しなければならない。これらの事項は、必ずしも書面による必要はないが、退職手当、制裁など、労働者とのトラブルが懸念される事項については、書面等で明確にしておくことが望ましい。

　当然のことであるが、明示する労働条件は事実と異なるものであってはならない。事実と異なる労働条件を明示していた場合には、労働者は即時に労働契約を

解除できる。労働者が就職のために転居していた場合で14日以内に帰郷する時には、事業者が旅費を負担しなければならない。

▶パート・有期雇用労働者

　パート・有期雇用労働者については、正社員と待遇に違いがある場合などに労働者が本人の労働条件を正確に理解していないためにトラブルが生じることがあることから、労働基準法による労働条件の明示に加えて、パート・有期雇用労働法によって、昇給の有無、退職手当の有無、賞与の有無、パート・有期雇用労働者の相談窓口を書面によって明示することが義務付けられている。

　昇給、退職手当、賞与について、明示義務はこれらの制度に関する事実を示すことを義務付けたものであり、例えば賞与がない場合には賞与なしと明示することになる。ただし、パート・有期雇用労働者に関して同一労働同一賃金が義務付けられているので、正社員との比較によっては、パート・有期雇用労働者の賞与等を見直す必要がある場合もありうる。

　また、パート・有期雇用労働者は、正社員との待遇の格差がある場合に、その理由がわからずに不満を抱く人も少なくないことから、雇い入れ時に雇用管理の改善についての措置の内容を説明することが義務付けられている。

4. 労働者を採用した場合に必要な事項

▶健康診断、安全衛生教育ほか

　労働者を採用した場合には、採用時健康診断を実施しなければならない。採用時健康診断は、正社員及び所定労働時間が正社員の4分の3以上のパート・有期雇用労働者が対象である。契約社員、嘱託なども含まれる。また、所定労働時間が正社員の2分の1以上のパート・有期雇用労働者についても実施することが望ましいとされている。

　新規採用した労働者に対して採用時安全衛生教育を実施しなければならない。採用時安全衛生教育は、雇用形態を問わず全員が対象である。

　社会・労働保険の被保険者要件に該当する労働者を採用した場合には、社会・労働保険の手続きが必要である。社会保険については、健康保険が協会けんぽの場

合は年金事務所に、組合健保の場合は年金事務所と健保組合に、被保険者資格取得届を提出する。雇用保険については被保険者資格取得届をハローワークに提出する。労災保険は労働者ごとの加入手続きは不要である。

5. 労働者名簿

　事業者は、事業場ごとに、労働者名簿を作成しなければならない。日雇い労働者については作成する必要はないが、日雇い以外の労働者についてはパート・アルバイト等を含めてすべての労働者が対象である。

　労働者名簿には、各労働者について、氏名、生年月日、性別、住所、履歴、従事する業務の種類、雇い入れの年月日、退職の年月日及びその事由、死亡の年月日及びその原因を記載する。必要な時に出力できる仕組みであれば、システム上で管理することもできる。

第 5 節　雇用管理

[ポイント]

- 日本型雇用慣行（終身雇用、年功序列、企業別労働組合）は高度成長期に大企業を中心に形成されてきたが、雇用をめぐる環境の変化の下で変容しつつある。
- 転職が不利にならない柔軟な労働市場や企業慣行の確立が求められるようになっており、企業は中途採用比率の公表を義務付けられている。
- 勤務地、職務、勤務時間などを限定する限定正社員の導入に当たっては無限定正社員との均衡に配慮が必要である。また、限定正社員にも整理解雇に関する法理が適用されることに留意しなければならない。
- 事業者は就業規則や労働契約に定める範囲において人事権を有するが、人事権の行使に際して権利の濫用は許されず、公平・公正な評価に基づく人事管理が肝要である。特に、転居を伴う転勤の場合には、労働者の生活にも配慮しなければならない。
- 在籍出向は、就業規則に出向に関して具体的な規定を設けている場合を除き、原則として労働者の承諾が必要である。

- 転籍させる場合には、労働者の承諾が必要である。
- 企業再編に際しては、再編方式に応じて、関係法令を遵守し、労働者に十分に説明するなど、雇用に関して適切な対応をしなければならない。

1. 日本型雇用慣行

　日本の雇用慣行の特徴は、終身雇用（長期雇用保障）、年功序列（勤続年数に応じた処遇体系）、企業別労働組合であるといわれている。いわゆる日本型雇用慣行である。

　日本型雇用慣行は高度成長期に大企業を中心に形成されてきたものである。基幹的労働者は新卒で一括採用し、内部労働市場を基本として事業者が幅広い人事権を持つ。長期雇用を前提として、職業能力開発は企業主導で行い、OJTを基本に企業で必要とされる知識・スキルを付与する。一方、産業構造の変化などに対しては、新規事業への進出、企業組織の改編等で対応し、柔軟に配置転換をするなど、最大限雇用維持に努力する。

　このような日本型雇用慣行は、法制度によるものではないが、これまで労働政策は、企業に雇用維持の努力を求め、企業内教育訓練の振興を図るなど、日本型雇用慣行を前提として展開されてきた面がある。

　バブル崩壊後に社会経済状況に大きな変化があり、労働力供給面では、少子高齢化による人口構造の変化、女性の社会進出、労働者ニーズの多様化などが進んだ。一方、産業面では、サービス経済化など産業構造の変化、IT、AIなど技術革新の急速な進展、グローバル化の進展による国際競争の激化などがみられた。このような雇用をめぐる大きな環境の変化の下で、日本の雇用慣行は徐々に変容してきており、また、今後も見直しが進むものと考えられる。

　日本型雇用慣行は、大企業や官公庁を中心に定着してきたものであり、これまでもすべての企業で行われてきたものではない。産業や経済が大きく変化する中で、それぞれの企業の置かれた状況、業務、労働者ニーズなどを勘案して、より適切な雇用管理が行われることが期待される。その際、日本型雇用慣行を全面否定するのではなく、良い面は残しつつ、必要な見直しを進めることが適当であると考える。

2. 転職再就職の受け入れ促進

　日本型雇用慣行の下では、内部労働市場中心の単線型のキャリアパスが主体であり、転職者は「中途」採用として、昇進や処遇において不利な場合が多かった。伝統的な大企業や官庁では、転職者がトップやそれに準じる地位まで昇進することはほとんどなかった。

　このため、学校卒業時に正社員就職ができなかった者や最初に就職した会社が合わなかったため離職した者などは安定した仕事に就くことが難しい状況にあった。また、産業構造の変化や経済状況の悪化のため、長年にわたりキャリアを積んできた会社からリストラされた場合には再就職に苦労することが多い。

　他方、成長産業で発展している企業はもとより、産業・事業構造の急速な変化の中で専門人材を求める企業、事業継承・企業価値向上のため中核人材を求める企業など、企業外に人材を求める企業は多い。

　また、職業キャリアが長期化し、働き方のニーズが多様化する中で、積極的に自分の経験・能力を活かし、成長産業等への転職・再就職を通じてキャリアアップ・キャリアチェンジを図りたいという労働者が増えている。

　そして、雇用吸収力や付加価値の高い産業への転職・再就職が進めば、国全体の生産性の向上にもつながる。

　このようなことから、転職が不利にならない柔軟な労働市場や企業慣行の確立を図るため、「年齢にかかわりない転職・再就職者の受入れ促進のための指針」が策定されている。

　また、中途採用者の採用拡大の取り組みを推進するため、301人以上の企業は正社員等の採用者に占める中途採用者比率の定期的な公表が義務付けられている。

　基幹的労働力の確保は、新卒一括採用にのみ偏るのではなく、新卒採用と中途採用を適切に組み合わせて、各事業者にとって最適な採用戦略をとることが期待される。

3. 多様な正社員

▶無限定正社員と限定正社員

　日本型雇用慣行における典型的な正社員は、勤務地、職務、勤務時間がいずれも無限定な正社員であった。そして、経営環境の変化に対応する調整のために非正規雇用の労働者を配置することで、生産性の向上と柔軟性の確保を図る雇用管理が定着していた。雇用の二極化である。

　これに対して、女性の社会進出などに伴って仕事と生活の調和が求められるようになるなど、労働者の就業意識が多様化する中で、企業においては典型的な正社員とともに勤務地や職務を限定した無期雇用労働者の区分が導入されるようになってきた。

　多様な正社員には、勤務地限定正社員、職務限定正社員、勤務時間限定正社員などがある。このような多様な正社員制度は従来の典型的な正社員（無限定正社員）制度とは別のものであり、導入に当たって、適切な制度となるよう検討が必要である。

　限定正社員制度を導入する場合には、勤務地、職種等の限定の範囲・内容、他の勤務地・職種等への変更の可能性など、制度内容の労働者への明示が必要である。

　制度導入に当たっては、キャリアアップを志向する労働者の希望にこたえるため、非正規雇用から限定正社員へ、そして限定正社員から無限定正社員への転換制度を設けることが望ましい。また、家庭の状況等に応じたワークライフバランスの実現等のため、無限定正社員から限定正社員に転換できることが望ましい。

　限定正社員制度を設ける場合には、無限定正社員と均衡がとれた待遇とすることが重要である。無限定正社員と同じ待遇にした場合には、無限定正社員から反発が出る恐れがあるが、待遇が低すぎると限定正社員のモチベーションが下がったり、希望者が出なくなったりする可能性がある。限定正社員が限定によって受けられるメリットを勘案して、どちらにとっても納得性がある待遇とする必要がある。

　なお、限定正社員の勤務地の事業場が廃止された場合や従事している業務がな

くなった場合でも、直ちに解雇が正当化されるものではない。整理解雇に関する法理が適用され、勤務地や職務が限定されていることを踏まえた上で、相応の解雇回避の努力が必要となる。

4. 人　事

▶事業者が有する人事権

　事業者は、労働契約を締結することによって、就業規則や労働契約に定める範囲において、人事権を有する。そして、人事管理として、労働者の配置、異動、人事考課、昇進・昇格などを行う。

　人事権については、基本的には、事業者に裁量権がある。ただし、男女雇用機会均等法の性別による差別の禁止規定など法律に違反する人事管理はできない。また、人事権の行使に際して権利の濫用は許されない。

　通常、人事評価や面接などを踏まえて、配置・異動や昇進・昇格が行われる。労働者のモチベーションを高めるためには、公平・公正な評価に基づく人事管理を行うことが肝要である。

▶昇進・昇格

　昇進・昇格は、役職・等級が上がることである。一般に、係長⇒課長⇒部長というように役職が上がることを昇進、職能等級制などで等級が上がることを昇格と呼んでいる。なお、能力不足や成績不良によって役職・等級が下がるのは、降職・降格である。

　昇格は、一般的には、人事評価と社内規程・慣行による在職年数や勤務成績などのルールによって行われている。誰を管理職に登用するか、どの役職に就けるかについては、人事評価を踏まえて、能力や適性などを総合判断して事業者が判断する。事業運営に関わる重要な判断であり、事業者の裁量権が広く認められている。

　昇進・昇格については、事業者に広い裁量権があるが、女性や外国人は管理職にしない、労働組合員は一定の等級以上には昇格させないというような差別に該当することは許されない。

▶配置転換・転勤

　配置転換(配転)は勤務地や所属部署を変更すること、転勤は配転のうち勤務地の変更を伴うものである。

　事業者が人事権として配転・転勤を命じる場合には、採用時に明示した就業場所・業務の変更の範囲内で行う必要がある。特に、パート・有期雇用労働者は、勤務地限定と明記していなくても、配転・転勤については限定的にとらえるべきである。

　事業者が具体的に配転・転勤を命じるに当たっては、業務の必要性や労働者の希望・状況などを十分勘案する必要がある。配転命令に業務上の必要性が存しない場合、配転命令が不当な動機・目的に基づく場合、労働者に通常甘受すべき程度を著しく超える不利益を及ぼす場合などは、人事権の濫用と判断され、配転・転勤命令が無効になる。

　特に、転勤の場合には、引っ越しが必要となり、労働者の家族を含めた生活に大きな影響が生じるため、必要性や労働者の不利益の程度を勘案する必要がある。育児・介護休業法には、転勤を命じようとする場合には当該労働者の子の養育・家族の介護の状況に配慮しなければならないとの規定があるので、転勤させる場合には労働者の育児や介護の状況を確認することが必要である。

▶職種転換

　職種転換は、配置転換の一種であるが、職種の変更を伴うものである。

　前述した職種限定正社員は、就業規則において、明確に職種の範囲を限定する制度である。医師、看護師、パイロットなどの専門職は、職種限定と明記されていなくても、職種が限定されていると認められる場合が多い。

　一方、一般の事務職、技術職として採用した労働者が、事業者による配置によって1つの職種で長く勤務しているような場合には、職種限定とまでは認められないことが多い。特に、当該事業者が日本型雇用慣行でみられるように、種々の職務を経験させる人事方針をとっている場合には、職種限定とは判断されないと思われる。

　職種が限定されている労働者を他の職種に異動させる場合には原則として本人の同意が必要である。また、そうでない労働者の職種転換についても、業務上の

必要性がない場合や労働者のキャリアへの悪影響がある場合などには、人事権の濫用として無効となることがある。

5. 在籍出向

　在籍出向は、出向元企業と出向先企業との間の出向契約に基づき、出向元企業との労働契約を維持したまま、出向先企業とも労働契約関係が生じて、実際には出向先企業で働くものである。

　在籍出向は、関連会社との人事交流、取引先企業に対する経営指導・技術指導、労働者の職業能力開発の一環として他業種の企業などで経験を積ませる、雇用調整の一環として他社で雇用機会を確保するなどの目的で実施されている。

　在籍出向は、労働契約に基づく権利義務の一部を第三者である出向先に移転させるものなので、原則として労働者の承諾が必要である。就業規則に出向に関して具体的な規定を設けている場合には個別の承諾は必要ないが、その場合でも、出向の必要性、人選、出向者の被る不利益などを勘案して人事権の濫用とならないようにする必要がある。

　在籍出向から出向元への復帰については、そもそも復帰が予定されているものなので、同意は不要である。

　在籍出向をした場合には、出向契約に定めるところにしたがって、出向元と出向先が事業者としての立場を分担する。具体的には、実際に働く場面においては、出向先の就業規則にしたがって、出向先の指揮命令を受けて働くことになる。出向元との基本的な身分関係は存続しているので、退職等身分に関することなどは出向元の就業規則が適用される。

6. 転　籍

　転籍は元の企業との労働契約関係を終了し、転籍先と新たに労働契約関係を成立させるものである。通常、復帰を予定せず、完全に転籍先の労働者となる。

　転籍は、労働者が自分で転職する場合と異なり、転籍元が転籍先と労働者の受け入れや労働条件について調整を行う。転籍が行われるのは、定年後の継続雇用などに際して関連会社に移る場合、取引先等の要請で経営幹部等として移る場合、

雇用調整が必要になった場合の再就職支援の一環として行う場合などがある。

法的構成としては、元の企業との労働契約の合意解約と転籍先企業との労働契約締結を同時に行う方式と元の企業の労働契約を転籍先の企業に全部譲渡する方式がある。いずれの方式によるとしても、労働者の同意が必要である。

転籍の場合は、転籍先の事業者にとっては、新たに労働者を雇用したことと変わりはないので、労働条件の明示など労働契約締結時に必要な対応をしなければならない。年次有給休暇の継続勤務年数などは当然には継承されないが、転籍の際の条件として引き継がれることが多い。

7. 企業再編

産業構造の変化、企業業績の悪化などに対応するため企業再編が行われる場合がある。企業再編の方法には、合併、会社分割、事業譲渡などがあり、労働契約の取り扱いはそれぞれ異なる。

企業再編は、雇用されている労働者に大きな影響を与えるため、厚生労働省は「事業譲渡又は合併を行うに当たって会社等が留意すべき事項に関する指針」を示し、事業者に事前の労使協議を行うことなどを指導している。

▶企業合併に伴う転籍

会社の合併の場合には、消滅会社の権利義務は存続・新設会社に包括承継されるので、消滅会社の労働者はすべて存続・新設会社に転籍し、労働条件は維持される。

企業の合併に際して余剰人員が発生する場合に消滅会社の労働者の一部を引き継がないこととするときには、消滅会社で合併前に当該労働者を解雇することになる。この場合に、合併という事実や合併相手の意向というだけの理由では解雇は正当とは認められず、合併前後を通じての人員整理の必要性や解雇回避義務の履行状況など、整理解雇の要件に該当するかが問われる。なお、消滅会社における解雇が無効となった場合には、その契約は存続・新設会社に引き継がれる。

合併をした場合に、合併する企業の労働条件は異なっている場合が多い。合併の場合には労働契約は包括承継されるので、そのままでは同じ企業で労働条件が異なる労働者が併存することになってしまう。合併後の人事管理を円滑にするた

めには労働条件の統一が必要となる。労働条件の統一に際してすべての事項で高いほうに合わせる場合は問題ないが、事項によって低くなるものがある場合には、労働者の同意を得るか、労働契約法第10条の就業規則変更の法理で変更が有効と認められる必要がある。

▶会社分割による転籍

　会社分割は、企業組織再編の手法の1つであり、会社の事業の全部または一部をその事業に関わる権利義務関係とともに一体のものとして分割するものである。会社分割は、会社の事業部門の独立、不採算部門の切り離し、持ち株会社化、事業部門の買収などの際に用いられる。

　会社分割においては、会社分割契約で定められたところによって、分割される事業に関する債権債務が承継会社に包括承継される。分割会社の労働者は、会社分割契約で定められた者は承継会社に移り、それ以外の者は残留することになる。

　しかしながら、会社分割契約の内容によってはそれまで従事していた業務と切り離されるなど労働者に不利な事態が生じかねない。そのため、会社分割制度が導入された際に、同時に労働契約承継法が制定された。

　同法は、会社分割の際の労働関係の承継や手続き等を定めている。すなわち、会社分割をする場合には、事業者は、労働組合と労働者に必要な情報を提供し、労働者の理解と協力を得る努力をしなければならない。

　そして、分割に関係する労働者に対しては、承継の有無、承継される場合の労働条件等を示した上で本人と協議することとされている。事業者が協議を踏まえて最終案を決定するが、それまで主として従事していた業務と切り離されることになる労働者は異議申し出ができ、事業者は異議を受け入れなければならない。

　会社分割の際の解雇、労働条件の変更などについては、合併の場合と基本的に同じである。

▶事業譲渡に伴う転籍

　事業譲渡は、事業の全部または一部を工場や店舗などの有形資産のみならず営業権（のれん）やノウハウなどを含めて他の企業に譲り渡すものである。

　事業譲渡は、合併や会社分割と異なり、包括承継ではなく個別承継なので、譲渡側と譲受側の交渉によって、承継する財産や権利義務の範囲が決められる。労

働契約についても、承継するのか、承継する場合にどの範囲とするのかなどは、事業譲渡契約で定められる。

このため、譲渡される事業に従事していた労働者は、企業間の合意によって譲受企業に転籍する場合と元の企業に残留する場合とがあることになる。転籍する場合には、包括承継ではないので労働者の同意が必要である。

▶企業価値担保権の実行による事業譲渡

事業性融資の推進等に関する法律によって設定されている企業価値担保権が裁判所の許可を受けて実行される場合には原則として事業が一体のものとして譲渡され、労働契約も承継される。なお、裁判所は許可に際して労働組合等から意見聴取することとされている。

第6節　教育訓練

[ポイント]

- 事業者が行う教育訓練には計画的なOJTやOff-JTがある。また、公共職業訓練（ハロートレーニング）や民間教育訓練機関を利用することができる。
- 段階的かつ計画的に労働者の職業能力開発を実施するため、事業内職業能力開発計画の策定、職業能力開発推進者の選任が推奨されている。
- 労働者の主体的な職業能力開発が重要となっており、事業者の支援が必要である。具体的には、キャリアコンサルティングやセルフ・キャリアドックの実施、ジョブ・カードの活用、教育訓練休暇等の付与などである。
- 労働者が主体的に教育訓練を受講する場合には教育訓練給付を利用することができる。
- 職業能力の適正な評価とそれに基づく公正な処遇が重要である。職業評価制度には技能検定、ビジネス・キャリア検定などがある。また、企業横断的な職業能力評価基準の普及が図られている。

1. 職業能力開発の基本理念

　労働者が職業生活の全期間を通じて能力を有効に発揮できるようにすることは、労働者のためにも、また、経済社会のためにも重要である。そのため、労働者には、産業構造の変化、技術の進歩などの経済環境の変化に対応できるような適応性が求められる。また、産業や企業の状況、労働者の関心などによって、労働者の主体的な判断で、転職・再就職することも必要になる。

　このような課題に対応するため、職業能力開発の基本理念は、労働者の職業生活設計に配慮しつつ、その職業生活の全期間を通じて段階的かつ体系的に行われることであるとされている。

　日本型雇用慣行の下では、長期雇用を前提に、企業が主導して、教育訓練が実施されてきた。企業内で必要とされる知識・スキルや企業におけるノウハウに関する教育訓練が中心であり、OJT方式が主流であった。

　職業生涯が長期化し、労働者のニーズも多様化する中で、転職・再就職も視野に入れて、労働者の職業生涯を通じて必要となる職業能力開発を行うためには、企業主導の教育訓練だけでは対応できず、労働者が自分のキャリアデザインをもって主体的に教育訓練を受講することが必要となる。

▶職業能力開発基本計画

　職業能力開発を振興するために、国等が重点的に取り組む事項を定める職業能力開発基本計画が策定されている。令和7年現在の基本計画は、第11次計画であり、令和8年3月までの5か年計画である。

　また、都道府県は、国の基本計画を踏まえて、都道府県職業能力開発計画を策定することとされている。

▶教育訓練の種類

　教育訓練には、公共職業訓練（ハロートレーニング）、企業が実施する教育訓練、労働者が主体的に受講する教育訓練がある。これらを最適に組み合わせることによって、効果的な職業能力開発が可能になる。

　公共職業訓練には離職者を対象とするものと在職者を対象にするものがある。

離職者向け職業訓練は、高齢・障害・求職者雇用支援機構のポリテクセンター、都道府県の職業能力開発校及び委託を受けた民間教育訓練機関が実施しており、訓練期間は3か月～2年であり、無料である。

在職者向け訓練は、ポリテクカレッジ・ポリテクセンター及び職業能力開発校で実施しており、訓練期間は2～5日程度であり、有料である。ポリテクカレッジ等では事業者等からの依頼によるオーダーメイド訓練も行っている。

2. 事業者の取り組み

事業者は、労働者が多様な職業能力開発の機会が得られるように、多様な教育訓練を提供するとともに、労働者の主体的な能力開発の支援が求められる。

具体的には、職業訓練（OJT、Off-JT）を実施すること、外部の教育訓練機関等の行う教育訓練を受けさせること、職業能力検定を受けさせること、キャリアコンサルティングの機会を確保すること、実務の経験のための配置など雇用管理において配慮すること、有給教育訓練休暇等の休暇制度を設けることなどである。

▶事業内職業能力開発計画

職業能力開発は、段階的かつ計画的な実施が必要である。各企業において、段階的かつ計画的に職業能力開発が実施されるよう、事業内職業能力開発計画の策定が推奨されている。

事業内職業能力開発計画の策定によって、仕事の種類やレベル別に、何を身につけたらよいか、どのような教育訓練を受ければよいかが整理される。それによって、企業内で能力開発について共通認識がうまれ、効果的な職業能力開発を行うことが可能になる。労働者の自発的な取り組み意欲が高まることも期待される。

▶職業能力開発推進者

段階的かつ計画的な職業能力開発を推進する責任者として、事業場ごとに、職業能力開発推進者を選任することが推奨されている。

▶グッドキャリア企業アワード

企業における職業能力開発の取り組みを推進するため、労働者の自律的なキャ

リア形成支援に関し模範的な取り組みを行っている企業を表彰するグッドキャリア企業アワードが実施されており、大賞、イノベーション賞の表彰が行われている。

3. 企業が実施する教育訓練

　企業が実施する教育訓練には、OJT方式とOff-JT方式とがある。日本における教育訓練は、OJTが主流であるといわれてきた。企業に対する調査ではOJT重視派が多数であるが、実際の実施状況はOJTよりもOff-JTを実施している事業場のほうが多い。

▶ OJT

　OJTは、実際の職場で、上司・先輩の指導を受けながら仕事をすることによって、業務に関する知識・技能を身につけさせる教育訓練である。
　正式なOJTは、労働者個人ごとにOJT計画を策定し、その計画に基づいて実施するものである。OJT計画では、対象者ごとに、達成目標、期間、従事する業務内容、指導する上司・先輩、指導方針などを定めることとされている。
　実際のOJTの状況についてみると、「とにかく実践させ、経験させる」という企業が多く、OJTといいながら、単に仕事に慣れさせているというようなものも多いと考えられる。

▶ Off-JT

　Off-JTは、職場を離れて、集合研修、セミナー、通信教育などによって行う教育訓練である。
　Off-JTとして、新入職員研修、中堅職員研修、管理職研修などの階層別研修ほか、様々な知識・技能の習得のための研修が実施されている。事業所内で実施している事業場が多いが、併せて、民間教育訓練機関、経営者団体、業界団体などに委託して実施されている。
　Off-JTの実施状況をみると実施割合は高いが、新規採用者研修が実施割合を押し上げている面があり、その他の教育訓練は必ずしも十分とはいえない。

▶実習併用職業訓練

　実習併用職業訓練は、職業能力開発促進法に規定されている、OJTとOff-JTを組み合わせた職業訓練である。

　実習併用職業訓練には厚生労働大臣の認定制度があり、訓練期間、OJTの割合などの認定要件が定められている。

▶認定職業訓練

　事業者は、公共職業訓練と同水準の職業訓練を実施する場合には、都道府県知事の認定を受けて、認定職業訓練とすることができる。認定職業訓練には、技能検定の試験の一部免除などの優遇措置がある。また、中小企業や中小企業団体が実施する場合には、都道府県から助成がある。

▶企業における教育訓練の重要性

　日本型雇用慣行が見直され、労働者による主体的な教育訓練の重要性が増していることは事実であるが、企業の実施する教育訓練の重要性が低下しているわけではない。

　労働者の採用に際して、企業は即戦力を求める傾向が強く、公共職業訓練も産業界の求める人材の育成にシフトしてはいるものの、すべての産業、企業の期待に応えることは難しい。また、働きながら学ぶことで身につく技術やスキルも多い。

　他方、日本の企業は教育訓練に熱心であるといわれてきたが、企業の教育訓練費の負担は国際的にみると低水準である。また、日本の教育訓練の特色とされてきたOJTについても、個人ごとに計画を作成して取り組んでいる企業は必ずしも多くない。

　将来の日本の産業を担う人材の育成のためには、それぞれの業界、企業において、必要とされる人材像を明確にするとともに、企業における人材育成、教育訓練が一層充実することが望まれる。

4. 労働者の主体的な職業能力開発

▶労働者の職業生活設計と主体的職業能力開発

　日本型雇用慣行の見直し、長寿化による職業生涯の長期化、労働者のニーズの多様化などの影響を受けて、労働者は自分のキャリアについて、企業任せにするのではなく、自分で職業生活設計（キャリアデザイン）を考え、実現していくことが必要になっている。

　職業生活設計は、労働者の勤労観や生活観、経歴や経験、技術やスキルなどによって異なる。しかし、本人の希望だけで作成したのでは実現性に乏しくなる恐れがある。また、本人の希望を活かせる多くの選択肢に気が付かないこともありうる。現実性があり、かつ、本人の希望を最大限活かした職業生活設計にするためには、事業者や専門家の援助が必要である。

　また、職業生活設計は、職業人生を通じた長期的なものであるが、年齢や経験を重ねるうちに本人の希望は変わりうるし、仕事にかかわる環境も変化するので、定期的な見直しが必要になる。

　本人に合った職業生活設計を実現するためには、労働者自らが計画的に行動する必要がある。長期雇用を望む場合にも、定年後や企業倒産等に備えておくことが必要である。また、転職をしてキャリアチェンジをしたい場合には、企業の実施する教育訓練だけには頼れないので、主体的に職業能力開発に取り組むことがより重要となる。

▶事業者による主体的な職業能力開発の支援

　事業者は、労働者が職業生活設計に即した主体的な職業能力開発を行うために必要な支援を行うこととされている。

　具体的には、「労働者の職業生活設計に即した自発的な職業能力の開発及び向上を促進するために事業主が講ずる措置に関する指針」で示されている。

▶キャリアコンサルティング

　キャリアコンサルティングとは、労働者の職業の選択、職業生活設計、職業能

力の開発・向上に関する相談に応じ、助言・指導を行うことである。そして、キャリアコンサルティングを行う専門職として国家資格のキャリアコンサルタントがある。

キャリアコンサルティングは、労働者の職業生活設計などのために行うものであるが、企業の人事管理にも有用であり、多くの企業で実施されることが望まれる。

▶セルフ・キャリアドック

セルフ・キャリアドックは、キャリアコンサルティングと多様なキャリア研修などを組み合わせて、体系的・定期的に労働者の主体的なキャリア形成を支援する総合的な取り組みである。企業の人材育成の方針や直面している課題に対応するとともに、労働者が中長期的な視点で自己のキャリアデザインを描き、その達成のために職業生活の節目での自己点検や実践に活用するプロセスを提供する。

セルフ・キャリアドックによる総合的な取り組みによって、事業者が求める人材像が明確になり、企業内におけるキャリア形成に関する意識が高まることによって、労働者のモチベーション向上、企業の活性化が期待される。

▶ジョブ・カード

ジョブ・カードは、個人の職業キャリアに関する情報を一元的にまとめるツールであり、興味、関心、強みや将来やりたいことなどが記載されたキャリアプラン、職務経歴、免許・資格、学習・訓練歴、訓練・仕事ぶりの評価によって構成されている。

ジョブ・カードを作成することによって、労働者は自分自身を理解し、将来どのようなキャリアを目指したいのか、そのためにはどうすればいいのかを考えることができる。キャリアコンサルティングの場面でも活用される。

また、ジョブ・カードには、職務経験や職場での仕事ぶりの評価等に関する情報が「見える化」して蓄積されるので、職業能力証明としても活用できる。

企業においても、労働者募集の際の応募書類やPRシート、労働者のキャリア形成の促進や職業能力の見える化、キャリアコンサルティングやセルフ・キャリアドック、離職する労働者の求職活動支援書の作成などに活用できる。

▶教育訓練休暇等

　労働者が自らの職業生活設計を踏まえて、主体的に教育訓練を受講しようとする場合に、仕事との調整が必要になる。正社員の多くが自己啓発を行う上での問題点として「仕事が忙しくて自己啓発の余裕がない」ことを挙げている。

　労働者の主体的な職業能力開発を支援するため、職業能力開発促進法では、労働者が自ら教育訓練を受講する場合に利用できる休暇制度等の導入を事業者の努力義務としている。職業能力開発促進法が定める教育訓練休暇には、有給教育訓練休暇、長期教育訓練休暇、再就職準備休暇がある。

　有給教育訓練休暇は、労働者が自発的に教育訓練を受講する場合に有給の休暇を付与するものである。日数等の決まりはなく、数日程度とする企業から1年程度まで認める企業まで千差万別である。

　長期教育訓練休暇は、労働者が自発的に長期間にわたる教育訓練を受講する場合に休暇を付与するものであり、有給、無給を問わない。長期の定義はないが、最長1年程度とする企業が多い。長期教育訓練休暇は労働者が自発的に留学する場合などに利用される。

　再就職準備休暇は、再就職の準備のために労働者が教育訓練を受講する場合に付与される休暇である。定年後の準備のためやリストラの際の再就職支援のために利用される。

　また、職業能力開発促進法では、休暇制度とともに、教育訓練を受講するための始業・終業時刻の変更や短時間勤務制度についても、努力義務としている。勤務日の早朝や夜間に教育訓練を受講するための支援である。社会人大学院や大学、専門学校等の夜間コースを履修する場合などに利用される。

　現在のところ教育訓練休暇等の普及状況は低迷しており、事業者の積極的な対応が望まれる。

▶教育訓練給付

　労働者の自発的な教育訓練の受講を費用面から支援するため、労働者が自分で費用を負担して厚生労働大臣が指定する教育訓練を受講した場合に、雇用保険制度から費用の一部を給付する制度がある。

　教育訓練給付には、専門実践教育訓練給付、特定一般教育訓練給付、一般教育

訓練給付があり、それぞれ給付割合や上限が定められている。

　専門実践教育訓練給付の指定講座には、専門職大学院・大学、職業実践力育成プログラム、看護師・介護福祉士等の養成課程などが指定されている。

　特定一般教育訓練給付の指定講座には、介護支援専門員等の養成課程、自動車免許二種、情報通信、IT関係の資格取得課程、短時間の職業実践力育成プログラムなどが指定されている。

　一般教育訓練給付の指定講座には、情報関係、語学関係、専門サービス関係、販売関係、医療・福祉関係、技能関係等の幅広い講座が指定されている。

　自己啓発を行う上での問題点として費用負担をあげる労働者も多いので、企業において労働者の主体的な職業能力開発を奨励する場合には、教育訓練給付制度を周知して、利用を勧めることが効果的と思われる。

5. 職業能力評価制度

▶企業横断的に職業能力を測るものさし

　労働者の職業能力の適正な評価とそれに基づく公正な処遇は、労働者のモチベーションの維持・向上のために重要である。また、職業能力評価制度があることによって、労働者は自分の職業能力開発の目標を設定することができ、自己啓発や教育訓練受講の動機づけになる。

　企業にとっても、求める人材像や必要な職業能力を客観的に整理することによって、人材確保や人材育成の戦略を立て、企業における人材配置の最適化を図ることが可能になる。

　また、円滑な転職・再就職の実現のためには、職業能力評価制度は企業横断的な仕組みであることが必要となる。産業構造の変化に伴って産業間、企業間の円滑な労働移動が益々重要になる中で、労働市場のインフラとして、企業横断的な職業能力評価制度の普及が急がれる。

　さらに、職業能力評価制度が整備され、産業界全体の人材ニーズの把握が容易になれば、国の人材育成政策がより産業界のニーズに即したものになるとともに、学生を含めて働く人々が自分の職業生涯設計を考える際の重要な前提となる。産業界が求める人材の確保に資することにもなるので、企業の理解が望まれる。

職業評価制度には、国家検定である技能検定制度のほか、中央職業能力開発協会のビジネス・キャリア検定、業界団体や企業が実施している検定などがある。また、厚生労働省は、企業横断的に職業能力を測る物差しとして職業能力評価基準を推奨している。

▶技能検定

技能検定は、労働者の技能の程度を検定し、公証する国家検定制度である。かつては製造業や建設業などのものつくり系の職種がほとんどであったが、近年は職種の見直しが進められ、サービス関係の職種が増加している。

技能検定は、技能レベルに応じた等級区分が設けられている。等級区分には、基礎級、3級、2級、1級、特級がある。ただし、職種によって実施されていない等級があるほか、等級を設けずに単一等級としている職種もある。

技能検定合格者は「技能士」を名乗ることができる。例えば、建築大工で1級に合格した場合は、1級建築大工技能士となる。

技能検定は、企業にとっても、技能者の習熟度を確認できる、技能者のモチベーションが上がる、技能士がいることで生産性向上・品質維持に役立つほか、取引先に対する企業の技術力の証明にもなる。業務に関連する職種の技能検定がある場合には、労働者に受検を奨励するとともに、合格者の処遇において何らかの考慮をすることが望まれる。

▶社内検定

技能検定は全国的に相当数の対象者がいること等を勘案して実施されているため、対象となっていない職種が数多くある。社内検定は、技能検定がない職種において、事業者・事業者団体が実施する検定である。

厚生労働大臣の認定制度があり、認定を受けた場合には厚生労働省認定社内検定と表示できる。技能検定を補完する制度であり、地域産業に特有な職種の検定を実施すれば、地域産業の振興に寄与することができる。

▶ビジネス・キャリア検定

事務系職種における必要な知識と実務能力を評価する公的検定制度であり、厚生労働省の後援によって、中央職業能力開発協会が実施している。

試験分野は、人事・人材開発・労務管理、経理・財務管理、営業・マーケティング、生産管理、企業法務・総務、ロジスティクス、経営情報システム、経営戦略の8分野である。
　等級区分は、学生、新入社員レベルのBASIC、係長級レベルの3級、課長級レベルの2級、部門長レベルの1級となっている。

▶職業能力評価基準

　職業能力評価基準は、職業能力を共通のものさしで評価できるように、厚生労働省が策定している公的な職業能力の評価基準である。業種、職種別に、仕事内容を細分化し、能力ユニットごとに必要な能力水準を示している。
　職業能力評価基準は、採用・人事における人材ニーズの把握や人事戦略の策定、人材育成における制度の整備や職業能力レベルの判定、人事評価における評価や処遇決定の基準に活用できる。
　職業能力評価基準を企業において活用するためのツールとして、業種ごとにキャリアマップ、能力評価シート、人材要件総括表・確認表などが開発され、提供されている。
　厚生労働省は、業界団体等と協力しながら、企業横断的な評価システムの普及、拡大に取り組んでいる。

第7節　懲戒処分と損害賠償

[ポイント]

- 事業者は企業秩序を維持するために懲戒処分を科すことができるが、恣意的に行うことはできず、あらかじめ就業規則等で懲戒の種別・理由を定めておくことが必要である。
- 事業者は労働者の故意・過失による損害について損害賠償を請求することはできるが、事業活動で通常生じうる損害まで請求することはできず、また請求できる場合でも損害の公平な負担に配慮しなければならない。
- 損害賠償額をあらかじめ予定することはできない。

1. 懲戒処分

　事業者は、企業の円滑な運営を図るため、企業秩序を維持する権限を有する。労働者は、労働契約の締結によって、労務提供義務を負うとともに、企業秩序を遵守する義務を負うことになる。したがって、事業者は、企業秩序違反行為を理由として、制裁罰である懲戒を科すことができる。
　しかしながら、事業者は恣意的に懲戒処分ができるわけではない。懲戒処分をするためには、あらかじめ就業規則等に懲戒の種別・理由を定めて、労働者に周知しておくことが必要であり、事業者は就業規則の規定にしたがって労働者に懲戒処分をすることができる。

▶懲戒事由

　企業が懲戒処分できるのは企業秩序を害する行為で、就業規則等の懲戒事由に該当するものである。私生活上の行為であっても、企業秩序に影響を与える場合には懲戒処分の対象としうる。
　一般に懲戒処分の対象とされている行為には、職務怠慢・勤務成績不良、正当な理由がない欠勤・遅刻、無断欠勤、職場規律違反行為、横領、背任など職務にかかわる犯罪行為、企業の社会的評価に重大な悪影響を及ぼすような私生活上の犯罪・非行、競業避止義務に反するような兼業・副業、経歴詐称、情報漏洩などがある。
　事業者は、自社の状況を踏まえて、懲戒の対象とする事項を就業規則等に規定しておく必要がある。

▶懲戒処分の種類

　懲戒処分の種類には、懲戒解雇、降格、停職、減給、戒告・けん責などがある。
　懲戒解雇の場合には、一般的に、即時に解雇して退職金を支給しない。ただし、懲戒解雇の場合に、即時に解雇するためには、労働基準法第20条に基づき労働基準監督署長の解雇予告除外認定を受ける必要がある。また、退職金を支給しない場合は就業規則等で明確に規定しておくことが必要である。
　懲戒処分の種類として懲戒解雇のほかに諭旨解雇を設け、諭旨解雇の場合には

退職金の全部または一部を支給することとしている企業もある。

停職は、一定期間出勤を禁止し、その間の賃金を支給しないものである。長期の停職は、労働者の収入や生活に大きな影響が生じるため、慎重な判断が必要となる。

減給については、労働基準法において、1つの非違行為に対して平均賃金日額の2分の1以下、複数回の非違行為があった場合であっても1賃金支払い期に賃金総額の10分の1以下とされている。労働基準法が適用される民間企業では、公務員のように1つの非違行為に対して月給を減給10分の1とするような処分をすることはできない。なお、労働者が企業に損害を与えた場合の損害賠償は減給とは別の問題である。

▶懲戒手続き

懲戒処分は、懲戒事案の態様・軽重などに応じて、かつ、適正な手続きによって行う必要がある。

労働契約法第15条は、懲戒処分が、労働者の行為の性質及び態様その他の事情に照らして、客観的に合理的な理由を欠き、社会通念上相当であると認められない場合は、権利の濫用で無効であると規定している。

懲戒処分を検討するに当たっては、非違行為の動機・態様・結果、故意・過失の度合い、非違行為を行った職員の職責、他の職員や企業に与える影響、過去に非違行為を行っているか、日頃の勤務態度・非違行為後の対応などを総合的に勘案して、適切な処分とすることが必要である。

また、懲戒処分に当たっては、事実関係を適切に確認するとともに、当人に弁明の機会を与えるなど、就業規則に定める適正な手続きをとることが必要である。

2. 損害賠償

労働者が故意や不注意によって事業者に損害を与えた場合には、事業者は民法第415条の債務不履行、第709条の不法行為、第715条の求償権などの規定によって、労働者に損害賠償を求めることができる。しかしながら、労働者が事業者の指揮命令の下で労務を提供していることを考慮すると、通常の債権債務関係や不法行為責任と同列に判断すべきではないと考えられる。

労務提供の過程で通常生じうるような過失による損害は、事業に内在する危険であり、本来事業者が危険負担すべきものなので、損害賠償請求はできない。生産工程での一定の不良品の発生、店舗における支払金や釣り銭の数え間違いなどはこれに当たる。また、取引先とのトラブルも、一般的には、企業間で通常生じうるものとして担当者に損害賠償を求めることは認められない。

　労働者の重大な過失などによって損害が生じた場合にも、損害の公平な負担の観点から、信義則によって、損害賠償額を減額すべきであるとされている。

　その際には、労働者の加害行為の態様、故意・過失の程度、労働者の地位・職責・賃金額、事業者の予防措置、保険の加入状況等が考慮される。例えば、自動車事故の場合、事業者が任意保険に加入していなかったため高額の損賠賠償を支払ったとしても、その全額を労働者に求償することはできない。

▶損害賠償額の予定の禁止

　労働基準法は、労働契約の不履行について違約金の定めをすること、損害賠償の予定額をあらかじめ定めることを禁止している。事業者による不当な拘束を排除するための規定である。

　事業者が労働者に損害賠償を求める場合には、実際の損害額に基づいて請求することが必要である。

　例えば、実際の損害額に関わらず、1年以内に退職した場合には○○万円支払わせる、自動車運転者が社用車に傷をつけた場合には○○万円支払わせるなどの定めをすることはできない。

　なお、事業者が海外留学など特別に高額な研修費用を負担する場合に、貸し付け方式として合理的な返済方法を決めたうえで、一定年数以上勤務した場合は返済免除することは問題ないとされる。

▶損害賠償の支払い

　事業者が労働者に損害賠償を請求できる場合であっても、賃金と相殺することは、労働基準法第24条の賃金の全額払いの原則に反するのでできない。賃金は全額支給したうえで、別途労働者に損害賠償を請求しなければならない。

第 8 節　就業規則

[ポイント]

- 就業規則は職場における労働条件と職場規律を定める重要な機能を有している。
- 10人以上の事業場は就業規則の作成が義務付けられている。
- 就業規則では、就業時間、賃金など労働基準法で定める事項については必ず記載しなければならない (絶対的記載事項)。
- 就業規則は、一部を別規程にし、あるいは細部を細則にすることはできるが、全体を合わせたものが就業規則である。インデックスを設けるなど一覧性を確保することが望ましい。
- 就業規則を作成・変更する場合には労働者代表の意見を聞かなければならない。必ずしも協議・修正の必要はないが、意見があった場合には真摯な検討が望まれる。
- 就業規則の変更による労働条件の不利益変更は原則として労働者との合意が必要であるが、労働契約法は一定の要件のもとに不利益変更を認めている。
- 就業規則は、法令・労働協約に反してはならない。また、労働契約は就業規則を下回るものであってはならない。
- 就業規則は労働者に周知しなければならない。

▶就業規則の機能

　就業規則は、労働条件や職場の服務規律を定める規則である。企業が多くの労働者を雇用して事業活動を行うためには、統一した職場のルールが必要であり、労働条件は労働者間で整合的に定める必要があるため、就業規則が作成される。

　就業規則で職場のルールが定められることによって、事業者は企業の秩序を維持し、円滑に事業活動を行うことができる。労働者にとっても守るべきルールが明らかになることによって、事業者から予期せぬ指示を受けることがなくなる。

　多くの労働者を雇用している場合には、事業者にとって個別に労働契約で労働条件を定めることは煩わしいとともに、場合によっては労働者間での不均衡など

の問題が生じる。労働者にとっても、多岐にわたる労働条件を一から交渉することは難しい。現実にも、採用過程においては就業規則を前提に労働条件の説明が行われ、労働契約が締結されている。

このように、就業規則は職場における労働条件と職場規律を定めた規則として労使双方にとって重要な機能を有している。

▶就業規則作成義務

労働基準法は、10人以上の事業場に就業規則の作成を義務付けている。

労働者数には、正社員のほか、パート・アルバイト等も含まれる。したがって、正社員が1人もいない場合であっても、パート・アルバイトを常時10人以上雇用している場合には就業規則を作成しなければならない。

労働基準法は、事業場ごとに適用されるため、例えば、店舗が3店舗あり、それぞれの店舗で5人ずつ雇用しているような場合には、法律的には就業規則作成義務がないことになる。しかしながら、就業規則の機能を考えれば、企業全体では10人を超える労働者を雇用しているような事業者は、適切な労務管理のために就業規則を作成するべきである。

また、雇用している労働者が全体で10人に満たない場合でも、労働者が遵守すべき職場規律等をあらかじめ明確にしておくことは、事業の円滑な実施のために有効であり、労働者も安心できるので、就業規則を作成することが望ましい。

▶就業規則の記載事項

労働基準法で就業規則に記載すべき事項が定められている。

就業規則を作成する場合には、①始業・終業時刻、休憩時間、休日、休暇、交替制、②賃金の決定・計算・支払の方法、締切・支払時期、昇給、③定年、解雇など退職に関する事項は必ず記載しなければならない。就業規則の絶対的必要記載事項であり、これらの事項が欠けている場合は違反となる。

また、④退職手当の適用範囲、決定・計算・支払の方法、支払時期、⑤賞与などの臨時の賃金、⑥最低賃金額の定め、⑦労働者に負担させる食費、作業用品等、⑧安全及び衛生に関する事項、⑨職業訓練に関する事項、⑩災害補償及び業務外の傷病扶助に関する事項、⑪表彰及び制裁の種類及び程度、⑫当該事業場の労働者のすべてに適用される定めに関しては、制度を設ける場合には必ず記載しなけれ

ばならない。就業規則の相対的必要記載事項である。

なお、就業規則に以上の必要的記載事項以外の事項を定めることは事業者の自由である。

▶就業規則の形式

就業規則は、内容が膨大になる場合などには一部を別規程とすることができる。

正社員のほかに、パート・アルバイト等異なる雇用形態の労働者がいる場合には、一般の就業規則とは別に、パート社員就業規則、アルバイト社員就業規則等を作成することができる。この場合にも、すべての労働者についてそれぞれ適用される就業規則が存在しなければならない。

また、退職金、安全衛生、教育訓練など特定の事項について、退職金規程、安全衛生規程、教育訓練規程等の別規則とすることができる。労働時間、賃金などについて、制度内容が複雑な場合には、就業規則本体では基本的な事項を記載し、制度の詳細は労働時間細則、賃金細則など下部の規則にゆだねることもできる。

このように就業規則は形式的に1つの規則とする必要はないが、別規程とした場合には、別規程や細則を含めた全体が就業規則である。

就業規則が別規程や細則に分かれている場合に、労働者が事業場の労働条件や服務規律の全容を容易に理解できるようにするため、本規則にインデックス規程を設けるなど、一覧性を確保することが望ましい。

▶就業規則の作成・変更手続き

就業規則を作成・変更する場合には、労働者代表の意見を聞かなければならない。別規程や細則を作成・変更する場合も同様である。

この場合の労働者代表は事業場の全労働者の過半数を代表する者であり、雇用形態別に別規則を作成する場合でも、意見聴取をするのは労働者全体の過半数を代表する者である。

例えば、パート社員就業規則を作成・変更する場合でも、正社員の労働組合が労働者全体の過半数組織している場合にはその意見を聴取することになる。ただし、そのような場合にも対象者の意見も聴取するほうが望ましいため、パート・有期雇用労働法では、併せて、パート・有期雇用労働者の過半数を代表する者の意見を聴取することが努力義務とされている。

労働基準法が事業者に求めているのは意見聴取であり、協議や合意を求めているものではない。したがって、反対意見や修正意見が提出された場合であっても、協議・修正することは求められていない。しかしながら、反対意見等が提出された場合には、その意見を真摯に受け止めて、検討することが望ましい。
　事業者は、労働者代表の意見書を添付して、就業規則を労働基準監督署に届け出なければならない。事業者が意見聴取や届け出を怠った場合、就業規則の効力には影響しないと解されているが、法違反は成立するので注意が必要である。

▶就業規則の変更による労働契約の内容の変更

　就業規則の変更による労働契約の内容の変更に関して、従来は判例にゆだねられていたが、労働契約法の制定によって、法律によって整理された。
　労働契約の内容は、基本的に、労使の合意がなければ変更できない。労働契約法は、就業規則の変更による労働条件の不利益変更について、労働者との合意が必要であるという原則を確認している。
　しかし、現実には、企業が事業活動を継続している中で、労働条件の見直しをせざるを得ない状況に直面することがありうる。そのような場合に、すべての労働者との個別合意の取得は困難な場合もあることから、一定の要件に該当する場合には、就業規則の変更によって労働条件を不利益に変更することを認めている。
　具体的には、「変更後の就業規則を労働者に周知させ、かつ、就業規則の変更が、労働者の受ける不利益の程度、労働条件の変更の必要性、変更後の就業規則の内容の相当性、労働組合等との交渉の状況その他の就業規則の変更に係る事情に照らして合理的なものであるとき」としている。
　労働条件の合意原則の例外なので、慎重に対応すべきであり、事業者は不利益変更がやむを得ない状況にある場合にも、最大限労働者の理解が得られるよう努力すべきである。また、変更内容は、労働者の不利益を勘案して必要最小限としなければならない。

▶就業規則と法令・労働協約との関係

　就業規則は、法令やその事業場で適用される労働協約に反してはならない。
　このため、労働条件に関する労働関係法令の改正があった場合には、就業規則の改正が必要になる。

労働基準監督署長は、法令や労働協約に反する就業規則が届け出られている場合には、変更を命じることができることとなっている。

▶就業規則と労働契約の関係

労働契約は就業規則に反してはならない。労働契約で就業規則を下回る労働条件を定めた場合には、その部分は無効となり、就業規則で定めた基準が適用される。

すでに、労働契約の項で説明したとおり、就業規則が適切に当該事業場の労働者に周知されている場合には、新たに採用された労働者の労働契約は、より高い労働条件とする特段の合意がない限り、就業規則で定めた労働条件によることになるとされている。

例えば、労働者が採用の条件として就業規則より低い賃金で働くことに同意していたとしても、その賃金の合意は無効である。他方、事業者が労働者を採用するために就業規則より高い賃金を提示し、労働者がそれを条件に入社した場合は、その賃金の合意は有効である。

▶就業規則の周知義務

事業者は、労働者に就業規則を周知しなければならない。

労働基準法は、周知方法として事業場への備え付けなどを挙げているが、労働者が気軽に参照できるように、イントラネットがある場合にはイントラネットで参照できるようにすることが望ましい。

この場合に、別規程や細則を含めて、労働者が就業規則の全容を知ることができるようにしなければならない。

第9節 退職・解雇

[ポイント]
- 労働契約の終了形態には、定年退職、有期雇用の期間満了、自己都合退職、労使合意による退職、解雇がある。
- 定年制度を設ける場合には定年年齢は60歳以上としなければならない。

- 有期契約は原則として期間満了によって終了するが、更新したことがある場合には労働契約法等に留意しなければならない。
- 無期雇用の労働者は原則として2週間前に申し出ることによって退職することができる。事業者の承認制等は認められない。
- 有期契約の場合には、原則として労使双方ともに途中での解約はできない。ただし、労働者から途中退職の申し出があった場合には、多くの事業者は柔軟に対応している。
- 希望退職募集や退職勧奨に労働者が応じた場合には合意退職になる。なお、退職勧奨に際して労働者の自由意思を阻害するようなことがあってはならない。
- 解雇は、就業規則の解雇事由に該当し、かつ、解雇に関して客観的合理性と社会的相当性がある場合に有効である。
- 懲戒解雇は退職金不支給や即時解雇など労働者の不利益が大きいので、より慎重な判断が求められる。
- 整理解雇の場合は、人員削減の必要性、解雇回避の努力、人選の合理性、解雇手続きの妥当性の4つの要素(整理解雇の4要素)によって、解雇の正当性が判断される。
- 国籍、性別、行政機関への申し出、不当労働行為など各法律で解雇禁止事由が定められている。
- 労働災害による休業期間及び産前産後休業期間とその後30日間は解雇することが禁止されている。
- 解雇する場合には原則として30日以上前に予告しなければならない。
- 事業縮小に伴う大量離職の場合にはハローワークへの届け出、離職者への再就職支援計画の作成が義務付けられている。
- 健康保険・厚生年金、雇用保険の被保険者が退職した場合には社会・労働保険関係の手続きが必要である。

1. 定年退職

定年退職は、一定の年齢に達したという事実によって自動的に退職するものである。

定年を設ける場合には、高年齢者雇用安定法において、60歳以上にしなければならないと定められている。現在、60歳定年の企業が多いが、65歳定年とする企業も増加している。また、定年を設けていない企業もある。

　なお、60歳未満での早期退職を可能とする選択定年制度を設けている事業者があるが、基本的な定年は60歳以上であり、60歳未満での退職は労働者の選択・申し出にゆだねているのであれば問題はない。

　男女雇用機会均等法では、男女で異なる定年を定めてはならないと規定している。かつて、女性の結婚退職制や若年定年制があったことから、法律で明確に禁止されたものである。

2. 有期契約の期間満了

　有期労働契約は契約に定められた期間の満了の日に終了し、労働者は自動的に退職する。

　有期労働契約がそれまで更新されたことがなく、事業者が更新に関して特段の示唆や約束をしていない場合には、「有期」契約の効果として、自動的に契約が終了する。

　有期契約を更新したことがある場合には、労働者が次の更新に期待を持つようになるため、期間の満了で終了するのかどうかをあらかじめ明らかにしておく必要が生じる。

　厚生労働省は、「有期労働契約の締結及び更新・雇止めに関する指針」において、3回以上契約を更新した場合、あるいは契約更新によって1年以上継続して雇用している場合には、期間満了によって契約を終了させるときに、30日以上前に次の期間満了日で雇止めする旨の予告が必要としている。また、この場合に労働者が雇止めの理由の説明を求めた場合には説明をしなければならないこととしている。

　なお、労働契約が反復更新されて期間の定めのない契約と同視される場合については、労働契約の契約期間の項で説明したように、雇止めをする場合には、契約を更新しないことに客観的に合理的な理由があり、社会通念上認められることが必要である。

3. 労働者の申し出による退職

▶期間の定めのない契約

　期間の定めのない労働契約の場合、民法第627条の規定によって、労働者は、原則として、2週間前に申し出ることによって、いつでも退職することができる。

　就業規則の退職に関する規定において、退職の手続きを定めることができる。仕事の引き継ぎや代わりの労働者の補充等のために退職申し出の時期を2週間前よりも長く設定することは可能である。ただし、労働者の退職の自由を阻害するような長い期間とすることは適切でない。

　また、期間の定めのない契約は、いつでも退職を申し出ることができることが基本となっているので、退職を事業者の承認制とする、代わりの労働者を探してくることを条件とするなどは許されない。

　なお、やむを得ない事由がある場合には、労働者は即時に退職できる。この場合には、事業者は退職を拒否することはできず、また、そのやむを得ない事由が労働者の過失によって生じたのでない限り、損害賠償を求めることもできない。

▶有期労働契約

　有期労働契約の場合には、契約期間中は、基本的に、労使ともに労働契約を解約することはできない。契約期間は、事業者による雇用保障期間であるとともに、労働者も労務提供を約束する期間だからである。

　ただし、1年を超える契約期間である場合には、勤務期間が1年を超えた場合に、労働者はいつでも事業者に申し出ることによって退職できる。労働基準法第137条は労働者を長期間拘束することを排除するための規定なので、この規定によって解約できるのは労働者のみである。

　期間の定めがある労働契約についても、やむを得ない事由がある場合には、労働者は即時に退職できる。この場合には、事業者は退職を拒否できず、また、そのやむを得ない事由が労働者の過失によって生じたのでない限り、損害賠償を求めることもできない。

　なお、これに該当しない場合においても、有期雇用の労働者から途中で退職し

たい旨の申し出があった場合には、多くの事業者は柔軟に対応している。

4. 労使合意による退職

　労使いずれかが労働契約の解約を申し入れ、相手が同意すれば、合意によって労働契約は終了し、労働者は退職する。
　有期契約で、やむを得ない事情がない場合であっても、労働者が退職を申し出て、事業者が同意すれば契約は終了する。法律的には、有期契約はやむを得ない事由がないと契約期間中は退職できないが、一般的には有期労働者が辞めたいと申し出た場合には退職を認めている事業者が多い。
　業績不振などによって人員整理が必要になった場合に、退職金割り増しや再就職支援措置をセットにして希望退職を募集する場合がある。日本の企業は、人員整理が必要となった場合に、整理解雇ではなく希望退職募集を選択することが多い。希望退職募集に、労働者が自発的に応募すれば合意退職となる。
　人員整理が必要な場合に事業者が選定した労働者に対して退職を勧奨することがある。また、能力不足の労働者を解雇するのではなく退職するよう促すことも行われている。このような退職勧奨に対して労働者が本人の自由意思で了解した場合には合意退職になる。
　退職勧奨に際して、人事担当や上司が労働者を説得することが多いが、この説得が執拗であるなど労働者の自由な意思を阻害するような場合は、合意が否定されることがある。また、説得のやり方によっては、パワーハラスメントとなる場合もある。退職勧奨する場合には、適切な方法がとられるよう注意しなければならない。

5. 解　雇

　解雇は、事業者からの一方的な申し出によって労働契約を終了させるものである。解雇には、普通解雇、懲戒解雇、整理解雇がある。
　労働契約法は、「解雇は、客観的に合理的な理由を欠き、社会通念上相当と認められない場合は、その権利を濫用したものとして、無効とする」と規定している。解雇をするには、客観的合理性と社会通念上の相当性が必要である。

▶普通解雇

　普通解雇は、就業規則に定める通常の解雇事由に該当する場合の解雇である。一般的には、就業規則で、解雇事由として、労働者の能力や適性に問題がある場合、労働者が非違行為を行った場合、健康状態等により労務提供が不能な場合などを定めている。

　解雇をする場合には、就業規則の解雇事由に形式的に該当しているだけでは不十分であり、労働者の状況や行為が解雇事由に該当しているとの判断に客観的合理性が求められる。

　労働者の能力や適性を理由とする解雇に関しては、企業の規模や業種、労働者の職務内容、採用理由、勤務成績や勤務態度不良の程度、将来的に勤務成績や態度等が改善する余地、それまでの企業の指導の状況、他の労働者との取り扱いの均衡などが問われる。

　職場規律違反・職務懈怠（けたい）など非違行為による解雇に関しては、職場規律違反行為の態様や程度、問題行為を繰り返しているか、改善の余地はないかなどが問われる。

　労務提供不能による解雇は、労働者の健康状態の悪化による労働能力の喪失の程度、回復の可能性などが問われる。なお、障害によってそれまでの仕事に従事することが困難になった場合には、事業者が雇用を継続させるための合理的配慮をしても、なお労務の提供ができないかを判断しなければならない。

　社会通念上の相当性は、本人の情状、他の労働者との均衡、企業の対応等に照らして、解雇することが過酷ではないかが判断される。

　解雇は、労働者の生活やキャリアに重大な影響を生じさせるので、解雇の判断に当たっては、事実関係を精査し、所要の手続きを経て、慎重に行う必要がある。

▶懲戒解雇

　懲戒解雇は、労働者に重大な非違行為があった場合に、懲戒処分として解雇するものである。

　懲戒解雇の場合には、一般的には、退職金不支給で、即時に解雇する。ただし、懲戒解雇が直ちに退職金不支給・即時解雇を意味するものではない。懲戒解雇の場合に、退職金不支給、即時解雇とするのであれば、そのことを就業規則で明ら

かにしておかなければならない。

　懲戒解雇も解雇であるので、労働契約法の解雇に関する規定の適用があり、解雇することに客観的合理性と社会通念上の相当性が必要である。懲戒解雇は退職金不支給など普通解雇に比べて労働者の不利益度が高いため、より厳密に社会通念上の相当性が判断される。普通解雇であれば有効であるが、懲戒解雇をするまでの相当性は認められないという判断になることもありうる。

　懲戒解雇は、退職金不支給などの金銭的な不利益のほかに、懲戒解雇されたという事実自体が労働者の不利益になるものであるので、懲戒解雇の判断に当たっては、懲戒委員会で検討するなど、普通解雇以上に慎重に対応しなければならない。

▶整理解雇

　整理解雇は業績不振などによって人員整理のために行う解雇である。余剰人員の発生状況等によって相当数の労働者を同時に解雇することになる。

　整理解雇は、人員削減の必要性、解雇回避の努力、人選の合理性、解雇手続きの妥当性の4つの要素によって、解雇の正当性が判断される。この4つの要素は、「整理解雇の四要素」といわれている。

　整理解雇は、不況、経営不振などにより、人員削減をすることが企業経営上の十分な必要性に基づいていることが必要である。整理解雇をしながら、一方で新規採用を継続して、労働者の若返りや人件費の削減を図るようなことは認められない。また、企業業績が好調であるのに将来を見越して人員削減をする、業務は継続しているのに整理解雇して業務委託に切り替えるなどには、人員整理の必要性が問われることになる。

　整理解雇は、最後の手段と考えられており、整理解雇に至る前に、配置転換、希望退職の募集など解雇を回避する努力を十分にすべきであるとされている。このような手段をまったく講じずに、いきなり整理解雇した場合には、正当性が認められないことが多い。

　人員削減の必要性があり、十分な解雇回避の努力をしていて整理解雇の必要性が認められる場合であっても、解雇する労働者の人選に合理性を欠いていると整理解雇は無効となる。整理解雇がやむを得ない場合には、企業の実情を踏まえて、客観的に合理的な基準を作成して人選する必要がある。

手続きについては、労働組合がある場合には、労働組合と十分な協議を行うことが必要である。労働組合がない場合には、労働者に対して企業の経営状況や整理解雇の必要性、人員削減の規模、人選方法等を十分に説明し、納得が得られるように努力することが必要である。

なお、整理解雇等を行う場合には労働施策推進法において離職する労働者の再就職を援助することが事業者の責務として規定されている。

▶雇用維持努力

日本型雇用慣行の下では、長年働いていた企業を解雇され、再就職を余儀なくされると、それまでの職業キャリアが失われ、再就職に苦労し、また再就職できても処遇が低下する場合が多かった。

また、産業構造の変化が原因の経営不振の場合には将来的に企業規模の縮小が続くが、景気変動による一時的な経営不振の場合には、一定期間持ちこたえれば、業績回復が見込まれる。一時的な経営不振によって経験豊かな労働者を解雇し、回復した際に新たに労働者を採用するのでは、企業にとっても、教育訓練に時間と費用が掛かるなどでデメリットが大きい。

このため、労働政策においては、企業に対して一時的な経営不振の際には在籍出向や一時帰休などによって雇用維持することを奨励している。そして、雇用調整助成金によって、雇用維持に努める企業を支援している。

▶解雇禁止事由

各法律によって、解雇理由としてはならない事由が定められている。これらの法律で禁止されている事項を理由とする解雇は当然無効となる。

労働基準法は、労働者の国籍、信条、社会的身分を理由とする解雇、男女雇用機会均等法は、性別を理由とする解雇を禁止している。

法律で認められた権利を行使したことによる解雇を禁止しているものとして、年次有給休暇の取得（労働基準法）、産前産後休業の請求・取得（男女雇用機会均等法）、育児休業・介護休業の申し出・取得（育児・介護休業法）がある。

また、男女雇用機会均等法は、女性が婚姻、妊娠、出産をしたことを理由とする解雇を禁止している。

労働組合法は、不当労働行為となる解雇を禁止している。

さらに、行政機関の利用等を理由とする解雇を禁止したものとして、労働基準監督官への申告（労働基準法等）、労働局長の紛争解決援助・調停を求めたこと（男女雇用機会均等法等）、個別労使紛争解決に関し、労働局長等の援助・あっせんを求めたこと（個別労働関係紛争解決促進法）などがある。

▶解雇禁止期間

労働基準法は、労働災害による休業期間とその後30日間、産前産後休業期間とその後30日間を解雇禁止期間とし、この期間中は解雇してはならないこととしている。

この期間は、解雇されると労働者の再就職活動が制約されることから、解雇が禁止されたものである。懲戒解雇や整理解雇も解雇であるので、この期間中はできない。この期間中の解雇予告も控えることが適切と考える。

なお、天災等のやむを得ない事由によって事業の継続が不可能になった場合に、労働基準監督署長の認定を受ければ解雇できる。

▶解雇予告

労働基準法は、解雇をする場合には30日以上前に予告をすることを義務付けている。急な解雇による労働者の不利益を緩和するための規定である。

30日以上前に予告できなかった場合には、解雇予告に代えて30日分の解雇予告手当を支払うことで、即時解雇ができる。予告期間が30日に足りない場合にその日数分の解雇予告手当を支払うことも可能である。例えば、15日前に解雇予告をして、15日分の解雇予告手当を支払うなどである。

天災等のやむを得ない事由によって事業の継続が不可能になった場合と労働者の責めに帰すべき事由で解雇する場合には、労働基準監督署長の解雇予告除外認定を受ければ即時解雇ができる。

▶障害者を解雇する場合

障害者を解雇する場合には、速やかに、ハローワークに届け出なければならない。障害者の再就職支援を速やかに行うためである。

6. 多数の離職者が生じる場合

▶大量雇用変動届

　1か月以内に自己都合退職者、定年退職者なども含めて30人以上の離職者が見込まれる場合には、最初の離職者が発生する1か月前までに、ハローワークに大量雇用変動届を提出しなければならない。年度末に定年退職者が多い場合などにも届け出が必要である。

　ハローワークが多数の離職者が発生する状況を事前に把握し、必要に応じて迅速に再就職支援を行うためのものである。

▶再就職援助計画

　労働施策総合推進法は、1か月以内に事業規模の縮小・事業転換によって30人以上の離職者が生じる場合に、事業者に再就職援助計画の作成を義務付けている。この場合の離職者は、事業規模の縮小等による離職者なので、定年退職者や自己都合退職者は含まれないが、希望退職に応募した者は含まれる。

　再就職援助計画には、事業の現状、再就職援助計画作成に至る経緯、計画対象労働者の氏名、離職予定日、再就職援助希望の有無、再就職援助のための措置などを記載する。事業者が講じる再就職援助措置の例としては、取引先企業や関連企業への再就職のあっせん、求職活動や教育訓練受講のための有給休暇の付与、教育訓練受講のための費用負担、再就職相談室の設置、再就職支援事業者に相談、職業紹介等を委託するなどがある。

　計画の作成に当たっては、労働組合等の意見を聞くこととされている。また、最初の離職者が出る1か月前までにハローワーク所長の認定を受けなければならない。なお、離職者が30人未満の場合にも、事業者は再就職援助計画を作成して認定を受けることができる。認定を受けた場合には再就職支援措置に関して早期再就職支援等助成金を活用することができる。

▶多数離職届

　1か月以内に45歳から65歳の労働者を5人以上解雇等する場合には、多数離職

届を提出しなければならない。多数離職届には、離職が生じる年月日又は期間、対象離職者の氏名、離職日、離職理由、再就職希望の有無、再就職予定先の有無を記載する。

再就職が難しい年齢層の離職状況をハローワークが把握するためのものである。

7. 退職時の手続き

厚生年金・健康保険の被保険者が退職した場合には、協会けんぽの場合は年金事務所に、組合健保の場合は年金事務所と健保組合に、健康保険証を添付して被保険者資格喪失届を5日以内に提出する。

雇用保険被保険者が退職した場合には、被保険者資格喪失届を10日以内にハローワークに提出する。併せて、離職者が雇用保険基本手当を受給するために必要な離職票の取得のため、ハローワークに離職証明書を提出する。離職票はすでに再就職先が決まっていて雇用保険を受給しない労働者については必要ない。

離職証明書には、労働者の離職理由を記入することになっているが、離職理由は労働者が基本手当を受給する場合の待機期間や受給可能期間に関わる重要な要件であるので、正確に記入しなければならない。離職理由について労働者と見解が異なる場合には、ハローワークが事実を調査することになる。

離職証明書を提出するとハローワークが事業者に離職票を交付するので、事業者はこれを退職者に送付する必要がある。

また、労働基準法第22条第1項は、退職者が請求した場合には、退職に関する証明書の交付を義務付けている。証明書には、雇用期間、業務の種類、地位、賃金、退職理由に関し、退職者の請求した事項のみを記載する。

第2章

賃金

労働法制度ガイドブック

第1節 賃　金

[ポイント]
- 賃金とは名称の如何を問わず労働の対償として事業者が労働者に支払うすべてのものであり、現物給付も含まれる。
- 事業者は、事業場ごとに賃金台帳を調製しなければならない。

▶賃金の定義

　労働基準法は、賃金とは、賃金、給料、手当、賞与その他名称の如何を問わず、労働の対償として事業者が労働者に支払うすべてのものであると定義している。金銭によるものだけでなく、現物給付も賃金に含まれる。
　これまで賃金に含まれるかどうかが議論されたもののうち、賃金に含まれるとされているものとしては、昼食代の補助、定期・回数券の支給、結婚手当、転売を目的とした会社製品の支給などがある。
　一方、賃金には該当しないとされているものとしては、制服、作業用品の現物支給、食事の供与、ストックオプション、その他福利厚生措置とみなされるものなどがある。

▶平均賃金

　労働基準法は、解雇予告手当、休業手当、災害補償、減給などの際の基準として平均賃金を用いており、その計算方法を規定している。
　平均賃金は、個別の労働者について算定する。当該労働者の算定対象期間の賃金総額を総日数で除した額であり、日額である。賃金総額は、算定対象期間に支給される賃金の総額であり、残業手当などを含むので、残業の有無などによって同じ労働者でも期間によって異なることになる。

▶賃金台帳

　事業者は、事業場ごとに賃金台帳を調製しなければならない。
　賃金台帳には、労働者ごとに、氏名、性別、賃金計算期間、労働日数、労働時

間数、法定時間外労働時間数、休日労働時間数、深夜労働時間数、基本給、手当、賃金からの控除額を記載する。

　賃金台帳は書類のほか、必要な時に出力できる仕組みであれば、システム上で管理することもできる。

第2節　賃金体系

[ポイント]
- 賃金体系は企業によって様々である。
- 賃金は、月例賃金、賞与・一時金、退職金から構成され、月例賃金は、基本給と各種手当によって構成される。なお、賞与・一時金や退職金がない企業もある。
- 基本給には、職務給、職能給、年齢・勤続給、役割給、業績給などがあり、各企業ではこれらを組み合わせて賃金体系を決めている。
- 配偶者手当については、配偶者の就労調整の要因になっているため配偶者の就労に中立的な制度とするよう見直しが求められている。
- 毎年春に行われる労使交渉(春闘)において賃金等の労働条件が決まるが、妥結額には定期昇給とベースアップが含まれている。

▶基本給

　基本給には、職務給、職能給、年齢・勤続給、役割給、業績給などがあり、各企業では業種、職種、役職、雇用管理方針などによって、これらを組み合わせて賃金体系を決めている。一般的には、若いうちは年齢・勤続給や職能給のウェイトが高く、管理職になると役割給や業績給のウェイトが高くなる。

　職務給は、労働者の担当する職務を基準にして賃金額を定めるものである。各職務について、職務分析と職務評価を行い、その価値に応じて賃金額を定める。

　職能給は・労働者の職務を遂行する能力を基準にして賃金額を定めるものである。職能資格制度を設け、社員の職能による格付けに応じて賃金額を定める。

　年齢・勤続給は、労働者の年齢、勤続年数を基準にして賃金額を定めるもので

ある。基本的には、年齢・勤続年数に応じて、賃金額が増加する。一定の年齢で頭打ちとする場合や減少に転じる場合がある。

　役割給は、労働者の担う職務に対する役割期待を基準にして賃金額を定めるものである。部長、課長等の職位ごとに、責任・職責・権限などを勘案して賃金額を定める。役割給ではなく、役職手当としている企業も多い。

　業績給は、目標の達成度や仕事の成果などの業績を基準にして支給する賃金である。業績評価によって次期の業績給は上下する。業績に対応する賃金については、業績手当などの手当にする企業、賞与に反映させる企業も多い。

　出来高給は、各期の営業成績・出来高に基づいて賃金額を定めるものである。完全出来高制は禁止されており、他の賃金と組み合わせるか保障給を定める必要がある。

▶手当

　手当のうち時間外・休日労働手当と深夜勤務手当は、労働基準法で支払いを義務付けられているので、必須である。

　その他の手当は任意であるが、通勤手当、役職手当、家族手当、住宅手当、資格手当などを支給する企業が多い。

▶配偶者手当の見直し

　家族手当は、配偶者手当、子供手当など、労働者の家族の状況に応じて支給する手当である。

　配偶者手当については、配偶者の収入が一定水準以下である場合に支給する制度が多いが、配偶者が働いている場合に配偶者の就業調整の要因になっているため、配偶者の働き方に中立な制度となるよう見直しが求められている。対応としては、家族手当を配偶者対象から子供対象に変更する、配偶者手当を廃止しその原資を基本給や月の手当に振り向けるなどが考えられる。

▶賃金改定

　毎年春に、連合や産業別組合の方針の下で労働組合が賃金引き上げ等の要求を提出し、企業との団体交渉を経て、賃金等の労働条件が決まっている（春闘）。

　賃金引き上げ額は、その時々の経済情勢や物価変動によってかなり異なる。

労使交渉による妥結額には、定期昇給実施分とベースアップ分が含まれており、ベースアップがあれば全体の賃金が底上げされる。
　定期昇給(定昇)は年齢・勤続給等により昇進・昇格がなくても各個人の基本給が毎年上がることであり、ベースアップは賃金表を改定して全体の賃金水準を上げることである。

第3節　賃金の支払い

[ポイント]

- 労働基準法は、賃金の支払い方法に関して、5つの原則を定めている。
    - 通貨払いの原則
    - 直接払いの原則
    - 全額払いの原則
    - 毎月払いの原則
    - 一定期日払いの原則
- 企業の倒産等によって賃金・退職金が支払われない場合のために賃金の立替払い制度がある。

▶通貨払いの原則

　賃金は、原則として、通貨で支払わなければならない。
　かつて、賃金を通貨ではなく現物支給する例があり、換価に不便であるなど労働者が不利益を被ることから、通貨での支払いを義務付けたものである。会社の製品が販売不振である場合などに、賃金に代えて会社製品を配布することは許されない。
　最近、賃金は口座払いとする企業が多いが、労働基準法では、口座払いは、通貨での支払いではないと整理したうえで、例外として認めるという構成になっている。口座払いの振り込み先にできるのは、銀行、郵便局等の金融機関の本人の口座、証券会社の本人の証券総合口座であり、社内預金口座は対象外である。
　口座払い制度を導入する場合には、労使で話し合って、労使協定を締結するこ

とが望ましい。口座払いの振り込み先の金融機関、証券会社は、労働者の便宜を考慮して、1社に限定することなく複数利用可能とすることが望ましい。

実際に口座払いをする場合には、個別に労働者の同意をとる必要がある。なお、事業者が賃金の支払いのために労働者に口座を確認し、労働者が異議なく振込口座を指定した場合には、同意があったものと解されている。

口座払いの場合には、賃金支払い日に賃金の計算書を交付すること、賃金支払い日の午前10時には引き出し可能とすることが必要である。

銀行等の口座に加えて、令和5年から一定の条件の下で資金移動業者の口座への資金移動(デジタル払い)が可能となった。デジタル払いの場合は労使協定の締結が必須であり、口座残高が100万円までとされている。

退職金については、高額となるため、本人の同意があれば、銀行振出小切手、銀行支払い保証小切手、郵便為替での支払いも認められている。

通貨払いのもう1つの例外として、労働協約で定めた場合には、現物給付をすることができる。現物給付の対象となるのは、当該労働協約の適用労働者に限られる。

▶直接払いの原則

賃金は、直接本人に支払わなければならない。

かつて、職業あっせん人が賃金をピンハネする、親が子供を働かせて賃金は親が使うというような例があったために、直接本人への支払いを義務付けたものである。

労働者本人が病気等のために賃金を受け取りに来られない場合に、家族が受け取りに来たときには、確実に本人にわたることを前提に、本人の使者として取り扱うことができるとされている。やむを得ない場合の便宜的措置として認められているものである。

それ以外には、労働者が受領権限を委任した第三者に支払うことはできない。労働者の債権者が、本人から受領権限の委任を受けているなどといって支払いを求めてきても、拒絶しなければならない。

▶全額払いの原則

賃金は、原則として、全額を支払わなければならない。

会社の業績が不振であるなどの理由で、賃金の全部または一部を支払わないことは許されない。労働者に全部または一部の支払い猶予を求めて同意を得ていた場合であっても許されない。
　税法等によって、税金、社会・労働保険料を控除しなければならないが、法令に基づく控除は、全額払いの例外となっている。
　また、社宅等の賃料、購買品の代金、労働組合費など支払い根拠が明確のものについては、労使協定によって控除することができる。これらについては、いったん賃金を支払ったのちに別途徴収するよりも、あらかじめ控除したほうが労使双方にとって便宜であることから、労使協定による控除が認められているものである。なお、控除は賃金の4分の1以内とすることが適当とされている。
　事業者からの前借金を賃金と相殺することは禁止されているので、労使協定によっても賃金と返済金とを相殺することはできない。
　遅刻・欠勤や争議行為等によって労務の提供がなかった日や時間の賃金については、労務の提供がなかった限度において、そもそも賃金債権が発生していないので、それに相当する額を減額して賃金を支払うことは問題ない。なお、全額払いとの関係で、賃金計算における端数処理の方法について、四捨五入方式は可能であるが、労働者に不利となる切り捨て方式は許されない。

▶毎月払いの原則

　賃金は、毎月1回以上支払わなければならない。
　賃金の支払い期の間隔が長すぎることによる労働者の生活の困難を防止するため、設けられているものである。
　臨時に支払われる賃金（結婚手当、退職金等）、賞与、1か月を超える期間の出勤状況、勤務成績等に基づく手当については、毎月払いの原則の対象外である。
　給与を年俸制としている場合であっても、支払い時期については、12回以上に分割して、毎月支払う必要がある。
　毎月払いの原則は、当月分の賃金をその月に支払わなければならないというものではない。例えば、賃金の支払い時期について、月末締めで翌月20日支払いにしている場合には、採用した月には賃金が支払われないことになるが、問題ない。ただし、支払い時期を翌々月にするなど、締め切り日と支払い日を1か月以上開けることは問題である。

▶一定期日払いの原則

賃金は、一定の期日を定めて、その期日に支払わなければならない。

一定期日に関して、周期的に到来する期日を定めることとされている。月給制の場合には、毎月20日、毎月末のように定める。第3金曜日のような定め方は、カレンダーによって周期が変動するので不適当である。

支払期日が休日に当たる場合には、繰り上げ・繰り下げをすることは問題ない。ただし、支払日を月末としている場合には、繰り下げるとその月に賃金の支払日がなくなり、毎月払いの原則に反することとなるので注意が必要である。

▶非常時払い

出産、疾病、災害等の非常時に労働者が請求した場合は、支払期日前であっても、それまで働いた分の賃金を支払わなければならない。それまで働いた分の賃金を支払うということであり、賃金の前払いまでする必要はない。

▶退職・死亡時の支払い

労働者が退職・死亡した場合には、賃金支払い日に関わらず、労働者または遺族から請求があった日から7日以内に、賃金を支払わなければならない。また、積立金など労働者の権利に属する金品を返還しなければならない。

ただし、退職金については、退職金規程等で定めた期日に支払えばよいものとされている。

▶賃金の立替払い制度

事業者が倒産した場合に不払いの賃金・退職金があった場合には、国が立替払いをする制度があり、労働者健康安全機構が運営している。

立替払いが行われるのは、1年以上事業活動を行っていた企業が倒産をした場合であり、中小企業の場合には事実上の倒産も対象になる。

立替払いの対象になるのは、倒産の6か月前から立替払い請求日までの間に未払いとなっている定期賃金と退職金であり、賞与は対象にならない。立替払いされるのは、未払い賃金の8割であるが、退職時の年齢によって88万円～296万円の上限が定められている。

第4節 休業手当

[ポイント]

- 事業者の責めに帰すべき事由により労働者を休業させた場合には、平均賃金の6割以上の休業手当を支払わなければならない。
- 事業者の故意、過失または信義則上これと同視すべき事由により労働者を休業させた場合には、賃金全額を支払わなければならない。

▶休業手当

　事業者の責めに帰すべき事由により労働者を休業させた場合には、平均賃金の6割以上の休業手当を支払わなければならない。

　事業者の責めに帰すべき事由は広く解されており、事業者にとって不可抗力といえる場合を除いて、休業手当を支払う必要がある。

　不可抗力といえるのは、①その原因が事業の外部より発生した事故であること、②事業主が通常の経営者としての最大の注意を尽くしてもなお避けることができない事故であること、のいずれにも該当する場合である。

　経済変動による場合を含めて、業績悪化、販売不振などの経営上の理由によって休業させる場合には、休業手当の支払いが必要である。

　大震災、大水害などによって工場設備等が直接被害を受けて操業不能の場合には、休業手当の支払いは必要ない。一方、大震災等の際に工場設備等は直接被害を受けなかったが取引先や輸送事情により原材料の入手ができない、製品の納入ができない等のために労働者を休業させる場合には、一般的には休業手当の支払いが必要である。取引先への依存度、代替手段の可能性などによっては不可抗力と判断されることもありうるが、その場合にも事業者が操業再開に向けて最大限努力することが求められる。

　感染症の蔓延時に法律に基づいて知事等による就業制限の対象となった労働者を休業させる場合には休業手当の支払いの必要はないが、事業者が自主的な判断で広く発熱した者等を出勤停止にする場合には休業手当の支払いが必要である。

　また、知事等の協力依頼や要請に応じて営業自粛をした場合には、事業者が休

業回避のために必要な努力をしたうえで、やむを得ず休業させた場合には休業手当の支払いの必要はない。自主的に営業自粛する場合には、休業手当の支払いが必要になる。

▶民法に基づく請求権

民法第536条第2項は、事業者の故意、過失または信義則上これと同視すべき事由により労働者を休業させた場合には、労働者は賃金全額の請求ができることとしている。民法が対象とする休業は、労働基準法の休業手当の対象となる休業より範囲が狭いが、これに該当する場合には、事業者は平均賃金の6割ではなく、賃金全額を支払わなければならない。

第 5 節 最低賃金

[ポイント]

- 最低賃金は、賃金の最低限度であり、事業者は適用される最低賃金額以上の賃金を支払わなければならない。
- 最低賃金には、地域別最低賃金と特定最低賃金がある。
- 地域別最低賃金はすべての事業場のすべての労働者に適用される。毎年10月頃に改定されるので、事業者は毎年事業場所在地の最低賃金額を確認することが必要である。

1.最低賃金の趣旨

最低賃金は、労働者に賃金の最低保障をする趣旨のものであり、本来、事業者が労働者の賃金額を決める際に基準として用いるべきものではない。労働者の賃金は最低賃金にするという方針をとって、毎年最低賃金の引き上げに応じて同額引き上げるという考え方は適切でない。

賃金の決定に当たっては、労働者の職務内容、生産性等を考慮して、それに見合った額とすることが基本である。特に、同一労働同一賃金の原則の観点からは、

適切な評価に基づく適切な処遇が求められている。そのような視点で賃金額を検討したうえで、最低賃金を下回っていないか確認するという姿勢が望まれる。

2. 地域別最低賃金

　地域別最低賃金は、都道府県ごとに設定され、都道府県内の事業場で働くすべての労働者に、産業や職種、雇用形態にかかわりなく適用される。すべての労働者に賃金の最低額を保障するセーフティーネットの役割を有している。

▶最低賃金額の改定

　地域別最低賃金は、労働者の生計費、労働者の賃金、通常の事業の賃金支払い能力を総合的に勘案して、決定・改定される。

　毎年、厚生労働大臣の諮問を受けて、中央最低賃金審議会が春闘の結果や小規模企業の賃金引き上げ状況などを踏まえて検討を行い、7月頃に最低賃金額改定のための引き上げ額の目安を提示する。

　現在は、都道府県を所得水準、家計支出、企業の経営状況などによってA～Cの3ランクに区分して、ランクごとに目安を提示している。従来は、経済状況等を反映して最低賃金額が高いAランクの引き上げ率が高めに設定されていたが、最近は地域間の最低賃金の格差が問題として指摘されるようになり、ランクによる目安額の差は小さくなり、同額の場合もある。

　都道府県労働局長は、目安が提示されたのを受けて、地方最低賃金審議会に、地域別最低賃金の引き上げについて諮問する。審議会では目安を踏まえて検討を行い、最低賃金の引き上げ額を答申する。目安どおりの答申となる場合が多かったが、最近は、最低賃金の地域間格差の議論を受けて、最低賃金が低い県において目安に上積みして引き上げる例が増えている。

　地方最低賃金審議会はおおむねお盆までに答申を出す。答申を受けて都道府県労働局長が最低賃金額の改定を決定し、公示する。地域別最低賃金は周知期間を経て、毎年10月頃に引き上げられる。

▶最低賃金の対象となる賃金

　最低賃金は時間額で定められているので、各労働者の時間当たり賃金額を計算

して最低賃金を上回っているか確認する。

　最低賃金の対象となるのは、毎月支払われる基本的な賃金である。臨時に支払われる賃金(結婚手当など)、1か月を超える期間ごとに支払われる賃金(賞与など)、所定時間外・所定休日労働手当、深夜割増手当、精皆勤手当、通勤手当、家族手当は対象にならないので、これらを除いた賃金の時間当たり賃金額を計算することになる。他方、食事等の現物給与は、最低賃金の対象になるが、その評価は実費を超えないこととされている。

　平均賃金の算定の対象となる賃金、割増賃金の算定の基礎となる賃金とはそれぞれ除外する手当が異なっているので、最低賃金で除外すべき手当を確認して適切に判断しなければならない。

　時間当たり賃金額の算出は、時給部分はそのまま時間当たり賃金額になる。日給部分は、日給額を1日の所定労働時間で除す。月給部分は、1か月の所定労働時間で除すが、月によって所定労働時間が異なる場合には年間所定労働時間の12分の1で除す。また、出来高制の場合には、出来高によって支払われる賃金の総額を当該期間の残業を含む総労働時間で除す。

3. 特定最低賃金

　特定最低賃金は、関係労使の申し出に基づき、地域別最低賃金よりも高い最低賃金を定めることが必要と認めた産業・職業で設定される。該当する産業・職業の基幹的労働者に適用される。企業内における賃金水準を設定する際の労使の取り組みを補完するものと位置付けられている。

　特定最低賃金には、本来事業者間の公正競争を確保する機能があるが、現在経営側は地域別最低賃金だけで十分であり、特定最低賃金は屋上屋を架すもので不要であるとの考えを持っている。このため、地域によっては、特定最低賃金の改定が行われず、地域別最低賃金の上昇に伴って廃止となるものが出ている。

　特定最低賃金は、当該産業の基幹的労働者に適用される。地域別最低賃金とは異なり、18歳未満又は65歳以上の者、雇い入れ後一定期間未満で技能習得中の者、当該産業に特有の軽易な業務に従事する者には適用されない。

　最低賃金法には、特定最低賃金違反の罰則はない。ただし、特定最低賃金を下回る賃金は無効となり、事業者には特定最低賃金額の賃金支払い義務がある。こ

のため、特定最低賃金を下回る賃金を支払っている場合には、労働基準法の賃金全額払いの違反となる。

4. 減額特例

　労働能力が著しく低い者や労働負荷が著しく低い業務については、最低賃金を適用することで雇用機会が狭められる恐れがあることから、減額特例が設けられている。

　最低賃金法が減額特例の対象となるのは、障害により著しく労働能力が低い者、軽易な業務に従事する者、断続的な業務に従事する者等である。

　減額特例の許可は、労働基準監督署を経由して労働局長に申請する。労働基準監督官が実地調査したうえで基準に該当すれば減額が許可される。なお、障害者の場合、障害のため業務遂行に著しい支障がある場合に限られ、単に障害があるだけでは許可の対象にならない。

第6節　退職金

[ポイント]

- 退職金は法律で義務付けられたものではなく、各企業において制度が設けられている。
- 退職金には、退職時に一時金を支払う方式と退職年金として支払う方式があり、併用している企業も多い。
- 退職金制度を設ける場合には、就業規則等に、適用される労働者の範囲、退職手当の決定・計算・支払いの方法などを規定しなければならない。
- 退職金制度がある場合には、保全措置を講じる努力義務がある。安全な社外積み立て型の利用が推奨されている。
- 公的な社外積み立て型退職金・年金制度として、中小企業退職金共済制度、確定給付企業年金、企業型確定拠出年金がある。

▶退職金の趣旨

　退職金は法律で義務付けられたものではなく、各企業において制度が設けられている。退職金の趣旨、支給基準などは企業によって異なっている。

　退職金の趣旨については、賃金の後払いとしての性格、長期勤続者に対する功労報償としての性格、退職後の生活保障としての性格、事業者の恩恵的給付などが挙げられている。各企業の退職金制度はいずれかに分類されるのではなく、これらの性格を併せ持っていると考えられる。

　退職金には、退職時に一時金を支払う方式と退職年金として支払う方式があり、併用している企業も多い。

　退職金の額は、勤続年数、退職理由などによって異なる。退職理由別では早期退職優遇制度や会社都合による場合が高い。

▶退職金規程

　退職金制度を設ける場合には、就業規則等に、適用される労働者の範囲、退職手当の決定・計算・支払いの方法、退職手当の支払いの時期を定めなければならない。

　退職金制度が就業規則等で定められている場合はもちろんであるが、慣行として一定の基準で退職金が支払われている場合には、退職金は賃金に該当し、労働者に受給する権利がある。退職金の慣行が存在する場合には、規程を整備して制度化し、退職金をめぐるトラブルを防止することが望ましい。

　退職金の支給基準で、退職金の減額・不支給事由を定めることはできるが、不支給は労働者の過去の功労を失わせるほどの重大な背信行為がある場合などに限られる。退職金は高額であり、労働者の退職後の生活にも大きく関係するので、適切な基準とする必要がある。

　なお、退職金の支給対象を正社員に限定している場合には、非正規雇用の労働者を不支給とすることが不合理ではないか、同一労働同一賃金の原則にしたがって検討する必要がある。

▶退職金の保全

　退職金は、長期勤続者にとっては、高額な場合が多く、退職後の生活設計にお

いて大きな位置を占めているので、企業倒産などで権利が失われると打撃が大きい。賃金の支払いの確保等に関する法律は、将来にわたって退職金の支払いを確保するため、退職金制度がある企業に保全措置を講じる努力義務を規定している。

　退職金制度がある企業における将来の退職金支払いのための準備形態としては、必要な資金を社外に積み立てる方法と企業会計上の退職手当引当金として計上し社内準備とする方法とがある。

　公的な社外積み立て型の退職金・退職年金制度は、事業者が出資した時点で損金として処理できるなど税制措置があり、不払いとなる恐れもないことから、労使ともにメリットがある。社外積み立て型の利用が推奨されている。

　社内準備方式の場合の保全措置としては、金融機関等による保証契約、信託会社との信託契約、質権または抵当権の設定、退職手当保全委員会の設置のいずれかを講じることとされている。

▶公的な社外積み立て型退職金・年金制度

　公的な社外積み立て型退職金・年金制度には以下のものがある。

①中小企業退職金共済制度
　勤労者退職金共済機構が運営する中小企業向けの社外積み立て型の退職金制度。

②確定給付企業年金
　確定給付企業年金法に基づく企業年金制度であり、年金給付額があらかじめ設定されているもの。年金給付額が設定されているため、運用成績によって積立不足になった場合には、企業に追加負担が求められる場合がある。

③企業型確定拠出年金
　確定拠出年金法に基づく企業年金制度であり、あらかじめ定めた拠出額とその運用成績によって年金額が決定されるもの。拠出額が設定されており、事業者が追加負担を求められることはない。また、運用は、各労働者の責任で行い、運用成績は各労働者の年金額に反映される。

第7節 貯蓄制度

[ポイント]

- 労働者に社内預金を強制することは禁止されている。
- 任意加入の社内預金制度を設けることは可能であるが、詳細なルールが定められている。
- 労働者の資産形成を支援する仕組みとして財産形成貯蓄制度がある。

▶強制貯蓄の禁止

　事業者が強制的に労働者に社内預金をさせること、労働者の預金通帳を保管することは禁止されている。

　かつて、強制的に社内預金をさせて労働者の足止め策としていた実態があったため、禁止されているものである。

▶社内預金制度

　事業者は、労働者が任意に預け入れ・引き出しができる社内預金制度、通帳保管制度を設けることができる。

　社内預金については、強制貯蓄とならないよう、また、金融機関ではない事業者が預金制度を設けるものであるので労働者に不利益が生じることがないよう、労働基準法で細かくルールが定められている。

　社内預金制度を設ける場合には、労使協定を締結して、労働基準監督署長に届け出なければならない。労使協定では、預金者の範囲、預金額の限度、下限利率、上限利率、利子計算方法、預金の手続き、保全方法等を定める。

　社内預金制度を設けた場合には、毎年、労働基準監督署長に預金の管理状況を報告しなければならない。また、企業の業績が悪化、倒産した場合などに労働者の預金が引き出し不能になることがないように、預金の保全措置を講じることが義務付けられている。

▶財産形成貯蓄制度

　財形貯蓄制度は、勤労者財産形成促進法に基づく労働者の福利厚生のための天引きによる貯蓄制度である。

　財形貯蓄は、一般財形貯蓄、財形年金貯蓄、財形住宅貯蓄の3種類がある。一般財形貯蓄は貯蓄目的を決めずに3年以上積み立てるもの、財形年金貯蓄は60歳以降に年金として受け取るため5年以上積み立てるもの、財形住宅貯蓄は持ち家取得のため5年以上積み立てるものである。財形年金貯蓄と財形住宅貯蓄は合わせて550万円まで運用益が非課税である。

　財形貯蓄制度は、銀行、信託銀行、生命保険、損害保険、証券会社等が取り扱っている。事業者が対象とする金融機関を選定し、希望する労働者は事業者を通じて金融機関と財形貯蓄契約を締結する。預金の払い出し、解約等も事業者を通じて行うことになる。

　財形貯蓄制度のほかに、労働者のための福利厚生制度として、事業者の非課税拠出によって労働者に給付を行う財形給付金、財形基金制度がある。

第 3 章

労働時間

労働法制度ガイドブック

第 1 節 労働時間の現状

　日本の労働時間の長期的な推移をみると、戦後復興期から高度成長期にかけて長くなり、昭和30年代には総実労働時間は2300〜2400時間で推移していた。昭和40年代になると、大企業を中心に週休2日制が普及し、それに伴って総実労働時間は徐々に減少し、昭和50年代はおおむね2100時間程度で推移した。

　そして、昭和62年に労働基準法が改正され、法定労働時間が週48時間から40時間に段階的に短縮されると、法改正の効果もあって、総実労働時間は平成初期には1900時間まで急速に減少した。

　その後も総実労働時間は減少傾向が続いてきたが、その要因はパートタイム労働者の比率上昇によるものであり、一般労働者の総実労働時間はそれほど変わってこなかった。最近、働き方改革によって一般労働者の総実労働時間に減少傾向がみられるようになった。

第 2 節 基本的な労働時間制度

[ポイント]

- 法定労働時間は1週40時間、1日8時間である。柔軟な労働時間制度を導入している場合と36協定(サブロク)(後に詳述)を締結している場合等を除き、法定労働時間を超えて働かせることは違法である。
- 法定休日は原則として週1日、就業規則等に定めがある場合は4週4日である。36協定を締結している場合等を除き、法定休日に働かせることは違法である。法定休日は暦日で確保しなければならない。
- 労働時間が6時間を超える場合は45分以上、労働時間が8時間を超える場合は60分以上の休憩が必要である。休憩時間が60分未満の事業場において8時間を超える残業をさせる場合は追加の休憩が必要になる。
- 休憩時間は原則として一斉に付与しなければならない。

- 休憩時間は労働者に自由に利用させなければならない。
- 労働時間とは事業者の指揮命令下に置かれている時間である。準備行為や業務終了後の後始末、手待ち時間、事業者の指示による研修等は労働時間である。
- 労働時間は、事業者の現認ないし客観的な記録を基礎として、適切に把握しなければならない。やむを得ず自己申告制にする場合には適正な申告がなされるような対応が求められる。
- 事業場外労働で労働時間の把握が困難な場合には、みなし時間による算定が認められている。ルールに基づき、実態を踏まえて、適正に運用しなければならない。

1. 法定労働時間

▶週40時間・1日8時間制

　法定労働時間は、1週40時間、1日8時間である。

　事業者は、第3節で説明する柔軟な労働時間制度を導入している場合及び36協定を締結するなど第4節で説明する時間外労働の規定に基づく要件に該当する場合を除いて、法定労働時間を超えて労働者を働かせることはできない。法定労働時間を超えて働かせた場合には刑事罰の適用がある。刑事罰は直接時間外労働を命じた上司にも適用される。

　法定労働時間は労働時間の長さに関する規定なので、1日8時間、1週40時間以内であれば、どの時間帯に働くか、あるいは、毎日同じ時間帯に働くか、日々異なるかなどは問わない。

▶小規模事業場の特例

　商業、映画・演劇業、保健衛生業、接客娯楽業の規模10人未満の事業場については、法定労働時間を1週44時間、1日8時間とする特例措置がある。

　企業全体ではなく店舗等の事業場単位の規模なので、大手チェーンなどの店舗についても当該店舗の労働者数が10人未満であれば特例の対象になる。しかしながら、この特例は、要員確保が難しい小規模企業のためのものであり、複数店舗

を有する企業による利用は好ましくない。

2. 法定休日

▶法定休日

　法定休日は、週休制または4週4日以上の休日である。
　週休制が原則であり、4週4日制を採用する場合には、就業規則等に定める必要がある。就業規則に4週4日制について定めていない場合には、毎週1日以上の休日が必要である。なお、4週4日制を採用する場合には、就業規則で4週の起算日を定めなければならない。
　休日は原則として暦日（午前0時から午後12時まで）とされている。継続24時間の勤務間隔があっても、日をまたがっている場合は休日とはならない。ただし、例外として、規則的な交替勤務の場合には、継続24時間でよいとされている。
　このため、休前日に残業をして午前0時を過ぎた場合には翌日は休日にならない。この休日が法定休日であれば、法定休日労働をしたことになる。
　規則的な交替制の場合を除き、シフト制の事業場で勤務シフトが16：00〜翌日1：00などである場合には、翌日は休日にならない。シフトを組む場合には、別に暦日の休日が確保できるようにしなければならない。
　労働時間の算定においては翌日の始業時刻までを継続した勤務としており、休日の暦日単位とは整理が異なるので注意が必要である。

▶週休2日の場合の法定休日

　週休2日制の場合、2日の休日のうち1日は法定休日、他の1日は法定外休日であるが、どちらを法定休日とするかについてあらかじめ特定することは求められていない。
　したがって、完全週休2日制の場合、そのいずれか1日のみ働いた場合には、法定休日は確保されていることになる。また、週休1日制で国民の祝日を休日としている場合に、国民の祝日がある週に週休日に働いたが国民の祝日は休んだときには、法定休日は確保されていることになる。
　週休2日制の場合、法定休日が確保されているかどうかという点においては、い

ずれを法定休日にするか決める必要性はない。しかしながら、割増賃金については、法定休日であれば35％増し、それ以外の休日は週40時間を超える時間外労働として25％増しであり割増率が異なるため、法定休日を決めておく意義がある。

判例は、特段の定めがない場合は、暦週（日曜日から土曜日まで）で、後のほうを法定休日としており、この考えに従うと土曜日が法定休日になる。通常の感覚では日曜日を法定休日と考えていると思われるので、その場合には就業規則に法定休日は日曜日と記載しておく必要がある。

▶休日振替

就業規則で定めた休日に働かせる代わりに他の日を休日とする、いわゆる休日の振替については、就業規則に休日振替の規定があり、あらかじめその規定に基づいて振り替えた場合には、本来の休日の労働は休日労働にはならないとされている。

なお、法定休日に労働を行い、事後的にその代償として代休を付与する場合には、休日を振り替えたことにはならず、法定休日労働として扱うこととされている。

▶国民の祝日

労働基準法は、国民の祝日、正月、お盆などを休日にすることは求めていない。したがって、これらの日を労働日としても労働基準法とは関係がない。

しかしながら、国民の祝日等に関する法律で定められているそれぞれの祝日の意義や、正月などに関する国民慣習などを考慮し、業態等から休日とすることが困難な場合を除き、可能な限り休日とすることが望ましい。

3. 休　憩

▶休憩時間の付与に関するルール

労働時間が6時間を超える場合に45分以上、8時間を超える場合に60分以上の休憩を与えることが義務付けられている。

休憩時間とは、労働時間の途中に与えられる、労働者が権利として労働から離

れることが保証されている時間である。手待ち時間は、実際に作業はしていないが、事業者の指示があれば働かなければならない時間なので、休憩時間ではない。

所定労働時間が6時間以内であれば休憩なしでもよい。また、所定労働時間が8時間の場合には所定の休憩は45分でもよい。ただし、所定労働時間が8時間で休憩時間が45分の場合には1分でも残業させるのであれば、休憩を15分追加で与える必要がある。

1日16時間勤務制や残業時間が相当長い場合でも法律的には60分の休憩でよいが、労働者の疲労等を考慮して適切な追加の休憩を与えるべきである。

一方、休憩時間の上限は規定されていないが、むやみに長くすると拘束時間が長くなるので、労働者の生活を考慮すれば長すぎる休憩時間は適切でないということになる。事業の業態等にもよるが、適切な考慮が必要である。

▶休憩の一斉付与

休憩時間は、原則として、事業場ごとに一斉に与えなければならない。休憩の実効性と労働者の自由利用を確保するためである。

業態によっては一斉付与が困難であるため、運輸交通業、商業、金融広告業、映画・演劇業、通信業、保健衛生業、接客娯楽業、官公署については適用除外とされている。また、これ以外の業種においても労使協定を締結した場合には休憩は一斉付与でなくてもよい。例えば、一般のオフィスで昼当番を置く場合などがこれに該当する。

一斉付与でない場合にも、休憩時間を交替で取らせるなど、確実に付与する必要がある。昼当番でオフィスに残る場合には、仕事は電話対応程度で留守番であったとしても、事業者の指示によって待機しているので、その時間は手待ち時間であり、別に休憩を付与しなければならない。

▶休憩の自由利用

休憩時間は、労働者に自由に利用させなければならない。

休憩時間は、労働者が権利として事業者の指揮から離れて、心身を休めるための時間なので、事業者がその利用方法について指示はできないこととされている。法律で定める休憩時間に事業者や上司の指示で例えば職場体操をすることなどは許されない。

なお、事業者が施設管理や規律保持の必要からルールを設けることは可能である。例えば、休憩時間を交替で取る場合に、他の労働者の仕事を阻害しないよう、職場内での大声での談笑を禁じるなどである。

休憩時間の自由利用は、警察、消防、児童施設で児童と起居を共にする職員等には適用されない。

4. 所定労働時間・休日の設定

▶事業者が設定できる労働時間、休日

事業者は、法定労働時間、法定休日、休憩時間の規定の範囲内において、業務に応じて始業・終業の時刻、所定休日、休憩時間を定めることができる。ただし、始業・終業時刻等は就業規則の絶対的必要記載事項であるので、就業規則等で定めておく必要があり、事業者が自由に変更できるものではない。

一般的なオフィスや工場においては、1日の所定労働時間8時間、昼休み1時間、土・日を所定休日とする、完全週休2日制が採用されている。法定労働時間、法定休日は最低基準であるので、例えば、1日の所定労働時間を7時間30分、所定休日を週2日とすることなどはもちろん可能であり、最低基準の趣旨からはむしろ望ましい。

また、法定労働時間、法定休日の範囲内であれば、例えば、1日の所定労働時間を6時間40分、日曜を所定休日とする週休1日制や、1日の所定労働時間7時間15分、土曜半日、日曜を所定休日とする週休1日半制とすることも可能である。

始業・終業時刻は業態等に応じて、例えば、商店等で午前中はほとんど客が来ないため午後から開店する場合には、始業時刻を12時とし、休憩1時間を入れて、終業時刻を21時とすることなども可能である。また、飲食店等で夕食のみ営業する場合には、始業時刻を15時にして、1時間の休憩を入れて、終業時刻を24時とすることなども可能である。

事業の性質等から1日8時間を超えて事業活動を行う必要がある場合、24時間継続して事業活動を行う必要がある場合などには、交替制やシフト制を採用して、法定労働時間の範囲内で各組、各労働者の日々の労働時間を決めることになる。なお、1日のシフトが8時間を超える必要がある場合には、変形労働時間制で対応

することになる。

　工場における4直3交替制のように規則的に交替する方式の場合には、その交替制度の内容を就業規則等で定める。商業・サービス業等において個人ごとに勤務シフトを決める方式の場合には、就業規則で勤務シフトの決め方を定め、その定めに従って各労働者のシフトを決める。この場合にも、変形労働時間制を採用しない限り、各日・各週における各労働者の労働時間は法定労働時間の範囲内としなければならない。

　工場の稼働時間や店舗の営業時間は、基本的には、事業の性質や顧客との関係などビジネスの観点から決めるものではあるが、稼働時間、営業時間が長い場合にはそれに見合った要員を確保すべきであり、残業を前提にした事業計画は不適切である。また、深夜時間帯については、労働者の生活や健康を考慮し、事業や業務の性格から必要最小限の範囲にとどめることが望ましい。

5. 労働時間管理

▶労働時間とは

　労働時間とは、使用者の指揮命令下に置かれている時間のことである。使用者の明示または黙示の指示により労働者が業務に従事する時間は労働時間に当たる。
　準備行為については、工場の稼働前の機械等の点検、用具の準備や商店・飲食店における清掃、商品の展示、仕込みなどは当然労働時間である。オフィスの清掃を当番制で実施している場合なども労働時間になる。また、着替えについては、労働者が自分で通勤用と仕事用の服装を使い分けているような場合は労働時間にならないが、事業者が制服等の着用を義務付けている場合には労働時間になる。
　業務終了後の後始末については、工場、店舗の清掃、用具の片付け、制服等からの着替えなどは労働時間になる。
　このことから明らかなように、工場の稼働時間や店舗の営業時間と労働時間は別であり、交替制、シフト制をとっていない限り、稼働時間、営業時間は労働時間より短く設定することになる。始業前の朝礼、終業後の夕礼を行う場合は、これらも労働時間になるので、注意が必要である。
　業務によっては、労働時間中に具体的な作業をしていない時間帯が生じること

がある。例えば、商店や飲食店で店番をしているが客がまったくいない時間帯、トラックの運転手が荷受け・荷下ろしまで待機している時間帯などである。このような時間帯は、客が来店した場合や荷受け・荷下ろしの準備ができた場合には即時に業務に従事することが求められており、労働から離れることが保障されていない状態にある。いわゆる手待ち時間であり、事業者の指示のもとにあるので労働時間である。

　業務に関する研修、研鑽については、所定労働時間内に行う場合は、通常事業者の指示ないし承認のもとで行われるので労働時間となる。所定労働時間外に行われる場合には、完全に任意である自主的研修は労働時間ではないが、業務上参加が義務付けられている研修や事業者等の指示により行われる業務に必要な学習の時間は労働時間である。

▶労働時間の把握

　労働時間の把握は労働時間管理の前提である。法定労働時間の遵守、適正な割増賃金の支払い、労働者の健康管理のため、適正に労働時間を把握しなければならない。

　労働基準法施行規則は、適正な割増賃金支払いを確保するため、各労働者の時間外・休日労働の時間を把握し、賃金台帳に記載することを義務付けている。管理監督者や裁量労働制対象者など実際労働時間に応じた割増賃金の支払いが必要でない者を除き、適正に労働時間を把握し、記載しなければならない。

　また、労働安全衛生法は、長時間労働による労働者の健康影響を予防するため、事業者は管理監督者等を含めてすべての労働者の労働時間の状況を把握することを義務付けている。

　労働時間の適正な把握方法について、厚生労働省は、「労働時間の適正な把握のために使用者が講ずべき措置に関するガイドライン」を示している。事業者が現認するか、客観的な記録を基礎として、適切に把握しなければならない。具体的には、タイムカード、ICカード、パソコンの使用時間の記録など客観的な記録を基礎として確認することとされている。

　客観的な記録によって確認できない場合には、自己申告制によって確認することになる。自己申告制とする場合には、適正な申告をするよう上司及び本人に十分説明する必要がある。労働時間管理の重要性を理解させるとともに、労働者が

周囲に気兼ねして残業時間を実際より短く申告したり、上司が残業削減などの会社の方針を気にして残業時間を実際より短く申告するように仕向けたりすることを防止し、的確な労働時間の把握を行うためである。

また、自己申告結果について、在社時間の記録と比較して、両者に著しい乖離がある時は、実態調査して補正することとされている。上司や本人に労働時間の正確な把握の必要性について十分説明してもなお過少に申告する例もあることから、疑わしい場合には本当に問題がないか確認することとされている。

▶事業場外労働の場合の労働時間の把握

労働時間は実際に働いた時間の把握による算定が基本であるが、事業場外で働いているため労働時間の把握が困難な場合には、みなし時間による算定が認められている。

みなし制度によって算定ができるのは、事業場外で働いているために事業者の具体的な指揮監督が及ばず労働時間の算定が困難な場合である。事業場外で働いている場合でも、労働時間の算定が可能であれば、実際に働いた時間を把握しなければならない。

例えば、携帯電話等で具体的な指示・報告をしている、位置情報システムによって労働者の位置を常に把握している、あらかじめ訪問先や帰社時刻など具体的に指示をしているなどの場合である。営業担当者など外回りはそもそも実際の労働時間を把握する必要はない、あるいは営業担当者は時間外割増賃金の代わりに営業手当を払っているから労働時間の把握の必要はないという認識は誤っている。

事業場外労働のみなし制度による労働時間の算定は各日ごとに行うものなので、通常はみなし時間で算定している者であっても事業場内で働いた日や特段の指示があった日には適用できない。

▶みなし制度による労働時間の算定方式

みなし制度による労働時間の算定は、実際に業務遂行に要する時間の状況に応じて、2つの方式がある。

事業場外労働をしている業務を遂行するために、通常、所定労働時間を超えない状況である場合には、事業場内で働いた時間を含めて、所定労働時間働いたものとみなすこととされている。営業担当者が、社内における打ち合わせや伝票整

理などに要する時間を含めて、日によって差異はあるものの、おおむね所定労働時間程度働いている場合に適用される。

　事業場外労働をしている業務を遂行するために、通常、所定労働時間を超えて労働することが必要な場合には、事業場外で働いた時間に関して、当該業務の遂行に通常必要とされる時間労働したものとみなすこととされている。

　「当該業務に通常必要とされる時間」は、その業務に客観的に必要とされる時間であり、事業場外労働の実情を踏まえて判断することになる。事業者が恣意的に決めることはできない。

　実態を踏まえて労使で話し合い、労使協定を締結した場合には、労使協定で定めた時間で算定することとされている。通常必要とされる時間についてトラブルが生じないよう、労使協定を締結することが望ましい。

　事業場外労働のみなし制度で労働時間を算定するのは、事業場外で働いた部分のみであり、事業場内で打ち合わせや伝票整理などをした場合には、みなし時間と事業場内で働いた時間を合計することになる。

　例えば、事業場外労働に通常必要とされるのが9時間である場合に、朝1時間打ち合わせをして営業に出てそのまま直帰すればその日は10時間となり、さらに夕方帰社して2時間伝票整理をした場合にはその日は12時間となる。

▶1日の労働時間

　残業が長時間に及んで午前0時を超える場合がある。また、交替制やシフト制の場合には、午前0時を挟む勤務シフトがある。このような暦日をまたぐ勤務については、始業時刻が属する日の労働として算定される。

　例えば、始業時刻が午前9時、終業時刻が午後6時の場合に、残業が翌日の午前2時に及んだ場合には、前日の残業が8時間、所定労働時間と合わせて16時間労働となる。仮に、翌日の始業時間まで及ぶ徹夜勤務となった場合には、始業時刻で区切ることとされているので、前日の残業が15時間で、所定労働時間と合わせて23時間労働となる。

　したがって、決して好ましいことではないが、1日の残業時間は最長15時間までありうるということになる。

第3節　柔軟な労働時間制度

[ポイント]

- 定型的な労働時間制度になじみにくい業態や職務のために柔軟な労働時間制度が認められている。
- 1か月単位の変形労働時間制は、1か月以内の期間において、平均週40時間を超えない範囲で、法定労働時間を超える労働時間を設定できる制度である。あらかじめ各日の労働時間を特定する必要がある。
- 1年単位の変形労働時間制は、季節等による繁閑に対応するための制度であり、1年以内の期間において、平均週40時間を超えない範囲で、法定労働時間を超える労働時間を設定できる制度である。あらかじめ各日の労働時間を特定する必要がある。
- 1週間単位の非定型的変形労働時間制は、小規模の小売店、飲食店を対象とする制度である。
- フレックスタイム制は、清算期間単位で所定労働時間を定め、日々の始業・終業時刻や労働時間の長さの決定は労働者にゆだねる制度である。労働者が仕事と生活の調和を図りながら働くことができる制度であり、積極的な導入が望まれる。事業者や上司が日々の働く時間に関して具体的に指示できない。
- 裁量労働制は、専門業務及び企画業務において、業務の遂行方法を大幅に労働者にゆだねる場合の労働時間の算定に関する制度である。裁量性の高い労働者が対象であり、事業者や上司は日々の業務の遂行方法や始業・終業時刻等を具体的に指示してはならない。また、実態に即したみなし時間とする必要がある。
- 高度プロフェッショナル制度は、高度の専門性を有する労働者が自律的に日々の働き方を決める場合に、労働時間規制の適用を除外する制度である。高度の専門性を有し、職務記述書によって各期の職務を明らかにできる労働者が対象であり、事業者や上司は基本的な指示以外をしてはならない。また、休日の確保等の措置を確実に実施しなければならない。
- それぞれの制度の趣旨、要件、運用上の留意事項等を十分に理解し、適切に運用しなければならない。要件に違反している場合には柔軟な労働時間制度と認められず、週40時間、1日8時間を超える部分は法定時間外労働となる。

1. 1か月単位の変形労働時間制

　1か月単位の変形労働時間制は、業態などにより、1週40時間・1日8時間制では対応できない場合に、あらかじめ、1か月以内の期間において、平均週40時間以内となるよう、各日の勤務時間を設定し、その時間であれば、1日8時間、1週40時間を超えても時間外労働にならないとする制度である。

　月末が繁忙期である場合には、月の最後の週の1日の労働時間を延長し、その他の週の1日の労働時間を短縮できる。例えば、第1週～第3週は1日7時間30分、第4週は1日9時間30分とするなどである。第4週の1日の労働時間を長くするのではなく、週休日を1日減らすことも可能である。

　交替制やシフト制の場合、業務内容や交替時の交通の便などを考慮し、8時間を超える勤務シフトを入れることができる。ホテルや病院の夜間勤務において8時間より長いシフトをとる例がある。また、1回の勤務時間が8時間以内であっても、シフトの調整によっては1週6回勤務になることがあるのであれば、週40時間の法定労働時間を超えるため、変形労働時間制を利用していることになる。

　また、タクシー運転手などで採用されている、1勤務が16時間で勤務日の翌日を明け番とする隔日勤務制度とすることも可能である。

▶1か月単位の変形労働時間制を導入する手続き

　1か月単位の変形労働時間制を導入する場合には、労使協定または就業規則等で変形労働時間制度に関する定めをする必要がある。

　労使協定・就業規則等で定める事項は、対象労働者の範囲、対象期間及びその起算日、労働日及び労働日ごとの労働時間である。

　対象期間は、1か月以内であれば、10日間、4週間などの期間も可能である。勤務のサイクルなどに応じて対象期間を決めればよい。

　所定労働日を定めて、各所定労働日ごとの労働時間を具体的に定める必要がある。1日8時間を超えると定めた日、1週40時間を超えると定めた週には、法定労働時間を超えて、その定めた時間まで働かせることができる。

　期ごと・労働者ごとに勤務シフトを作成する場合には、就業規則等にはシフト

表の作成時期・方法など制度の枠組みを記載し、各期の開始前にシフト表を作成・周知する。変形労働時間制はあらかじめ1日8時間、1週40時間を超える日や週が特定されていることが要件なので、勤務シフト表は事前に確定していなければならず、また、変形期間開始後に変更することはできない。

労使協定は労働基準監督署長に届け出なければならない。また、労使協定方式の場合には有効期間を定めることとなっており、有効期間は3年以内が望ましいとされている。

▶変形期間における労働時間の上限

1か月単位の変形労働時間制は、変形期間における労働時間が1週平均40時間以下となるように労働時間を設定しなければならない。変形期間の労働時間の上限は、次の式で計算される。

上限＝40時間×変形期間の暦日数÷7

1か月単位の場合には、30日の月は171.4時間、31日の月は177.1時間となる。また、4週間単位の場合には、160時間である。

▶法定時間外労働となる時間

1か月単位の変形労働時間制を採用している場合、特定された日・週に、あらかじめ定められている所定労働時間働いた場合には、1日8時間、1週40時間を超えていても法定時間外労働ではないので、36協定や割増賃金の支払いは必要ない。

一方、所定労働時間が8時間以下である日に8時間を超えて労働した場合は法定時間外労働となる。

また、所定労働時間が8時間未満の日に8時間までの所定時間外労働をした場合には、その日の労働時間としては法定時間内であるが、その週の労働時間が40時間を超えることになる場合には法定時間外労働になる。

さらに、1日8時間、1週40時間以内であっても、変形期間を通じた労働時間が変形期間の上限を超えることとなる場合には、法定時間外労働となる。

2. 1年単位の変形労働時間制

1年単位の変形労働時間制は、年間を通じて業務に繁閑がある場合に、閑散期

に所定労働時間の短縮や所定休日の増加を行い、その分、繁忙期には所定労働時間の延長や所定休日の削減をする制度である。このように業務の繁閑に応じて労働時間を設定することによって、繁忙期の法定時間外労働を削減し、年間の総実労働時間の削減を図ることを目的としている。

　1年単位の変形労働時間制を採用した場合には、例えば、繁忙期の1日の所定労働時間を1日9時間、閑散期を1日7時間というように繁忙期と閑散期の1日の所定労働時間を異なる時間とすることができる。

　また、繁忙期は週休1日制の1週48時間労働とし、その分の休日について閑散期を週休3日制としたり、長期の連続休日を入れたりして調整することもできる。

　このようにパターン化したものだけでなく、年間の業務の繁閑をあらかじめ想定した労働時間と休日の設定が可能である。総実労働時間を短くするという視点に立って、1年単位の変形労働時間制の導入を検討することが望まれる。

▶1年単位の変形労働時間制を導入する手続き

　1年単位の変形労働時間制を導入する場合には、労使協定を締結して労働基準監督署長に届け出る必要がある。

　労使協定で定める事項は、対象労働者の範囲、対象期間及びその起算日、特定期間、労働日及び労働日ごとの労働時間、協定の有効期間である。

　対象期間は、1か月超1年以内である。1年以内であれば、3か月、半年なども可能である。変形期間の長さとともに、起算日を明確にしなければならない。

　なお、特定期間は連続労働日数の制限が緩和される期間であるが、連続労働日数の緩和が必要でない場合は定める必要はない。

　1年単位の変形労働時間制には、労働時間や労働日数等に関する要件が定められているので、それらの要件に合致するように、所定労働日及び所定労働日ごとの労働時間を具体的に定める必要がある。あらかじめ労使協定で特定することが基本であるが、変形期間が長期にわたることから、一定の期間ごとに定める方法も認められている。

　労使協定の有効期間は3年以内が望ましいとされている。

▶変形期間における労働時間の上限

　変形期間における労働時間は、週平均40時間以下となるように定めなければな

らない。変形期間における上限は、次の式で計算される。

　　上限＝40時間×対象期間の暦日数÷7

　1年単位の場合365日の年は2085.7時間、閏年は2091.4時間が上限となる。

▶労働時間、労働日数等に関する要件

　1年単位の変形労働時間制は、変形期間が長期にわたるため、極端に偏った労働時間の設定になると、年間を通じた労働時間の長さとしては問題がなくても繁忙期において労働者の健康を害する恐れがあるため、労働時間や労働日数に関して様々な要件が定められている。

　年間の所定労働日数は280日以下としなければならない。変形期間が1年未満の場合には、以下の計算式で上限日数を算出する。なお、変形期間が3か月未満の場合は、この要件は適用にならない。

　　上限＝280日×対象期間の暦日数÷365

　連続労働日数は6日以内としなければならない。繁忙期の週休日を1日にしている場合、毎週同じ曜日を休日にしていれば問題ないが、週によって休日をシフトさせている場合に、前週が月曜日、翌週が火曜日であると中7日となってこの要件に抵触することになる。

　ただし、労使協定で特に繁忙な特定期間を定めている場合には、特定期間においては1週間に1日の休日が確保されていればよい。したがって、前週が日曜日、翌週が土曜日の場合、中12日となるがいずれの週にも休日があるのでOKということになる。連続労働日数が長いことは、労働者の疲労蓄積につながるので、できる限り定期的に休日が入るように配慮することが望ましい。

　1日の所定労働時間の上限は10時間、1週間の所定労働時間の上限は52時間である。季節等による業務の繁閑に対応するための制度であるが、労働者の健康への影響等を考慮して上限が設けられている。ただし、隔日勤務のタクシー運転手に限って、1年単位の変形労働時間制の場合にも、16時間勤務が認められている。

　さらに、変形期間が3か月を超える場合には、1週48時間を超える週は連続3週以内、かつ、3か月ごとに3回以内とされている。

▶日々の労働時間の特定

　変形期間の全期間について所定労働日及び所定労働日ごとの所定労働時間を定

めることが原則である。

　ある程度パターン化できる場合には、例えば、繁忙期は週休1日・閑散期は週休3日、あるいは繁忙期は1日9時間・閑散期は1日7時間というように定めることが考えられる。年間の休日カレンダーを作成する方法もある。

　業務の状況をみながら具体的な休日や日々の労働時間を決める必要がある場合など、変形期間全期間についてあらかじめ労働日及び労働日ごとの労働時間を具体的に定めることができない場合には、特例的に対象期間を1か月以上の期間に区分して、区分した期間ごとに労働日と各日ごとの労働時間を決める方法が認められている。

　この場合には、労使協定で、最初の区分期間における所定労働日と所定労働日ごとの所定労働時間及び最初の区分期間以外の期間について、区分期間ごとの労働日数と総労働時間数を定めることになる。そして、最初の区分期間以外の期間について、その区分期間が始まる30日前までに、労働者代表の同意を得て、具体的な所定労働日と所定労働日ごとの所定労働時間を定める。

　いずれの方法をとった場合であっても、特定した労働日及び労働日ごとの労働時間を事業者が任意に変更することはできない。

▶法定時間外労働となる時間

　法定時間外労働となる時間の考え方は、1か月単位の変形労働時間制と同じである。

　なお、1年単位の変形労働時間制は変形期間が長期にわたるので、その期間中の途中採用者、途中退職者が生じることがありうる。途中採用者や途中退職者も対象にできるが、割増賃金の精算が必要になる。例えば、繁忙期のみに勤務して、閑散期になる前に退職した者については、その者の勤務期間中の週平均労働時間が40時間を超えていれば、その超えた時間分の割増賃金の支払いが必要になる。

▶1年単位の変形労働時間制を利用する場合の留意点

　1年単位の変形労働時間制は変形期間を通じた総実労働時間の縮減を目指す制度であり、繁忙期の労働時間はあらかじめ長く設定しているので、その設定した時間を超えた時間外労働は極力なくすべきである。この趣旨から、時間外労働の法定上限は、1年単位の変形労働時間制の場合には、通常に比べて低く設定され

ている。

　1年単位の場合には、計算上は最長2085時間まで可能である。しかし、週休日以外に国民の祝日、年末年始、夏季などの休日があるので、年間の所定労働時間を決める場合には週休日以外の休日日数も考慮する必要がある。新たに1年単位の変形労働時間制を採用する場合には、従来の年間所定労働時間の範囲内とし、かつ、残業を含めた総労働時間が短縮するように運用すべきである。

3. 1週間単位の非定型的変形労働時間制

　1週間単位の非定型的変形労働時間制は、日ごとの業務の繁閑の差が大きく、あらかじめ予測することが難しい業種の小規模の事業場において、1週間ごとに労働時間を通知することによって、1週40時間の範囲内で、1日10時間まで働かせることができる制度である。

　1週間単位の非定型的変形労働時間制を利用できるのは、規模30人以下の小売業、旅館、料理店及び飲食店である。

　これらの事業場においては天候、予約状況などによって日々の繁閑の差が大きく、1週間ごとに来客予想を立てて営業時間や人員配置を決めることができるようにするために導入されたが、ほとんど活用されていない。

4. フレックスタイム制

　フレックスタイム制は、労働時間の清算期間とその期間における所定労働時間を定め、日々の始業・終業時刻、労働時間の長さを労働者の決定にゆだねる制度である。業務の必要に応じて、コアタイムとフレキシブルタイムを設定できる。清算期間ごとの労働時間を把握し、実際の労働時間に応じて賃金を支払う。労働時間規制は、清算期間単位で適用されることになる。

　フレックスタイム制の場合には、労働者は日々の自分の生活のニーズに合わせて、出退勤時間や労働時間の長さを決めることができるので、仕事と生活の調和が図りやすくなる。例えば、保育園の送り迎え、学校のPTA会合、自分や家族の病気、自己研鑽や趣味、通勤ラッシュを避けるなど、労働者は自分の都合に応じて日々の労働時間を決めることができる。

事業者にとっても、フレックスタイム制の導入によって、労働者のモチベーションアップや優秀な人材確保などが期待できる。会議の設定や労働者間の意思疎通などの必要がある場合には、コアタイムの設定で対応することができる。

　なお、1日の所定労働時間は8時間で固定し、始業・終業時刻を労働者の選択にゆだねる時差出勤制度は、1日8時間の法定労働時間の範囲内の働き方であるので導入することに何ら問題はないが、フレックスタイム制ではないので1日に8時間を超えて働いた場合は法定時間外労働となる。

▶フレックスタイム制の導入手続き

　フレックスタイム制を導入する場合には労使協定の締結が必要である。清算期間が1か月を超える場合には労使協定を労働基準監督署長に届け出なければならない。

　労使協定においては、対象労働者の範囲、清算期間、清算期間における所定労働時間、標準となる1日の労働時間を定める。コアタイムとフレキシブルタイムを設ける場合には、労使協定で定めておかなければならない。

　また、就業規則等において、始業・終業時刻を労働者の決定にゆだねる旨を定める必要がある。フレックスタイム制度は、労働者に日々の始業・終業時刻の決定をゆだねる制度なので、これを就業規則に明記することで労働者の始業・終業時刻を決める権限を保証する。

▶フレックスタイム制の清算期間

　清算期間は、フレックスタイム制における労働時間の運用単位であり、労働時間規制も清算期間を単位として適用される。

　清算期間は、3か月以内の期間を定める。なお、1か月超とする場合には、労使協定の届け出などの要件が付加される。

　清算期間は、月単位以外とすることも可能であるが、月給制との関係などから1か月単位が一般的である。また、より柔軟な働き方を目指す場合には3か月単位とすることも考えられる。

▶清算期間における所定労働時間

　フレックスタイム制の労働者が、各清算期間において労働契約上働く必要があ

る所定労働時間の長さを定める。日々の労働時間は労働者が決めることになるので、所定労働時間は、清算期間を通じた時間数で定める。法律では総労働時間と表現されているが、残業時間を含まない、いわゆる所定労働時間のことである。

清算期間における所定労働時間は、清算期間における法定労働時間の範囲内で定める必要がある。

法定労働時間＝40時間×清算期間の暦日数÷7

1か月単位であれば、30日の月は171.4時間、31日の月は177.1時間まで可能である。なお、毎月の所定労働時間の長さを一律に定める場合には、2月の上限が28日＝160時間なので、160時間以下にしなければならない。

完全週休2日制の労働者については、労使協定で定めた場合には、清算期間における法定労働時間を所定労働日数により設定する方式とすることができる。

法定労働時間＝清算期間における完全週休2日制の所定労働日数×8時間

この方式の場合には、所定休日を毎週土曜日・日曜日、年末・年始（12月29日～1月3日）、国民の祝日などと定め、それ以外の日を所定労働日として、1日当たり所定労働時間として8時間以下の時間で定める。曜日めぐりによって平均40時間を超える清算期間が生じても問題ない。

▶コアタイムとフレキシブルタイム

フレックスタイム制は、労働者に日々の出退勤や労働時間の決定をゆだねる制度であるが、事業運営や職場管理にために、必ず働かなければならない時間（コアタイム）と働くことができる時間（フレキシブルタイム）を定めることができる。

労使協定にもとづいてこれらの時間帯が定められている場合には、労働者はその範囲内で勤務しなければならない。

コアタイムは、10：00～15：00など1日の中間に設ける例が多い。定例の会議を特定の曜日に行っているような場合に特定の曜日のみコアタイムを設定することなども可能である。一方、コアタイムが1日の労働時間とほとんど違わないものや朝と夕方に設定されているものなど、労働者の選択が限定されるような設定の仕方はフレックスタイム制の趣旨に反し不適切である。一方、コアタイムを設けずに実質的に出勤日を含めて労働者の自由にすることも可能である。

施設管理の必要性、長時間労働の防止などのために働くことができる時間帯を設定したい場合には、労使協定によって、あらかじめフレキシブルタイムを設定

する。フレキシブルタイムを設定していない場合、労働者はいつでも出勤して働くことができるため、事業者は施設の利用を認めなければならなくなる。在宅勤務と組み合わせる場合などを除き、適切な時間帯を設定することが望ましい。

▶フレックスタイム制の労働時間管理

フレックスタイム制では、日々の出退勤時刻や労働時間は労働者の選択にゆだねるが、客観的データにもとづいて労働時間を把握し、労働時間管理を行う必要がある。

フレックスタイム制においては、日々の労働時間の長さは労働者本人にゆだねるため、労働時間管理を適切に行うためには労働者の自覚が必要になる。労働者に、36協定の有無、内容を周知し、それを超えて働くことがないように指示する必要がある。

清算期間における実際の労働時間が所定労働時間を超えていた場合には、実際に働いた時間に応じた賃金の支払いが必要である。超過して働いた分を次の清算期間に持ち越すことはできない。

清算期間の実際の労働時間が所定労働時間に満たなかった場合には、その不足した時間に応じた賃金を減額する方法のほか、次の清算期間の所定労働時間にその不足した時間分の労働時間を加算する方法とすることもできる。

▶法定時間外労働となる時間

フレックスタイム制の場合には、労働者の選択によって、1日8時間、1週40時間を超えて働いても法定時間外労働とはならない。清算期間全体で、法定労働時間を超えた時間が法定時間外労働となる。また、清算期間が1か月を超える場合には、1か月ごとに週平均50時間を超えた時間も法定時間外労働となる。

このようにフレックスタイム制では1日における法定時間外労働という概念がないので、36協定において1日の時間外労働の上限を定める必要はない。

▶標準となる1日の労働時間

フレックスタイム制の場合には、労使協定で標準となる1日の労働時間を定めることとなっている。年次有給休暇を取得した場合の賃金計算のために定めるものであり、労働者が日々の労働時間を決める際に考慮するものではない。

フレックスタイム制の対象労働者が年休を取得した場合には、

標準となる1日の労働時間数×年休取得日数

働いたものとして、当該期間の賃金を計算する。

▶フレックスタイム制の留意点

　フレックスタイム制は、一定の範囲で労働者に日々の出退勤時刻や労働時間を選択させる制度であるので、要員配置を計画的に行う必要がある業態においては導入できない。

　業務遂行や施設管理に支障がないように、適切なコアタイム、フレキシブルタイムを設定する必要がある。上司等との意思疎通、顧客対応などのために必要であれば、適切なコアタイムを設けるべきである。コアタイムを設けずに、上司が一方的に打ち合わせ時間を指定するようなことは問題である。

　また、上司等にフレックスタイム制の趣旨、出退勤時刻等は労働者の自由な選択によることなどを周知し、適切な運用がなされるように徹底する必要がある。

　労働者に対しては、自分の業務と労働時間を適切にコントロールし、長時間労働になることがないよう、十分に指導することが必要である。

　労働者の選択によって働いた場合でも、週1日の休日が確保されなければ法定休日労働となる。所定労働日以外には働くことを認めないこととするなど毎週1日は確実に休ませる対応が望ましい。

　フレックスタイム制においても労働時間管理の責任は事業者にあるので、働いた時間は適切に把握し、所定労働時間を超えて働いた場合には、労働時間に応じて割増賃金を含めた賃金を支払わなければならない。労働者が自分の選択で自主的に働いたというような言い訳は通用しない。

5.裁量労働制

　裁量労働制は、専門性の高い労働者や企画部門の労働者が業務の遂行方法を大幅にゆだねられて働く場合の労働時間の算定に関して、労使委員会等であらかじめ定めた時間働いたものとみなす、労働時間の算定方法に関する制度である。

　労働時間の算定方法に関する制度であるが、対象者の働き方が要件になっているため、実際上柔軟な労働時間制度の1つとして機能している。

裁量労働制によって労働時間を把握する場合であっても労働時間規制は適用されるので、みなし時間が法定労働時間を超える場合には36協定締結、割増賃金支払い等が必要である。

　裁量労働制においては、実態をよく知っている労使の話し合いによって実態を踏まえたみなし時間を設定することが必要であり、残業代を払わないようにするために利用することは許されない。

　裁量労働制には、専門業務型と企画業務型がある。いずれも対象労働者の働き方に関する裁量性が高いことが要件になっている。導入の手続きは異なるが、労働時間の算定方法等は共通である。

▶専門業務型裁量労働制の対象者

　専門業務型裁量労働制の対象となる業務は、業務の性質上、業務遂行の手段・方法、時間配分等を大幅に労働者の裁量にゆだねる必要がある業務である。具体的には、労働基準法施行規則において、新商品・新技術の研究開発、記者、デザイナー、プロデューサー・ディレクター、システムコンサルタント、証券アナリスト、金融商品開発、大学教授等の業務が定められている。これに該当しない業務では導入できない。

　対象となる専門業務に従事していても自分で業務遂行方法や時間配分を決めて遂行できる能力を有さない者は対象とできない。例えば、記者であっても新人で先輩の指導を受けながら業務を行っている者などは対象にならない。

　また、労使協定において、業務遂行の手段・方法、時間配分等に関して労働者に具体的な指示をしない旨を定めることとされている。専門業務に従事している場合であっても、上司が日々の業務について具体的な指示をしている場合、始業・終業の時刻を遵守させている場合、上司が日々の残業を指示している場合などは対象にできない。

　さらに、制度の対象にするには労働者の同意が必要であり、労使協定で本人同意を得ること、同意の撤回手続きなどを定めなければならない。

▶専門業務型裁量労働制の導入手続き

　専門業務型裁量労働制を導入する場合には労使協定の締結と労働基準監督署長への届け出が必要である。

労使協定においては、対象労働者の範囲、1日の労働時間としてみなす時間、業務遂行の手段・方法、時間配分等に関して労働者に具体的な指示をしない旨、労働時間の状況に応じて実施する健康・福祉確保措置の具体的内容、苦情処理措置の具体的内容、協定の有効期間（3年以内が望ましい）、各種記録を協定の有効期間中及び終了後3年間保存する旨を定める。

▶企画業務型裁量労働制の対象業務

　企画業務型裁量労働制の対象となりうる業務は、事業運営の企画、立案、調査、分析の業務である。

　労使委員会において、これらに該当する業務のうちから、当該事業場における業務遂行の実態を踏まえて、業務遂行の方法を大幅に労働者の裁量にゆだねる必要がある業務を具体的に対象業務として選定する。

　「事業運営」に関する企画等の業務であることが必要である。企業全体や企業内で事業運営に関して自由度を認められている大規模な支店、工場等における事業運営、事業戦略に関わる企画等の業務である。本社等の指示で個別の製造業務、営業活動のみを行っている工場、営業所などでは導入できない。

　「企画、立案、調査、分析」の業務であることが必要である。企画等の業務とともに、事業の実施に関する業務を行う場合は対象にならない。例えば、品質管理に関して調査・分析をして新たな品質管理計画を策定するにとどまらず、工場においてその実施まで行う業務は該当しない。また、企業や支店における営業活動を調査・分析して新たな営業方針を策定、営業指導をするにとどまらず、自ら営業活動を行う業務は該当しない。

　業務の遂行の手段及び時間配分の決定等に関し、使用者が具体的な指示をしないこととする業務である必要がある。事業運営の企画、立案、調査、分析の業務に該当しても、当該事業場では上司が具体的に業務の遂行について指示をしている場合には対象にできない。

　企画業務型裁量労働制の対象とする業務は、各事業場における業務の実態を踏まえて労使委員会で検討して決定する。

▶企画業務型裁量労働制の対象労働者

　対象労働者は、自分で業務遂行方法や時間配分を決めて遂行できる能力、経験

を有する者でなければならない。新規学卒者の新入社員は対象にはできない。業務内容等にもよるが、少なくとも3年以上の業務経験を有する者とすべきである。

　企画業務型裁量労働制を適用する場合には、労働者の個別の同意が必要であり、就業規則等の定めによる包括的な同意では足りない。同意をしなかった労働者については、通常の方法で労働時間を把握し、それによって労働時間管理、割増賃金の支払い等を行うことになる。

　同意手続きは労使委員会決議で定める。労働者が制度や処遇を理解して同意・不同意の判断ができるようにすることが必要であり、同意は書面によることが望ましい。同意をしなかった労働者に対して、懲戒等の処分をしてはならないことはもちろんであるが、同意をしなかった場合の配置や処遇が不利益になるようなことも許されない。

▶企画業務型裁量労働制の導入手続き

　企画業務型裁量労働制を導入する場合には、労使委員会で5分の4以上の賛成により決議し、労働基準監督署長に届け出る必要がある。

　労使委員会決議においては、対象業務、対象労働者の範囲、1日の労働時間としてみなす時間、労働時間の状況に応じて実施する健康・福祉確保措置の具体的内容、苦情処理措置の具体的内容、労働者の同意が必要であること及び不同意の労働者に対して不利益取り扱いをしてはならない旨、決議の有効期間（3年以内が望ましい）、各種記録を決議の有効期間中及び終了後3年間保存する旨を定める。

　また、制度導入後には、6か月ごとに労使委員会で制度の実施状況の把握等を行うとともに、初回は6か月以内、その後は1年以内ごとに制度の実施状況を労働基準監督署長に届け出なければならない。

▶みなし労働時間の設定

　裁量労働制の適用労働者の労働時間の算定は、実際に働いた時間の長短に関わらず、労使協定・労使委員会決議で定めた「1日の労働時間」とみなされる。このため、労使協定・労使委員会において定める「1日の労働時間」が極めて重要である。

　労使協定の締結、労使委員会の決議に当たっては、当該事業場において対象業務に従事している労働者の働き方の実態を踏まえて、労使で十分に話し合って決

める必要がある。

みなし時間の設定を労使協定・労使委員会にゆだねたのは、労使が対象業務の労働者の働き方の実態をよくわかっているからである。統計を取って平均値や中央値を求めるまでの必要はないが、実態とかけ離れた時間を定めることは許されない。

ある程度残業が行われているにもかかわらず、所定労働時間とみなすこととしている事業場が多くみられるが、裁量労働制を誤解しているといわざるを得ない。

なお、みなし時間は、1日単位で定めなければならない。1週間、1か月等の単位での設定はできない。

▶みなし労働時間による労働時間の算定

みなし労働時間による労働時間の算定は、1日単位で、その日に働いた時間の長さに関わらず、労使協定・労使委員会決議で定めた「1日の労働時間」働いたものとみなされる。1日の労働時間が9時間と定められていれば、定時で帰った日や午後から出勤して4時間しか働かなかった日も9時間働いたことになる。一方、残業をして、10時間、11時間働いた日についても、9時間働いたことになる。

所定労働日のほか、法定休日以外の休日に働いた場合にも、労使協定・労使委員会で定めた「1日の労働時間」としてみなす時間働いたものとして算定する。例えば、完全週休2日制の土曜日に出勤した場合には、働いた時間数に関わらず、みなし労働時間で算定される。

他方、法定休日に働いた場合には、休日労働にはみなし時間の適用はないので、実際に働いた時間で労働時間を算定する。また、深夜時間帯に働いた時間についても、実際に働いた時間で算定する。

▶労働時間の状況に応じて実施する健康・福祉確保措置

裁量労働制の対象労働者の労働時間の状況を把握して、個々の労働者の労働時間の状況、健康状態に応じて適切な健康・福祉確保措置を講じる必要がある。

裁量労働制の対象労働者の労働時間の状況の把握は、この措置を実施するための前提として必要であるとともに、労働安全衛生法によって裁量労働制の労働者についても労働時間の状況の把握が義務付けられている。裁量労働制の対象だから事業者は実際にどれだけ働いているか知らないということは許されない。労働

時間の状況の把握の際に、健康状態を併せて把握することが望ましい。

労働時間の把握は、客観的な方法によることが必要であり、具体的には、労使協定・労使委員会決議で定める。

健康・福祉確保措置の内容は、労使協定・労使委員会決議で定める。具体的な例としては、代償休日・特別な休暇を付与すること、特別な健康診断の実施、年次有給休暇の連続取得の勧奨、心と体の健康に関する相談窓口の設置、産業医による保健指導、適切な部署への配置転換などがある。

▶苦情処理

裁量労働制の対象労働者の苦情に対応する措置を実施することが必要である。

▶裁量労働制の留意点

裁量労働制は、専門業務や企画業務に従事する労働者が業務遂行方法や時間配分を自律的に決めて働くことを前提としているので、事業者や上司はそれらの具体的な指示をすることはできない。

裁量労働制の導入に当たっては、制度の趣旨に合致する、労働者の裁量性が高い業務を適切に選定することが必要である。そして、対象労働者の上司には制度の趣旨を周知し、労働者の業務や労働時間に関する裁量を阻害することがないように徹底しなければならない。また、評価制度は、裁量性のある働き方をしている者にふさわしいものとすることが求められる。

裁量労働制は、実態に即して労働時間を算定する制度であり、残業している実態にある場合に残業がないものとするための制度ではない。所定労働時間とみなす場合には、実質的に残業がない状態にあることが前提である。そして、対象労働者の業務量は、みなし時間に比して過大とならないようにする必要がある。

裁量労働制で働く労働者についても事業者の安全衛生配慮義務がある。働き方を労働者の裁量にゆだねているので、健康確保も本人の責任であるという言い逃れは許されないので、一般の労働者と同様に、裁量労働制の対象労働者の健康管理について事業者としての責任を果たさなければならない。

6. 高度プロフェッショナル制度

　高度プロフェッショナル制度は、高度の専門性を有する労働者が、職務記述書で具体的に明示された職務を、その専門性を活かして、自律的に日々の働き方を決めて働く場合に、労働時間規制の適用を除外する制度である。
　高度の専門性を有する労働者が、本人の希望する働き方で自由に働けるようにし、イノベーションを促進することを目的としている。
　対象労働者は、職務記述書で示されたミッションを達成するために、自分の判断で、関係のある勉強会や交流会に参加したり、企業や専門家を訪問して意見交換や情報収集をしたり、図書館で文献に当たったり、場合によっては別荘やリゾートで構想を練ったり、自由に働くことが想定されている。
　イノベーションを担う人材にふさわしい新しい働き方を広げようとするものであるので、活用する場合には、この趣旨を十分理解することが望まれる。

▶高度プロフェッショナル制度の導入手続き

　高度プロフェッショナル制度を導入する場合には、労使委員会で5分の4以上の賛成により決議し、労働基準監督署長に届け出る必要がある。
　労使委員会決議においては、対象業務、対象労働者の範囲、健康管理時間の把握、休日の確保、労働者の健康確保のための選択的措置、健康管理時間の状況に応じた健康・福祉確保措置、同意の撤回に関する手続き、苦情処理措置などについて定める。

▶高度プロフェッショナル制度の対象業務

　高度プロフェッショナル制度の対象業務の要件は、業務の遂行について上司等から具体的な指示を受けず、働く時間帯の選択や時間配分が労働者の自主性にゆだねられていること、高度の専門的知識等を必要とし、その性質上従事した時間と成果との関連性が通常高くないと認められることである。
　具体的には労働基準法施行規則において、金融商品の開発、ディーリング、アナリスト、コンサルタント、新技術・新商品等の研究開発が定められている。これに該当しない業務では、高度プロフェッショナル制度を導入できない。

▶年収要件は1075万円以上

　高度プロフェッショナル制度の濫用を防止するための要件として、年収が1075万円以上であることが対象労働者の要件となっている。

　高度プロフェッショナル制度が適用される年の年収が確実に1075万円以上となる必要がある。それまでの年収が1075万円に満たない者でも、高度プロフェッショナル制度の適用に際して、賃金が引き上げられるのであれば対象にできる。

▶職務記述書

　高度プロフェッショナル制度の適用労働者の職務内容は、期ごとに、職務記述書で明確に定める。そして、労働者はその職務記述書で示された職務内容をミッションとして、自律的に業務を行うことになる。

　職務記述書には、業務の内容、責任の程度、求められる成果を具体的に記載する。職務記述書に労働者が署名することによって、その期における職務内容に合意したことが明確になる。

　高度プロフェッショナル制度においては、日常的な業務指示などは行わないので、職務記述書は、事業者がどういう成果を求めているのか、労働者は何を達成する必要があるのかを示す、唯一の共通認識となるものであり、極めて重要である。

　事業者は、業務の都合などで、後から仕事を追加することはできない。労働者が期間の前半に集中的に取り組んで、後半はゆっくり仕事をしようとする場合などもあり、仕事が進んでいるからといって別の仕事を追加するようなことは許されない。

▶労働者の同意

　高度プロフェッショナル制度の対象とするには、労働者の個別の同意が必要である。

　同意を得る際には、労働者が高度プロフェッショナル制度の内容や処遇がどうなるかを十分に理解したうえで判断することができるように、労働者に重要な事項を書面で明示することとされている。なお、労働者が同意しなかった場合に不利益な取り扱いをすることは許されない。

労働者は高度プロフェッショナル制度の期間の途中でも同意の撤回をすることができる。事業者は同意の撤回を妨げ、あるいは撤回を理由に不利益取り扱いをしてはならないこととされている。

▶高度プロフェッショナル制度の対象労働者への指示

高度プロフェッショナル制度の対象労働者は、事業者との労働契約によって事業者のために働く者なので、事業者は、業務開始時に当該業務の目的、目標、期限等の基本的事項、経過報告を受けての基本的事項の変更など、業務の基本的な事項についての指示はできる。

一方、高度プロフェッショナル制度は、労働者が、高度の専門性をもって、業務の進め方についても、日々の働き方についても、事業者や上司の具体的な指示を受けずに働く制度なので、基本的な事項以外の指示はできない。特に、労働者に働く時間帯の選択や時間配分に関する裁量があることが重要な要件なので、労働時間等に関する裁量を実質的に失わせるような指示はできない。

具体的には、始業・終業時刻、休日等に関する指示、労働者の裁量を実質的に失わせるような成果・業務量の要求、労働者の裁量を実質的に失わせるような期限の設定、特定の日時を指定して会議への出席を一方的に義務付けること、作業手順等の日々のスケジュールに関する指示、出勤日数等をもとにした評価、長期休暇取得への干渉などは、許されない。

▶健康管理時間の把握と医師の面接

事業者は、客観的なデータに基づき、高度プロフェッショナル制度を適用している労働者の毎月の健康管理時間を把握しなければならない。健康管理時間とは、基本的には、在社時間と事業場外で働いた時間の合計時間である。労使委員会決議において、休憩時間などの労働時間でない時間を除外できる。

事業者は、健康管理時間が週平均40時間を超えた部分が1か月に100時間を超えた場合には、必ず、その労働者に医師の面接を受けさせなければならない。

▶休日確保

高度プロフェッショナル制度の適用労働者には、1年に104日以上、4週に4日以上の休日を確保しなければならない。

1年に104日の休日は、完全週休2日に相当する。高度プロフェッショナル制度は、労働基準法第35条の法定休日の規定は適用除外されているが、同制度の適用労働者の健康を確保するため、法定休日の週休制相当ではなく、完全週休2日制相当の休日の確保を義務付けたものである。

▶健康確保のための選択的措置

高度プロフェッショナル制度の適用労働者の健康確保のために、休日確保に加えて、労使委員会決議に定めるところにより、①11時間の勤務間インターバルを確保し、深夜業を月4回以下とする、②健康管理時間の上限について、1週平均40時間を超える時間数を1か月100時間または3か月240時間以下とする、③2週連続の休暇を付与する、④健康管理時間が1週平均40時間を超えた超過分が1か月80時間超えた場合と労働者が申し出た場合に臨時の健康診断を実施のうち、いずれかの措置を講じなければならない。

▶健康管理時間の状況に応じた健康・福祉確保措置

健康確保のための選択的措置に加えて、健康管理時間の状況に応じて、労使委員会決議で定めるところによって、労働者の健康や福祉の増進のため、医師による面接指導、代償休日または特別な休暇の付与、心と体の健康問題についての相談窓口の設置、適切な部署への配置転換、産業医による助言指導・保健指導などの措置を講じなければならない。

▶苦情処理

高度プロフェッショナル制度の適用労働者の苦情に対応する措置を実施することが必要である。

▶高度プロフェッショナル制度の実施状況の検証

高度プロフェッショナル制度の実施状況について、6か月ごとに、労働基準監督署長に報告しなければならない。報告事項は、健康管理時間の状況、休日確保の状況、労働者の健康確保のための選択的措置及び健康・福祉確保措置の実施状況である。

実施状況の報告に際しては、労使委員会において検証することが必要である。

労使委員会は、運用状況に問題があれば、制度の見直し、健康状況等に問題のある労働者への対応などを検討し、必要であれば決議することが望まれる。

▶高度プロフェッショナル制度の留意事項

高度プロフェッショナル制度は、イノベーションの促進など、企業の将来を担う人材に自由に働いてもらうことによって、大きな成果を期待する制度なので、それにふさわしい者を対象とし、その者にふさわしい処遇をすべきである。

残業代を支払わないことによって人件費コストを下げるというような考えはもってのほかである。

労働者は職務記述書で合意した当期のミッションを自分のやり方、スケジュール感で遂行するものであり、事業者や上司が業務遂行に関する具体的指示や追加の業務指示をすることはできない。労働者は、ミッションをこなしさえすれば、趣味や自己研鑽に時間を使うことができる。また、ミッションを達成した労働者は自由に休暇を取ることも可能である。

高度プロフェッショナル制度は、このような新しい働き方を目指すものであり、事業者、上司の理解が不可欠である。

第4節 時間外・休日労働

[ポイント]

- 法定時間外・法定休日労働をさせる場合には労使協定（36協定）を締結し、労働基準監督署長に届け出なければならない。
- 法定時間外労働の法定上限は1か月45時間、1年360時間である。
- 臨時の必要がある特別な場合には特別条項を設けることができる。その場合の限度は、1年720時間、単月で休日労働を含めて100時間未満、2～6月平均で休日労働含めて80時間、月45時間を超える月は6回である。
- 法定上限について、研究開発業務は適用除外、自動車運転者、建設事業、勤務医は異なる上限が設定されている。
- 法定時間外労働は例外、特別条項は例外の例外なので、36協定の締結に当たっては、事業場の実態を踏まえて必要最小限とすることが必要である。

- 36協定に定める上限を超えた場合及び定める要件に該当しない場合には違法となる。
- 36協定は労働者全員に周知しなければならず、特に管理職には周知とともに必ず遵守するように徹底しなければならない。
- 非常災害時には36協定がなくても法定時間外・休日労働をさせることができる。労働監督署長の許可ないし事後届け出が必要である。
- 法定時間外・休日労働及び深夜労働をさせた場合には割増賃金を支払わなければならない。割増賃金の計算基礎には、基本給のほか、家族手当、通勤手当等を除き、各種手当も含まれる。以下が割増賃金率である。

    法定時間外労働　25%
    ＊法定時間外労働が月60時間を超えた部分　50%
    法定休日労働　35%
    深夜時間帯の労働　25%
- 月60時間を超える法定時間外・休日労働をさせた場合に関し、労働者の請求による代替休暇制度を導入することができる。
- 週40時間を超える労働が80時間を超える場合において労働者の申し出があった時には医師の面談を受けさせなければならない。

---

1. 法定時間外・法定休日労働

　法定時間外労働となるのは、1日8時間または1週40時間を超えて働いた時間である。

　法定労働時間より所定労働時間が短い場合には、所定労働時間を超えて法定労働時間に達するまでは法定内残業である。例えば、所定労働時間が7時間の日に1時間残業した場合には、法定時間外労働にならない。

　法定休日労働になるのは、週に1日の休日が確保されなくなる日に働いた時間である。例えば、完全週休2日制で土・日が休みの場合には、土曜日に働いても法定休日労働にはならない。ただし、土曜日に働いて、週の労働時間が40時間を超える場合には、法定時間外労働になる。

　なお、労働基準法においては、法定時間外労働と法定休日労働は別の概念であ

り、区分して算定される。36協定において、それぞれ限度時間、日数を定めることになる。また、割増賃金率も異なる。

このように、残業は、法定時間外労働と法定時間内・所定時間外労働、法定休日労働と法定内・所定休日労働に区分され、法定内・所定休日労働は法定時間外労働になる場合があるという整理になる。

そして、法定時間外労働と法定休日労働は36協定の締結と割増賃金の支払いが必要であるが、法定時間内・所定時間外労働と法定内・所定休日労働で法定時間外労働に当たらないものは36協定の必要はなく、割増した賃金を支払うかどうかは各企業の定めによるということになる。

ところで、所定労働日・所定労働時間は、事業者と労働者の労働契約関係において、本来、働くこととなっている日・時間である。事業者が所定労働時間を超えて、あるいは所定休日に働かせる場合には、労働契約上の根拠が必要である。

労働契約において働く日・時間を決めるという所定労働日・所定労働時間の趣旨を勘案すれば、法定内であるからといって、事業者が法定時間外・休日労働と異なる扱いをすることは好ましいとはいえない。法定時間内・所定時間外労働や法定内・所定休日労働に対しても法定時間外・休日労働と同様の割増賃金を支払うことが望ましい。

2. 36協定

▶法定時間外・法定休日労働をさせるための法的要件

法定時間外・法定休日労働をさせる場合には、労使協定（36協定＝労働基準法第36条に基づく協定）を締結し、労働基準監督署長に届け出る必要がある。

36協定は、労働基準法第32条（法定労働時間）、第35条（法定休日）の例外として、法定時間外・休日労働をさせるための法的要件である。適正な36協定の締結・届け出がなければ、非常災害時の対応を除き、法定時間外・休日労働は違法となる。

法定時間外・休日労働が一切ない事業場においては、36協定は必要ない。ただし、所定労働時間が8時間の事業場において、例えば、終業間際の電話対応で終業時刻を過ぎることがあるのであれば、それを想定した36協定を締結する必要がある。

36協定を締結するに当たって、当該事業場における業務の状況を踏まえ、法定時間外・法定休日労働は必要最小限とするよう心掛ける必要がある。法定労働時間を超え、あるいは法定休日に働かせることはあくまで例外であることを銘記すべきである。また、事業者には安全配慮義務があることに留意する必要がある。

▶36協定で定めるべき内容

　36協定では、部門や業務を区分して、法定時間外・休日労働をさせる具体的な事由と限度時間を定めることとされている。働き方の実態を踏まえて、業務をできるだけ細かく区分し、それぞれの業務区分ごとに、法定時間外・休日労働をさせる具体的な事由と必要最小限の限度時間を定める。事業場で一律とする、事務部門・製造部門など大くくりの区分とするなどは望ましくない。

　36協定では、必ず、1日、1か月、1年の限度時間を定めることとされている。1年についてはその起算日を定めることとされている。これ以外の期間、例えば、1週間、3か月などの限度を定めることは自由であるが、仮に協定でこれらの期間について限度時間を定めた場合には、それらの限度時間も協定の内容となる。

　36協定で定める法定労働時間の限度は、労働基準法で定める法定上限の範囲内でなければならない。なお、真に必要な場合には特別条項を定めることができる。

　所定労働時間が短い事業場において、通常の労働時間管理は所定労働時間を超えた時間で行っている場合であっても、36協定では必ず法定労働時間を超える限度時間を定めなければならない。36協定において、法定労働時間外の限度時間と所定労働時間外の限度の両方を定めることはできる。届け出様式もそれに対応している。36協定で両方の限度を定めた場合には、両方とも遵守する必要がある。

　法定休日労働に関しては、働かせることができる日数とともに、法定休日に働かせることができる始業・終業時刻を定めることとされている。例えば、1か月に1日、8：00～17：00というように定めることになる。

　法定休日労働は、労働者の疲労回復、健康確保の観点から極めて望ましくないので、真に必要な範囲に限るべきである。法定休日労働をさせることができる事由、日数、時間ともに、極力限定することが望まれる。

　36協定において有効期間を定めなければならない。36協定では1年間の限度時間を定めていることと業務の状況や労働者の状況を踏まえて適切に見直すことが望ましいことから、有効期間は1年とすることが一般的である。

36協定を締結・届け出た場合には、協定で定める要件や限度の範囲内で法定時間外・法定休日労働を行わせることができる。36協定の要件に合致しない場合や限度時間を超える場合には違法となる。

　例えば、36協定で定める時間外労働をさせる事由に該当しない場合、36協定で1日の上限2時間と定めている場合に3時間の時間外労働をさせたとき、36協定で休日労働の労働時間を8：00から17：00と定めている場合に法定休日に18：00まで労働させたとき、36協定で定める手続きをしていない場合などである。

　なお、36協定の法的効果は、労働基準法の法定労働時間・法定休日の例外を認めることである。事業者が労働者に時間外・休日労働を命じるためには、就業規則や労働契約において時間外・休日労働を命じる契約上の根拠があることが必要である。

3. 時間外労働の法的上限

　働き方改革において、長時間労働の是正が大きなテーマの1つとなり、過労死の防止、労働者の健康確保、ワークライフバランスの実現等のために、法的上限を設定することとなり、36協定によっても超えることができない時間外労働の法的上限が設定された。

▶原則

　法定時間外労働の上限は、1か月45時間、1年360時間である。3か月を超える変形労働時間制の場合は、1か月42時間、1年320時間とされている。

　36協定では、この法的上限の範囲内で、当該事業場における法定時間外労働・法定休日労働の限度を定めなければならない。この上限を超える限度時間を定めた場合には、36協定が無効になる。協定が無効になると、法定時間外労働は一切できなくなるので注意が必要である。

　この上限は、法定時間外労働に関するものであり、法定休日の時間は含まない。法定休日労働に関する法的上限は定められていないが、法定休日労働は労働者の休養や健康確保の観点から、極力行わないようにすべきであることはいうまでもない。

　法的上限は法律で定める最高限度なので、36協定締結に当たっては、事業場の

実情を踏まえて、労使で話し合い、できる限り短い時間とすることが望ましい。安易に、法的上限どおりとすることは避けるべきである。

▶特別条項

　臨時の必要がある特別な場合については、36協定で特別条項を設け、1か月45時間、1年360時間を超えた上限を定めることができる。

　特別条項を利用する場合の限度は、1年720時間以内、単月では休日労働を含めて100時間未満、2〜6か月平均では休日労働含めて80時間以内、月45時間を超えられるのは1年のうち6か月までとされている。

　法定時間外労働の法的上限は1か月45時間、1年360時間であるが、企業によっては、特定の部門、特定の時期にはこの上限の範囲内では対応が困難な場合があり、企業活動を大きく阻害しかねないため、特別条項が認められることとなった。

　法定時間外労働はそもそも例外であり、特別条項はその時間外労働の法的上限のさらに例外である。特別条項を利用する場合には、対象とする部門は必要最小限とし、業務量の大幅な増加等に伴い臨時に法定上限を超えて労働させる必要がある特別な場合を具体的に定める必要がある。

　「業務の都合上必要な場合」「業務上やむを得ない場合」などの一般的、抽象的な理由で特別条項を設けることはできない。例えば、決算業務、ボーナス商戦への対応、納期のひっ迫、大規模なクレームへの対応、大きな機械のトラブルへの対応など業務量が大幅に増加する具体的な場合に限られる。

　1年の上限は720時間である。法定時間外労働のみが対象であり、法定休日労働の時間は含まない。安易に720時間とするのではなく、当該事業場で想定される必要最小限の時間を定めるようにすべきである。

　単月は、休日労働を含めて100時間未満である。36協定では、法定時間外労働の1か月の上限として「100時間未満」と記載することはできないので、100時間未満の具体的な時間を定める必要がある。この上限は法定休日労働を含むので、法定時間外労働の時間数と法定休日労働の時間数の合計が36協定で定めた時間以下になるように管理する必要がある。

　2〜6か月平均で、休日労働を含めて、80時間以内であることが要件となっている。36協定において、2〜6か月の限度時間を具体的に定める必要はないが、法定時間外労働と法定休日労働の合計について、単月100時間未満、2〜6か月平均

80時間以内とすることを明記しなければならない。36協定にこの記載がないと有効な特別条項付きの協定とならないので、注意が必要である。

月45時間を超えられるのは、1年のうち6か月以内である。36協定において、45時間を超えて働かせることができる月数を具体的に定める必要がある。

特別条項は、特段の事情による大幅な業務量の増加に対応するために認められているものであって、恒常的な業務の繁忙に対処するためのものではない。そのため、年間を通じて忙しい部署については、特別条項で対応はできないので、業務や人員体制の見直しが必要となる。

36協定で特別条項を設ける場合には、労使で話し合って、限度時間を超えて働く労働者の健康・福祉の確保のための措置を定めることが望ましい。具体的には、医師による面接指導、勤務間インターバルの確保、代償休日・特別な休暇の付与、健康診断の実施、連続休暇の取得、相談窓口の設置、産業医等による助言・指導、保健指導などが考えられる。

36協定で特別条項を設ける場合には、月45時間の限度時間を超えて働いた場合の割増賃金率を25％より高い率とすることが望ましい。月60時間を超えた場合には50％以上とすることが義務であるが、月45時間から60時間までについても、労働者の疲労等を考慮して高い割増率を検討すべきである。

36協定で特別条項を設ける場合には、月45時間の限度時間を超えて働かせる場合の手続きを定めることとされている。事業者・上司の判断だけによるのではなく、労働者代表への事前申し入れなどの手続きを定める。

▶研究開発業務の適用除外

専門的・科学的な知識・技術を有する者が従事する新技術、新商品等の開発の業務については、法的上限は適用除外である。

法的上限規制は適用除外であるが、労働時間規制の適用はあるので、法定時間外労働をさせる場合には、36協定締結・届け出、割増賃金支払いが必要である。

また、月100時間を超えて時間外・休日労働をさせた場合には、医師の面接指導を受けさせなければならない。

▶自動車運転者

自動車の運転業務については、特別条項の場合に関して、単月、2～6か月の

平均、対象月数の要件の適用はなく、1年の上限は960時間である。

なお、自動車運転者に関しては、その労働の実態に即して労働条件の改善を図るため、「自動車運転者の労働時間等の改善のための基準」（厚生労働大臣告示）が定められている。改善基準では、拘束時間（労働時間と休憩時間の合計）、休息時間（勤務間インターバル）、運転時間、連続運転時間等について基準が示されており、これを遵守することが必要である。

▶ 建設事業

建設の事業については、災害時の復旧・復興事業に関して、特別条項の場合における単月100時間未満の要件は適用されない。

▶ 病院の勤務医

病院の勤務医については、2～6か月平均及び対象月数の要件の適用はなく、1か月100時間未満、1年960時間以下である。

地域医療のため他の病院に派遣される医師、救急医療等に従事する医師、研修医等については、都道府県知事の指定を受けた病院においては、1年の上限は1860時間である。なお、1年960時間を超える場合には、対象となる医師の健康確保のために勤務間インターバルの確保などの条件が付加されている。

4. 健康に特に有害な業務の1日の法定時間外労働の上限

坑内労働、暑熱・寒冷な場所等の業務、粉じん・有害物等に係る業務など健康に特に有害な業務は、1日の法定時間外労働の上限が2時間と規定されている。

5. 時間外・休日労働の管理

▶ 36協定の遵守

36協定を締結・届け出た場合には、その内容を周知し、協定で定めた要件・限度時間が遵守されるようにしなければならない。

36協定は、作業場所の見やすい場所への掲示・備え付け、文書の配布などによ

る周知が義務付けられている。労働者が、36協定の内容を知って、協定が守られているか確認できるようにするためである。

　部下がいて残業を命じる立場にいる管理職に対して、36協定の内容を十分理解させ、協定に定める要件・限度時間を超えないよう部下の労働時間管理をするよう徹底する必要がある。上司が明示的に残業を指示していなくても、所定労働時間以外に働いている状況を放置した場合にも違法となるので、この点も理解させたうえで、適切な管理が行われるようにすることが必要である。

▶ **法定休日労働を含めた管理**

　単月100時間未満、2〜6か月平均80時間以下の限度は、休日労働の時間を含むものなので、休日労働を含めた時間管理が必要になる。特に、法定休日労働が多い事業場において適切な管理が求められる。

　2〜6か月平均で休日労働含めて80時間以内という上限を守るためには、1か月80時間を超えて働かせる場合には、前後それぞれ5か月の法定休日労働を含めた労働時間管理が必要となる。例えば、2か月続けて81時間働かせた場合には2か月平均で80時間を超えるので違反となる。ある月に90時間働かせる場合には、前月は70時間以下、翌月も70時間以下にする必要があるが、この場合に翌々月に81時間働かせると3か月平均で80時間を超えるので違反となる。

　このように、月80時間を超える法定時間外・休日労働をさせる場合には複雑な管理が必要となり、また、労働者の健康のためにできる限り長時間の時間外労働はさせないことが望ましいので、法定時間外・休日労働は基本的には80時間までという方針とすることが適切である。

6. 非常災害時の法定時間外・休日労働

　災害など避けることができない事由によって臨時の必要がある場合には、労働基準監督署長の許可を受けて、法定時間外・休日労働をさせることができる。事態が窮迫している場合には、事後に届け出ればよい。

　非常災害時に関する規定であり、単なる業務の繁忙など、経営上の必要は該当しない。

　具体的に該当する場合は、地震、津波、風水害、雪害、火災等の災害への対応

(事前対応を含む)、急病への対応、大規模なリコールへの対応、事業運営を不可能ならしめる突発的な機械・設備の故障の修理、システム障害の復旧などである。

非常災害時に法定時間外・休日労働をさせた場合には、36協定による法定時間外・休日労働と合算して、割増賃金を支払わなければならない。

なお、非常災害時の法定時間外労働については、法的上限は適用されない。

7. 割増賃金

▶割増賃金率

法定労働時間を超えて、あるいは法定休日に働かせた場合及び深夜時間帯に働かせた場合に割増賃金を支払う必要がある。

法定時間外労働に関しては、月60時間までの時間外労働の割増率は25％、月60時間を超えた時間外労働の割増率は50％である。また、休日労働の割増率は35％である。深夜時間帯(午後10時〜午前5時)に働かせた場合の割増率は25％である。

法定時間外・休日労働の割増賃金と深夜時間帯の割増賃金は合算される。したがって、法定時間外労働が深夜になった場合には50％、月60時間を超える法定時間外労働が深夜時間帯になった場合には75％、法定休日の深夜時間帯に働いた場合には60％の割増率になる。

▶所定時間外労働等の賃金

法律上割増賃金の支払いが必要なのは法定時間外・休日労働である。法定内の所定時間外・休日労働に対しては、就業規則等で定めるところによる。

所定時間外・休日労働に対して、少なくとも、時間当たり賃金を支払う必要がある。法定外と所定外を区別せずに割増賃金を支払っている事業場も多い。所定労働時間外や所定休日に働かせることの労働者の生活等への影響、モチベーションなどを考慮すれば、所定時間外・休日労働に対しても割増賃金を支払うことが望ましい。

なお、所定休日に働かせた場合に、所定労働日の労働時間と合わせて週40時間を超える場合には、法定時間外労働となるので、当然割増賃金の支払いが必要である。

▶**割増賃金の計算基礎**

　割増賃金の計算の基礎となる賃金は、所定労働時間の労働に対して支払われる1時間当たりの賃金である。

　割増賃金の計算の基礎となる賃金には、基本給のほか、各種手当が含まれる。

　除外できる手当は労働基準法施行規則で限定的に定められている。具体的には、家族手当、子女教育手当、別居手当、通勤手当、住宅手当、臨時に支払われた賃金、1か月を超える期間ごとに支払われる賃金である。名称の如何にかかわらず実質的にこれに該当する場合には除外できる。

　これに該当しない、役職手当、資格手当、職務手当、営業手当、特殊勤務手当、食事手当、精・皆勤手当、地域手当などは、計算の基礎に入れなければならない。精・皆勤手当など、勤務状況等によって支給の有無が変わる手当がある場合には、毎月の計算基礎額が変動することがある。事務簡素化のため統一する場合には、支給を前提として高い基礎賃金とすることが必要となる。

　役職手当、営業手当などに割増賃金相当分が含まれているという説明をする例がみられるが、これらの手当は、本来、役職にかかわる責任、職務に係る困難度等を評価して設けていると考えられるので、計算の基礎に含めないのは適切ではない。いずれにせよ手当の性格は、あらかじめ明確にしておく必要がある。

　なお、除外できる手当として規定されていないが、出張旅費などの実費弁償のもの、時間外・休日労働手当など所定労働時間以外の労働に対して支払われるものは含まれない。

▶**固定残業代制度**

　固定残業代制と称して、毎月の残業代について、実際に働いた時間と関係なく、一定の額を支払っている事業場がある。

　固定残業代制は、残業代の最低保障であれば違法とはいえないが、残業代の打ち切りになっている場合には違法である。また、法定労働時間制度・割増賃金制度の趣旨に照らせば、好ましい仕組みとはいえない。

　労働基準法は、法定労働時間の範囲内で働かせることを原則としており、それを超える時間働くことをあらかじめ想定して賃金を決めることは望ましくない。労働者の生活費を考えるのであれば、基本給の引き上げを検討するのが本筋であ

る。

　固定残業代は、残業に対する手当であるにもかかわらず、最低保障していることから、労働者募集などに際して、賃金を高く見せる効果を持たせている例がみられ、採用後のトラブルの原因になっている。求人や採用に際しては、基本給とは区別してきちんと説明しなければならない。

　また、固定残業代を支払っていることが、その時間まで残業させる誘因になりかねない。割増賃金の残業抑制効果を減殺していると考えられ、その観点からも好ましいものではない。

8. 代替休暇

　長時間労働を行った労働者の健康確保のため、1か月60時間を超える法定時間外労働を行った労働者に対して、割増賃金の一部に替えて有給の休暇を付与する制度を導入することができる。

　代替休暇制度は、労働者が希望した場合に代替休暇を付与する仕組みであり、実際に代替休暇を取得するかどうかは、労働者の意思によって決定される。労働者が割増賃金の支払いを選択した場合には事業者は割増賃金を支払う義務がある。

　代替休暇制度を導入する場合には、労使協定を締結する必要がある。労使協定においては、代替休暇の時間数の具体的な計算方法、代替休暇の単位、代替休暇を与えることができる期間、代替休暇の取得日の決定方法、割増賃金の支払い日を定める。

　代替休暇の対象にできるのは、1か月60時間を超える法定時間外労働に対する25％を超える割増賃金相当分である。月60時間までの法定時間外労働時間は対象とならず、割増賃金を支払わなければならない。また、月60時間を超える法定時間外労働についても、25％の割増賃金は必ず支払わなければならない。

　代替休暇は法定の割増賃金に替えて休暇を付与する制度であるが、法定の割増賃金を支払ったうえで、労働者の健康のために有給休暇を付与する制度を導入している例もある。この場合は、法律を上回る特別休暇なので、自由に制度を設計できる。

9. 時間外・休日労働、深夜業の制限

　18歳未満の者、育児・介護をしている者については、時間外・休日労働、深夜業（午後10時から午前5時まで）に制限がある。
　18歳未満の者には、法定時間外・休日労働をさせることができない。また、原則として、深夜時間帯に働かせることはできない。交替制で働く16歳以上の男子及び農林水産業、保健衛生業、電話交換業務については、深夜業に従事することができる。
　小学校就学前の子を養育する者、要介護状態にある家族を介護する者に関しては、労働者が請求した場合には、1か月24時間、1年150時間を超える法定時間外労働をさせることはできない。また、労働者が請求した場合には、深夜業をさせることはできない。

第5節　労働時間規制の適用除外

[ポイント]

- 労働時間、休日、休憩に関する規制は、農業等、管理監督者、機密の事務を取り扱う秘書、監視・断続労働の従事者、宿・日直許可を受けた時間は適用されない。
- 事業者には安全配慮義務があるので、適用除外の場合であっても、労働時間の管理をする必要がある。
- 深夜業の割増賃金に関する規定の適用はある。

▶農業、畜産業、水産業

　農業、畜産業、水産業については、天候などの自然条件に左右されることが多いことなどから、労働時間規制が適用除外されている。
　林業は、かつては農業等と同様に適用除外されていたが、林業労働者の人材確保のためには労働時間管理をしっかりすべきとの考えから、現在では労働時間規

制の適用対象となっている。

▶管理監督者

　管理監督者は、経営者と一体的な立場にあることから、職務の性質上労働時間規制を超えて働く必要がある場合があり、また、その地位から労働時間規制がなくても保護に欠けることはないとの考えから、労働時間規制が適用除外されている。

　管理監督者とは、①労働時間等に関する規制の枠を超えて活動せざるを得ない重要な職務を有し、②それに対応するための重要な責任と権限を有し、③現実の勤務態様が労働時間規制になじまず、④賃金等に関しその地位にふさわしい待遇がなされている者である。

　企業において管理職とされている者がすべて労働基準法で定める管理監督者に該当するものではない。それぞれの企業における勤務実態、権限、処遇などを踏まえて、上記の判断基準によって判断することになる。

　管理監督者は、必ずしも、部門の責任者で部下がいる者である必要はなく、管理監督者に該当する者と同等以上の権限、処遇であればスタッフ職の者も含まれる。

　労働時間規制を免れるため、あるいは残業代を支払わないために、管理監督者に該当しない者を管理監督者扱いしている例があり、名ばかり管理職、名ばかり店長などとして問題となっている。そのような指摘を受けることがないように、適切な対応が求められる。なお、厚生労働省は大手金融機関の支店の支店長代理等の管理職や比較的小規模の店舗を多数展開している場合の店長等について管理監督者に関する判断基準を示している。

▶機密の事務を取り扱う者

　機密の事務を取り扱う者は、経営者・管理監督者の活動と一体不可分であるため、厳格な労働時間管理になじまないとして、労働時間規制の適用除外となっている。

　社長や役員の秘書が該当しうるが、職務内容、責任・権限、勤務実態、待遇などを総合勘案して判断される。

　社長・役員と行動を共にし、日程管理のほか、社長・役員の指示によって機密に

属する事項についての確認や社長・役員の意向の伝達などを行う者は該当する。

秘書室に常駐して、社長・役員の日程調整、来客応対等を行う者やお茶出し、書類の整理等を行う者は該当しない。

▶監視労働に従事する者

監視労働に従事する者とは、本来の業務が一定部署において監視することであり、常態として身体的・精神的緊張が少ない者である。労働基準監督署長の許可を受けた場合に、労働時間規制の適用が除外される。

▶断続労働に従事する者

断続労働に従事する者とは、拘束時間は長いが、手待ち時間が多く、実際に作業する時間は短い者である。労働基準監督署長の許可を受けた場合に、労働時間規制の適用が除外される。

▶宿・日直

宿・日直は、勤務日の所定労働時間は通常の業務に従事している労働者が、夜間・休日に、ほとんど労働する必要がない勤務を行うものである。

労働基準監督署長の許可を受けた場合には、宿・日直の時間に関して労働時間規制の適用が除外される。すなわち、宿・日直の時間を除いて、通常の勤務をした時間に対して労働時間の規制が適用される。

宿・日直の許可基準は、①常態としてほとんど労働の必要がなく、緊急の文書・電話の収受、非常事態のための待機を目的とする勤務、②宿・日直手当として宿・日直に従事する労働者の平均賃金日額の3分の1以上支払う、③宿直は週1回、日直は月1回を限度、④宿直の場合には相当の宿泊設備を備えることである。

第6節 年次有給休暇

[ポイント]

- 6か月以上継続勤務し、全労働日の8割以上出勤した労働者に、初年度10日、最大20日の年休を付与しなければならない。

所定労働日数が少ないパート労働者の日数は比例付与となる。
- 労働者に時季指定権があり、自由に取得日を指定することができる。許可制等は許されず、利用目的や期間を制限することはできない。
- 事業者は事業の正常な運営を阻害する場合に限って時季変更権を行使して、年休の取得日を変更させることができる。
- 労使協定による計画的付与制度を実施することができる。対象とできるのは各人の年休のうち5日を超える分である。
- 事業者は年休のうち少なくとも5日は確実に取得させなければならない。
- 年休の取得単位は原則1日単位である。事業者は半日単位での取得を認めることができる。また、労使協定によって年休のうち5日まで時間単位の取得を可能とすることができる。
- 労働者ごとに年休管理簿を作成しなければならない。

1. 年休の意義

年次有給休暇は、週休日とは別に、一定の連続した休みを取ることによって、心身のリフレッシュを図るものである。利用目的や取得時期は労働者の自由であり、日本においては、本人の病気、役所等の手続き、子供の学校行事等の所用のために利用されることも多い。

ちなみに、ILO第132号条約は、1年の勤務について3労働週の年次有給休暇の権利が付与され、年次有給休暇は原則として継続したものであり、分割する場合であっても少なくとも連続2労働週であることとしている。ILO条約は、ヨーロッパにおけるバカンスのような長期休暇を想定しているものである。

2. 年休の権利

労働基準法では、6か月以上継続勤務し、全労働日の8割以上出勤した労働者に、初年度10日、その後3年間は1日ずつ、その後は2日ずつ増加して、最大20日の年次有給休暇を付与することとしている。

継続勤務と8割以上出勤の要件を満たしていれば、正社員のみならず、パート・

有期雇用労働者にも年次有給休暇の権利が発生する。

▶出勤率

年次有給休暇は、前期における出勤率が8割以上の場合に付与される。出勤率の計算式は次の通りである。

　　出勤率＝出勤日÷全労働日

　全労働日とは、基本的には、それぞれの労働者の所定労働日である。パート労働者については、労働契約等によって本人が勤務することになっている日である。

　使用者の責に帰すべき事由により休業した日、ストライキにより休業した日、不可抗力によって休業した日、法律で定められた裁判員休暇、看護等休暇、介護休暇等は全労働日から除外される。

　業務災害によって休業した日、産前産後休業期間、育児・介護休業期間、年休を取得した日は、実際には出勤していないが、年休の出勤率の計算においては出勤した日として取り扱う。

　なお、休日労働については、所定労働日における労働ではないので、当該日は全労働日にも出勤日にも含めない。

▶継続勤務

　継続勤務とは、事業所に在籍している期間のことであり、雇用形態等に変化があっても、実質的に労働関係が継続している限り、継続勤務年数は通算する。

　定年退職後の再雇用（退職金を支給した場合を含む）、短期間の雇用契約を更新している場合、在籍出向をしている場合、休職していた者が復職した場合、パート等を正社員に登用した場合、会社が包括承継された場合などは継続勤務とみなされる。

　再雇用や労働契約更新に際して、形式的に短期間の空白日を設けていても、実質的に継続していると認められる。

▶年休の付与日

　年休の権利は、労働者ごとに、その雇い入れの日から起算して6か月経過した日、及びその後1年経過するごとに発生するので、労働者の採用日が異なっている場合には、労働者によって年休の付与日や年休の管理期間が異なることになる。

例えば、4月1日採用の者は毎年10月1日が付与日、7月1日採用の者は毎年1月1日が付与日となる。パートタイム労働者などを逐次採用している場合には、それぞれ付与日が異なることになる。

事業場の労働者の年休管理を容易にするために年休管理期間を統一する場合には、前倒し方式で行わなければならない。その場合に、それぞれの時点における付与日数は、労働基準法で定めた日数を下回ることがないような方法としなければならない。

例えば、年休付与日を4月1日に統一する場合には、4月1日採用者は10月1日に労働基準法によって10日の年休権が付与されるので、4月までの半年分として5日付与するというような方法は許されない。

▶年休の管理期間

年次有給休暇は、1年ごとに権利が付与されるものであり、1年間のうちに取得することが原則である。そのため、事業者は、付与日から1年間を年休管理期間として、その期間中に各労働者が年休を取得するように管理する必要がある。

労働者が年休を取得しなかった場合には、労働基準法の時効の規定により、年休の権利は付与された日から2年経過した時点で消滅する。繰り越された年休がある場合には、繰り越し分から取得し、その後に当年度分の年休を取得する取り扱いとすべきである。

3. 年休の付与日数

▶通常の労働者の付与日数

年休の付与日数は、継続勤務期間と所定労働日数に応じて定められている。通常の労働者の付与日数は、初年度10日、その後継続勤務年数に応じて増加し、最大20日である。

通常の労働者の付与日数

継続勤務年数（年）	0.5	1.5	2.5	3.5	4.5	5.5	6.5以上
付与日数（日）	10	11	12	14	16	18	20

通常の労働者とは、週所定労働日数5日以上、または週所定労働時間30時間以上の者である。所定労働日数が週単位で決まっていない場合には、1年間の所定労働日数が217日以上の者が該当する。

▶比例付与

所定労働日数が少ない労働者に対しては、勤務日数に応じて比例付与する。付与日数は、具体的に、労働基準法施行規則で定められている。

1日の所定労働時間の長さは、付与日数に影響しない。例えば、1日2時間勤務であっても、週5日働くのであれば、初年度10日付与される。

4. 年休の取得

▶労働者の時季指定権

労働者は、自由に、年休を取得する日を指定することができる。

労働者が時季指定した場合には、事業者が適正に時季変更権を行使しない限り、その日に年休を取得する。年休取得に関して、事業者や上司の許可、承認等を要する制度とすることはできない。

事業者は、労働者が年休を取得した場合の要員対応や必要に応じて時季変更権を行使するために、年休を請求する際の手続きを定めることができる。例えば、年休を取得する場合には2日前までに時季指定をすることとするなどである。

年休の取得目的は、労働者の自由である。年休の時季指定に際して、事業者に利用目的を届け出させることはできない。また、事業者が年休の利用目的を理由として年休の取得を拒否することは許されない。

年休を連続して取得するか、分割して取得するかについても、労働者の自由である。事業者が連続して取得するように義務付けることも、反対に年休の連続取得期間が長すぎるとして制限することもできない。

▶事業者の時季変更権

事業者は、労働者が指定した時季に年休が取得されると事業の正常な運営を阻

害する場合に、時季変更権を行使できる。

　事業の正常な運営を阻害するかどうかは、客観的、個別的に判断しなければならない。繁忙期であるからといって一律に時季変更権を行使することは適切ではない。同一の時期に複数の労働者が時季指定したような場合で、事業の正常な運営が阻害されるような場合には行使できる。

　年休の取得目的は労働者の自由なので、時季変更権の行使に当たって、取得目的は勘案できない。忙しい時期に旅行に行くのはけしからん、趣味は日曜日にすればよいなどは、時季変更権の行使を正当化しない。

　また、連続取得についても、漠然と連続取得で業務に差し支えがあるという程度では時季変更権は行使できない。その労働者がその時期に連続休暇を取得することで具体的にどのように事業の正常な運営が阻害されるのか、説明できることが必要である。

　時季変更権は、法律的には、事業者が一方的に行使できるものであるが、労働者に理由を説明するなど、意思疎通を図ることが望ましい。また、時季変更した場合には、労働者の希望を踏まえて、できる限り早期に年休が取得できるようにしなければならない。

　時季変更権は、労働者の時季指定権に対応するための事業者の権利であるので、労使協定による計画的付与制度によって取得日が決まった場合には、時季変更権は行使できない。

▶年休を取得できる日

　年休は、所定労働日に労働提供義務を免除し、その日の給与を支給するものなので、所定労働日にしか取得できない。

　所定休日など労働義務のない日に年休は取得できない。所定休日のほか、産前産後休業、育児・介護休業等によって労働義務がない期間にも取得できない。所定休日などに年休を取得したことにして、年休取得した場合の賃金を支給しても、年休を取得させたことにはならない。

▶年休の取得単位

　年休の取得単位は、原則として、1日単位である。

　取得単位の1日は、暦日なので、午前0時から深夜24時までの24時間の休暇が

確保されている必要がある。前日の残業が深夜24時を超えてしまった場合には、翌日に年休を取得しても、法律上の年休とは認められない。翌日年休をとるので前日は遅くまで頑張れというのは、年休の趣旨に反するし、24時を過ぎてしまったら年休にならなくなるので、そのような対応をしてはならない。

　年休を半日単位で取得することについては、労働者が希望し、事業者が同意した場合には、年休の取得として認められる。事業者は、半日単位での取得を認める義務はなく、業務に支障があるのであれば1日単位で取得させるようにしても問題ない。

▶時間単位の年休

　労使協定を締結した場合には、年休のうち5日までは、時間単位で取得できることとすることが可能である。

　日本においては、自分や家族の所要のための年休利用が多いことから、仕事と生活の調和を図るため、例外として、5日間に限って、時間単位での取得を認めることとされたものである。

　労働者の便宜のために認められた仕組みであり、事業者が時間単位での取得を強制することはできない。例えば、1日の年休の請求があった場合に、2時間の時間単位年休に代えさせることは許されない。

　労使協定においては、時間単位年休の対象者の範囲、時間単位で取得できる年休の日数（5日以内）、時間単位年休1日の時間数、1時間以外の時間を単位とする場合にはその時間数を定める。

　対象労働者を限定する場合には、その労働者が時間単位年休を取得した場合には事業の正常な運営が妨げられる場合に限られる。例えば、工場の生産ラインの労働者を除外することは可能であるが、育児中の労働者に限って認めることはできないとされている。

5. 計画的付与制度

　年休の計画的付与に関する労使協定を締結した場合には、当該協定で定めるところによって、年休を取得させることができる。

　労使協定においては、計画的付与の対象者、計画的付与の対象となる年休の日

数、計画的付与の具体的方法、年休の付与日数が少ない者の取り扱い、計画的付与日の変更（変更の可能性がある場合）について定める。

　計画的付与の対象にできるのは、各労働者の年次有給休暇のうち5日を超える部分である。年休のうち少なくとも5日は労働者の自由な取得を保障することとされているものである。したがって、計画的付与の対象にできるのは、付与日数10日の労働者では最大5日、付与日数20日の労働者では最大15日である。

　計画的付与の方式には、事業所全体を休業して一斉付与する方式、班・グループに区分して交替制で付与する方式、年休付与計画表により個人別に付与する方式がある。

　事業所全体を休業して一斉付与する方式の場合には、労使協定で具体的な付与日を定める。例えば、8月初旬に1週間の連続休暇とする場合には、8月1日（月）から5日（金）というように具体的な付与日を定める。

　計画的付与によって、事業場全体を休業にして一斉付与する場合には、年休が少ない者や年休がない者に対する対応を定めておかなければならない。新規採用者で勤務期間が6か月に満たない者、前年の出勤率が8割未満の者、勤務日数が少ない者などである。一斉付与日数を6日以上にする場合には、継続勤務年数が少ない者も考慮しなければならない。

　考えられる対応としては、一斉休業日を有給の特別休暇とする、一斉休業日を事業者都合の休業日として休業手当（平均賃金の60％）を支払う、年休日数が少ない者・ない者は出勤させるなどがある。労使協定で対応方法を定めておかなければならない。

　事業活動は継続して班・グループに区分して交替制で付与する方式の場合には、班・グループの編成と班・グループごとの具体的な付与日を定める。例えば、A班は8月1日～5日、B班は8月8日～12日というように班ごとの付与日を具体的に定める。

　この方式の場合には、通常、年休日数が少ない・ない労働者は班に組み入れずに出勤させることになるが、労使協定にその旨を記載しておく必要がある。

　年休付与計画表により個人別に付与する方式の場合には、労使協定では計画表の作成時期、手続き等を定める。労使協定で定めた方式にしたがって、各人ごとに年休付与計画表を作成し、それによって計画的付与日が確定する。

　計画的付与の対象になった日数は、労働者の時季指定の対象とならない。また、

事業者は計画的付与で決定した付与日について時季変更権を行使することはできない。

6. 事業者が年休を取得させる義務

▶最低5日を取得させる義務

　働き方改革において、長時間労働是正の一環として年次有給休暇の取得促進策が必要ではないかと検討が行われ、新たに事業者に対して労働者に少なくとも5日の年休を取得させることを義務付けることとなった。

　なお、年休は本来完全取得されるべきものであり、年休5日取得は最低限の義務を定めたものである。事業者は、労働者が年休を取得しやすい環境の整備を図り、完全取得されるように努めなければならない。

▶5日取得させる義務の対象労働者

　事業者が5日の年休を取得させる義務を負うのは、年休付与日数が10日以上の労働者である。一般の労働者は初年度の付与日数が10日なのですべて対象となる。所定労働日数が少ない労働者はその日数に応じて比例的に付与されるので、勤続年数が長くなって付与日数が10日になった年度から対象になる。

▶事業者による時季指定

　年休のうち5日については、事業者が時季指定することによって、確実に取得させなければならない。なお、事業者は時季を指定する際に各労働者に年休を取得する時季の希望を聞かなければならないこととされている。

　具体的な方法としては、年休管理期間の当初に労働者から取得時季の希望を聴取し、できるだけ希望に沿うように、他の労働者の希望や事業との関係を調整して、具体的な日を指定する方法がある。この方法によれば年間を通じてある程度計画的に年休の取得が行われる。

　もうひとつの方法として、当初は労働者の時季指定による取得を優先し、年休管理期間の後半になってから労働者の年休取得状況を確認し、取得日数が5日に達していない者をピックアップして事業者が時季を指定する方法がある。法律で

は、労働者が時季を指定して取得した場合には、事業者はその日数分については時季を指定して取得させることを要しないとされている。

▶計画的付与制度の活用

年休のうち5日について計画的付与を活用して取得させる方法もある。計画的付与を利用すれば、事業者は個別に労働者の意向を確認して調整するのではなく、労働者代表と話し合い、労使協定を締結することで対応できる。

労働基準法では、計画的付与制度によって取得時季が決められている場合には、その日数に関しては事業者が時季指定することを要しないこととされている。

7. 年休を取得した場合の賃金

年休を取得した場合の賃金については、一般的には、通常の賃金を支払う方法が利用されている。

月給制、週給制、日給制の場合には、年休を取得した日に出勤したものとして取り扱えばよく、賃金に関して特に計算する必要はない。

時間給制の場合には、年休を取得した日の所定労働時間分の時間給を支給する。所定労働時間が日によって異なる場合には、年休取得日に働くことになっている時間分の賃金となる。

出来高給の場合には、出勤した日の出来高に応じた出来高給とは別に、年休取得日の出来高給相当分を支給する。

その他、各労働者の平均賃金を支払う方法、労使協定によって健康保険の標準報酬日額とする方法も認められている。

8. 年休取得を理由とする不利益取り扱い禁止

労働基準法には、労働者の年休取得を理由として不利益な取り扱いをしてはならない旨の規定がある。

年休は、労働基準法で規定された労働者の権利であり、本来完全取得されるべきものなので、年休取得を抑制するような取り扱いをしてはならないことを明確にしたものである。

精・皆勤手当の支給基準において年休取得日を欠勤日と同じ扱いとすること、賞与の計算において年休取得日を欠勤日と同じ扱いとすること、人事評価において年休取得日数の多い者の評価を低くすることなどは不利益取り扱いに該当する。

9. 年休管理簿

労働者ごとに、年休管理簿を作成し、3年間保存しなければならない。年休の確実な取得を促進するために、新たに、作成が義務付けられたものである。

法令で定められている記載事項は、取得した時季、取得した日数、基準日（年休管理期間の起算日）である。適切に年休の管理を行うためには、付与日数、繰越日数なども記載することが望ましい。

第7節 働き方の見直し

1. 労働時間管理の改善

労働時間等設定改善法は、労働時間等の改善に関する事業者の努力義務を規定しており、この法律に基づいて厚生労働大臣が労働時間等設定改善指針を公表している。

労働時間等管理の改善のために、企業全体の取り組みを検討する労働時間等設定改善企業委員会や事業場ごとの取り組みを検討する労働時間等設定改善委員会の設置が奨励されている。

労使の自主的な取り組みによって、時間外労働の削減、年次有給休暇の取得促進などが進み、ワークライフバランスが確保された働き方の実現が望まれる。

2. 長時間労働をなくすために

▶企業における取り組み

　長時間労働をなくし、ワークライフバランスが確保された働きやすい職場を実現するためには、企業を挙げての取り組みが必要である。働き方や長時間労働に関する職場風土から変えていく必要がある。
　そのためには、企業トップが、働き方改革による労働時間短縮に向けたリーダーシップを発揮することが重要である。また、社内風土を変えて、効率的な働き方が浸透するためには、現場の管理職の意識改革も重要である。長時間働くことを評価するようなことをなくしていく必要がある。
　長時間労働をなくすためには、意識改革とともに、企業として継続的に取り組む体制を整備し、労働時間や業務の実態を把握したうえで、業務の見直し、無駄の排除、人員体制の見直しなど、総合的に取り組んでいく必要がある。労使のコミュニケーションをとりながら、一体となって取り組むことが望ましい。

▶社会を挙げての取り組み

　長時間労働の要因によっては、企業だけでは対応が困難であり、取引先や消費者の理解と協力が必要な場合がある。長時間労働につながりやすい商慣行として、客先からの短納期要求、顧客要望対応などが挙げられている。
　このような状況を踏まえて、経団連、商工会議所などの経済団体は、「長時間労働につながる商慣行の是正に向けた共同宣言」を行い、発注企業の適切な対応を促している。
　また、業種によっては、業界を挙げて、顧客などの関係者の理解を得ることも必要になる。例えば、運送業では荷主や配送先の企業、家庭、病院では患者や家族、学校では生徒や保護者の理解が必要となることがある。

3. 年休取得促進のために

　年休は労働者が時季指定することによって取得されるが、年休取得にためらい

を感じる人が多く、取得率は低い水準のままである。この状況を変えるためには年休の完全取得を職場の共通理解とするとともに、完全取得を前提とした人員体制、業務体制とすることが必要である。

　計画的付与制度の導入は、年休取得の促進方法として有効である。また、労働者が自ら時季指定することを促すため、各企業において、週休日や祝日に年休を加えて連続休暇とする方法（プラスワン休暇）、ゴールデンウィーク、夏休み、シルバーウィークなどに1週間以上の長期休暇を取得する方法、学校行事や地域のお祭りの際に取得する方法など、様々な工夫が望まれる。

4. 勤務間インターバルの確保

　労働者の健康の確保のためには、総労働時間の短縮とともに、勤務終了から翌日の始業までの間の休息（勤務間インターバル）の確保も重要である。

　欧州諸国では、EU指令を踏まえて、勤務間インターバルを11時間確保することを義務付けている。

　働き方改革においては、勤務間インターバル制度の導入について議論され、勤務間インターバル確保の重要性は共通認識となった。しかし、日本の状況を考慮して、当面は普及を図ることとされ、労働時間等設定改善法に勤務間インターバルの確保の努力義務が規定されることとなった。

　これまで、勤務間インターバルはあまり意識されてこなかったと思われるが、努力義務が規定されたことを契機に、労働時間とともに勤務間インターバルの状況を把握し、制度導入に向けた検討が進められることが期待される。

第4章

働きやすい職場

労働法制度ガイドブック

第1節 子育てと仕事の両立

[ポイント]

- 妊娠、出産、育児に関する支援措置を整備して周知するとともに、妊娠・子育て中の労働者の意向を聴取し、その希望に応じて気兼ねなく利用できるようにしなければならない。
- 妊娠中の女性労働者が妊婦検診を受診できるよう時間を確保し、医師等の指導に応じて必要な対応をしなければならない。
- 産前休業は6週間（多胎妊娠は14週間）、産後休業は8週間である。
- 育児・介護休業法に定める要件に合致する育児休業制度を設け、すべての労働者に周知し、利用しやすい環境を整備しなければならない。
- 育児は父母が協力して行うものであるので、男性労働者の育児休業取得が推奨され、産後パパ育休制度を設けることが義務付けられている。
- 生後1年未満の子を養育する女性労働者が請求した場合には1日2回、各30分の育児時間を与えなければならない。
- 小学校3年生までの子を養育する労働者を対象とする看護等休暇制度を設けなければならない。
- 子育てと仕事を両立するための制度として、労働者の請求による短時間勤務制度、定時勤務制度、法定時間外労働の制限、深夜労働の免除を実施するとともに、柔軟な働き方実現のための措置を少なくとも1つ講じなければならない。これらに加えて、子育てと仕事の両立を容易にする様々な制度の導入が望まれる。
- 労働者が育児のための制度利用の申し出・活用したことを理由として、解雇等の不利益な取り扱いをしてはならない。また、同僚等が制度利用を阻害するような言動をしないように適切な対応が求められる。
- 規模101人以上の企業は次世代育成支援対策推進法に定める一般事業主行動計画を作成し、労働者へ周知し、公表し、都道府県労働局へ届け出なければならない。なお、100人以下の企業は努力義務である。
- 一般事業主行動計画の目標を達成し、一定の基準を満たした企業に対するトライくるみん、くるみん、プラチナくるみん認定制度がある。

妊娠・出産は、女性にとって重大なイベントであり、母体にとって大きな負担であることから、母性保護、母性健康管理は極めて重要である。働く女性にとっては、職場において女性の母性が尊重され、働きながら安心して子どもを産むことができる環境の整備が是非とも必要である。

　また、日本の将来を考えると、次代の社会を担う子どもが健やかに生まれ、育成される社会の形成が必要である。そのためには、子育てをしている男女すべての労働者が、将来のキャリアを展望しつつ、育児と仕事を両立できる環境が必要である。

　労働基準法、男女雇用機会均等法、育児・介護休業法には、母性保護や育児支援のための規制や制度に関する規定が設けられている。

1. 妊娠中の女性の保護

　事業者は、妊娠している女性労働者に対して、企業の社会的責任として様々な支援をすることが求められている。

　女性労働者に対して、日ごろから妊娠した場合の支援措置を周知するとともに、妊娠した場合には早期に報告させ、女性労働者の意向を聴取したうえで、その希望を踏まえて必要な支援が得られるよう適切に対応しなければならない。その際、妊娠による体調への影響は個人差も大きいので、産業医などの産業保健スタッフとも連携するなど、妊娠した女性労働者が安心して働けるように配慮することが望まれる。

▶妊婦健診等

　妊娠中の女性労働者と胎児の健康確保のためには、母性保護、母性健康管理措置が重要である。

　妊娠中は健康リスクが高まることから、妊婦と胎児の健康状態を定期的に確認し、医師や助産婦等のアドバイスを受けて健康管理をしっかりすることが必要である。このため、妊婦健康診査の仕組みがあり、妊娠23週までは4週に1回、その後妊娠35週までは2週に1回、妊娠36週以降は毎週受診することが推奨されている。

　働いている妊婦がこの妊婦健診を受診できるように、男女雇用機会均等法は、

事業者に対して女性労働者が妊婦健診を受診する時間を確保できるようにすることを義務付けている。

また、出産後も母体の身体的機能の回復や授乳状況、産後鬱などの精神状態の把握等の重要性が指摘されており、産婦健診も推奨されている。出産後早期に復職した女性労働者が産婦健診を受ける必要がある場合には、同様に受診する時間の確保ができるようにしなければならない。

そして、妊婦が妊婦健診等で医師等から指導を受けた場合には、指導事項を守れるような措置を講じる必要がある。具体的には、医師の指導内容に応じて、通勤緩和のための時差通勤、勤務時間の短縮等、労働時間中に休息をとるための休憩時間の延長、休憩回数の増加等、妊娠中の症状等に対応するための作業制限、休業等である。

女性労働者に対して出された医師等の指導事項を事業者に的確に伝えるために「母性健康管理指導事項連絡カード」があるので、利用することが望ましい。

▶業務の軽減

労働基準法は、医師等の指導がない場合を含めて、妊婦が請求した場合には、負担軽減のため軽易な作業に転換することを義務付けている。

また、妊婦や産後1年以内の産婦が請求した場合には、変形労働時間制の対象であっても1日・1週の法定労働時間を超えないこと、法定時間外・休日労働や深夜業をさせないことなどの措置を講じなければならない。

▶危険有害業務

事業者は、妊婦を妊娠や出産に危険・有害な作業に従事させてはならない。具体的な危険・有害業務は女性労働基準規則に定められている。

また、産後1年以内の産婦については、本人が請求した場合に、哺育に危険・有害な業務に従事させてはならない。

なお、将来の女性の妊娠・出産機能に影響を与える恐れがある重量物を取り扱う作業、有害物の取り扱いで保護具が必要な作業については、妊産婦に限らず、すべての女性について就業が禁止されている。

▶不利益取り扱いの禁止

　妊娠・出産や母性健康管理・保護措置の請求を理由として、解雇等の不利益な取り扱いをしてはならない。

　また、事業者の行為として不利益取り扱いをしないことはもちろん、上司・同僚等によるマタニティハラスメントの防止措置を講じることも必要である。

2. 産前産後休業

▶産前休業

　妊娠中の女性労働者が請求した場合には、出産予定日の前6週間（多胎妊娠の場合は14週間）は就業させてはならないこととされている。

　産前休業は労働者の請求により与えることとされているので、請求がなければ与えなくてもよい。しかしながら、無理して働くことは母体に影響を与える恐れもあるので、産前休業を請求しやすい職場環境を整える必要があり、事業者や上司が請求しないように仕向けるようなことがあってはならない。

　なお、出産予定日が基準なので、実際の出産日によって産前休業は6週間より長くなったり、短くなったりする。

▶産後休業

　原則として、出産後8週間は就業させてはならない。ただし、女性労働者が請求し、医師が認めた場合は、6週間経過後から就業させることができる。

　この場合の出産には、妊娠4か月以降の流産や死産も含まれるので、流産等の場合にも少なくとも6週間は就業させることはできない。

　産後休業について、労働者が請求した場合には、6週間に短縮されるが、これは女性労働者が経済的理由等から早期職場復帰を望んだ場合を想定したものである。事業者が人手不足などのために早期復帰を促すようなことは望ましくない。また、産後休業に続けて育児休業を取得することを阻害してはならない。

▶産前産後休業中の処遇

　産前産後休業期間における賃金については、法律の定めはなく、無給でもよい。事業者が給料を支払わない場合には、健康保険から出産手当金が支給される。
　産前産後休業期間における社会保険料は、事業者が請求した場合には、事業者負担・労働者負担ともに免除される。事業者負担分も免除されるので、積極的に免除請求することが望まれる。
　なお、産前産後休業期間及びその後30日間は、解雇禁止期間である。

3. 育児休業

　事業者は、育児・介護休業法の要件を満たす育児休業制度を設けなければならない。労働者が請求してきた場合に法律に基づいて休業させるということでは不十分であり、就業規則等に事業場の制度として明記し、すべての労働者に周知する必要がある。

▶育児休業の対象労働者

　対象労働者は、原則として、1歳未満の子を養育する労働者である。
　育児休業は、男女を問わず取得できる。子育ては女性がするものというような誤った観念にとらわれることなく、自由な選択によって請求できるようにしなければならない。実際の制度の運用に際しても、男性労働者が請求を躊躇することがないように、むしろ積極的な利用を促すようにすることが望まれる。
　両親がともに子育てに参加できるようにするための制度であるので、例えば配偶者が仕事をしておらず子の養育ができるとしても、育児休業の取得は拒否できない。両親が同時期に取得することも可能である。
　養育する子は、実子、養子を問わない。養子縁組をして1歳未満の子供の養育を開始した労働者から請求があれば育児休業を認めなければならない。

▶育児休業期間

　育児休業は、原則として、1歳未満の子を養育している期間である。
　保育園等へ入園できなかった場合、子を養育する予定であった配偶者が死亡・

病気等で養育が困難になった場合には、最長2歳になるまで期間を延長しなければならない。まず、満1歳6か月になるまで延長し、その時点でまだ問題が解消していない場合には、満2歳になるまで延長する。

▶パパ・ママ育休プラス

両親ともに育児休業を取得する場合には、パパ・ママ育休プラスとして、子が満1歳2か月になるまでの間に、父母がそれぞれ1年以内の育児休業を取得できるようにしなければならない。

パパ・ママ育休プラスは、男性の育休取得を促すために、男性が育児休業を取得する場合に全体の期間を延長する仕組みを導入したものである。

夫婦が異なる企業で働いている場合にも対象となるので、配偶者の取得状況を確認のうえ、取得していれば子が満1歳2か月になるまで育児休業の取得を認めなければならない。

▶育児休業の取得方法

育児休業は、原則として、連続して1回取得するものとされている。代替要員の配置などの対応が必要となるので、連続取得が原則とされたものである。

ただし、男性が配偶者の出産後8週間以内に育児休業を取得した場合には、再度取得できる（パパ休暇）。出産後の母親が大変な時期における育児参加を別扱いとして、男性の積極的な育児参加を促すこととしたものである。

また、保育園に入園できなかった場合などには、1歳以降の育児休業を再度取得できる。保育園に入園できることを前提に夫婦で育児休業取得時期を調整していた場合に、先に休業した者が再取得することを想定したものである。

さらに、配偶者の死亡、離婚などの特段の事情がある場合にも、再度取得できる。

▶育児休業取得の手続き

育児休業の申し出等の手続きについては、法令で、育児休業を開始しようとする日の1か月前までに申し出ること、1か月前までに申し出ることによって1回延長できることなどが規定されている。法令に適合するように就業規則等で育児休業制度を定めなければならない。労働者に有利な修正（申し出期間の短縮等）は可能

であるが、申し出期間を2か月前にすることなどは許されない。

▶育児休業中の処遇

育児休業期間における賃金については、法律の定めはなく、無給でもよい。

育児休業期間中は、雇用保険から育児休業給付金が支給される。さらに、当初の28日間は出生後休業支援給付金が上乗せされて支給される。

育児休業期間における社会保険料は、事業者が請求した場合には、事業者負担・労働者負担ともに免除される。事業者負担分も免除されるので、積極的に免除請求することが望まれる。

▶育児休業中の労働

育児休業期間中は働かないことが基本とされており、定期的・恒常的に働く場合には、法律による育児休業ではなく、短時間勤務と判断される。

一方、育児休業期間中に、一時的、臨時的に働くことは問題ないとされている。労働者の希望に応じて臨時的に働くことを認めるのは問題ないが、休業して育児に専念したい労働者を無理に働かせることがあってはならない。育児休業が労働者の権利として認められている趣旨に反する。

雇用保険の育児休業給付金は、一時的・臨時的な就労であって、月10日又は80時間以内の就労であれば、減額して支給される。

また、育児休業ではなく、育児のために短時間勤務を選択した場合には、満2歳になるまで育児時短就業給付金が支給される。

▶男性の育児休業取得状況の公表

規模300人超の企業は、年1回、①男性労働者の育児休業等の取得割合、②男性労働者の育児休業等と育児目的休暇の取得割合のいずれかの公表が義務付けられている。

▶1歳以降の育児休業

育児・介護休業法で義務付けられている育児休業制度は、原則として、満1歳までの子を養育する労働者が対象であるが、小学校就学までの間についても、育児休業に準じた制度を設けることが望ましいとされている。

ただし、長期の育児休業は職場復帰を難しくする面もあるので、制度を設ける場合は真に労働者が希望する場合に利用することができるものとすべきである。

4. 産後パパ育休（出生時育児休業）

　事業者は、育児休業制度とは別に、子の出生時の育児休業制度（産後パパ育休）を設けなければならない。男性の育児休業取得促進のため、男性の取得ニーズの高い、子の出生直後の時期について、柔軟で取得しやすい休暇制度を設けることとされたものである。
　対象者は主に配偶者が出産した男性労働者なので「産後パパ育休」と称しているが、養子縁組の場合などでは産後休業を取得していない女性労働者も対象となりうる。
　産後パパ育休の期間は、出生後8週間以内に、28日以内である。2回まで分割して取得できる。労働者は原則として取得予定日の2週間前までに申し出る必要がある。
　産後パパ育休期間中は雇用保険から出生時育児休業給付金及び出生後休業支援給付金が支給される。

5. 育児時間

　満1歳未満の子を育てている女性労働者は、1日2回、各30分の育児時間を請求できる。
　取得する時間帯や利用方法は労働者の自由である。事業内保育施設がある場合などには、勤務時間の途中に取得して授乳等をすることが考えられる。始業時間直後、終業時間直後に取得して、保育園の送り迎えに利用することも可能である。その場合、朝ないし夕方にまとめて1時間取得することもできる。

6. 看護等休暇

　事業者は、小学校3年生までの子を養育する労働者を対象とする看護等休暇制度を設けなければならない。

▶ 看護等休暇の日数

　看護等休暇の日数は1年度に5日である。
　小学校3年生以下の子が2人以上いる場合には10日である。法律では2人以上は一律10日であるが、子供の人数に応じて増加させることが望ましい。子供によって看護等を要する日が異なることが多く、人数が多いほど看護等休暇を必要とする日数が多いと考えられるからである。
　看護等休暇の付与年度は、原則として、4月1日から3月31日である。幼稚園等の年度に合わせたものであるが、就業規則等で異なる期間とすることができる。

▶ 看護等休暇の単位

　看護等休暇の取得単位は、1時間単位である。
　法令では、時間単位取得は、遅出・早退方式とされ、中抜けは認めなくてもよいこととなっている。ただし、業務に大きな支障がないのであれば、労働者の便宜のため中抜けも認めることが望ましい。
　業務の性質・業務体制から、時間単位で看護等休暇を付与することが困難な労働者については、労使協定を締結した場合には、時間単位での取得を認めないことができる。その場合にも、半日単位であれば業務に大きな支障がないのであれば、半日単位を認めることが望ましい。

▶ 看護等休暇の取得事由

　看護等休暇を請求できるのは、病気・けがの子の世話、予防接種・健康診断、学級閉鎖等、入学(園)式・卒業(園)式への参加である。病気・けがの場合、その程度は問わないので通院が不要の場合でも請求できる。
　看護等休暇の取得は、急な病気の場合が多いことから、当日の電話連絡などによる請求でも可能としなければならない。
　事業者は、本当に看護等が必要な状況にあるか確認するため、看護が必要なことを証明する書類の提出を求めることができることとされている。ただし、医師にかからない場合もあり、また数時間の看護等休暇のために診断書を取得しなければならないこととすると費用面でも高額になることから、診断書を必須要件とすることは適当でない。病院や薬局の領収書などで可とすることが望ましい。

7. 子育てと両立するための勤務制度

　子育てをしながら仕事する場合に、家庭の状況などによっては、通常の労働時間働くことが難しい、また残業ができないなど、働き方に配慮が必要となる。育児・介護休業法は、子の年齢に応じて、仕事と育児の両立を可能とする制度を設けることを義務付けている。

▶短時間勤務制度

　満3歳までの子を養育する労働者が希望した場合に利用できる1日6時間の短時間勤務制度を設けなければならない。

　所定労働時間があまりにも短い制度であると収入面の問題から労働者が利用を躊躇することとなり、また、通常の所定労働時間とあまり違わないと制度を利用する意味が薄くなるため、6時間とされている。

　所定労働時間が7時間45分の事業場で短時間勤務を5時間45分とするのは問題ないとされている。また、6時間勤務制を設けたうえで、労働者の選択肢を増やすために他の勤務制を設けることはむしろ望ましい。

　なお、労使協定によって業務の性質等のため短時間勤務が困難な労働者を適用除外できる。その場合には、育児休業に準じる措置、フレックスタイム制、時差出勤、保育施設の設置、テレワーク等の代替措置を講じることが必要である。

▶定時勤務制度

　小学校就学前の子を養育する労働者が請求した場合には、所定労働時間を超えて労働させてはならない。

　事業者は、定時勤務制を適用すると事業の正常な運営を阻害する場合には請求を拒むことができる。当該労働者の作業内容、作業の繁閑、代替要員の確保の難易度などによって判断する。その場合にも、可能な限り、定時退社できるように配慮することが望ましい。

▶法定時間外労働の制限

　小学校就学前の子を養育する労働者が請求した場合には、1か月に24時間、1年

に150時間を超えて法定時間外労働させてはならない。

　一般の労働者の法定時間外労働の上限は、1か月45時間、1年360時間であるが、小学校就学前の子を養育している労働者の場合には、請求によって、それより短い上限を設けることとしたものである。

　なお、事業者は法定時間外労働の上限を低くすると事業の正常な運営を阻害する場合には請求を拒むことができる。その場合にも、可能な限り、法定時間外労働が短くなるように配慮することが望ましい。

▶深夜業の制限

　小学校就学前の子を養育する労働者が請求した場合には、午後10時から午前5時までの深夜時間帯に労働させてはならない。

　深夜時間帯に常態として子を保育できる16歳以上の同居の親族がいる場合には適用されない。配偶者が深夜時間帯に働いていない場合や16歳以上の兄姉が同居している場合がこれに該当する。

　本来の所定労働時間が深夜時間帯にかかっている労働者が請求した場合には、事業者は深夜時間帯に働かせることはできなくなるが、その分を昼間働かせる義務はないものとされている。しかし、労働時間が極端に短くなる場合などは、労働者の生活への影響が大きいので、別の時間帯に働けるように配慮することが望ましい。

　また、事業者は、深夜業を制限すると事業の正常な運営を阻害する場合には請求を拒むことができる。その場合にも、可能な限り、昼間に働けるように配慮することが望ましい。

▶3歳から小学校就学前の子を養育する労働者の柔軟な働き方実現措置

　事業者は、3歳から小学校就学前の子を養育する労働者のために、短時間勤務制度、時差出勤、テレワーク（10日以上／月）、保育施設の設置運営、新たな休暇（10日以上／年）のうち2つ以上の制度を設けなければならない。制度を設ける際には労働者代表から意見聴取することとされている。

　対象となる労働者は事業者の設けた制度のうち1つを選択して利用することができる。

8. 育児と仕事の両立ができる職場

　ここまで、労働者が育児と仕事を両立できるようにするため、事業者に義務付けられている措置を説明してきたが、真に育児と仕事が両立できる職場となるためには、労働者が安心してこれらの制度を利用できる職場環境でなければならない。

　また、育児と仕事の両立のためには、義務となっている事項以外にも、事業者に努力義務が定められている事項や配慮することが望まれる事項がある。

▶育児休業制度等の周知

　安心して育児休業制度を利用するためには、育児休業中の待遇や復職に向けた支援、休業終了後の配置や賃金等の情報が重要であり、研修の実施、相談体制の整備などにより、広く労働者に周知する必要がある。

　また、女性労働者が妊娠した場合や男性労働者の配偶者が妊娠したことが分かった場合には、個別に制度を十分に説明する必要もある。その際、男性労働者があまり育児休業等を取得していない現状にかんがみれば、遠慮せずに取得するよう勧奨することが望ましい。

▶育児休業取得者の適切な雇用管理

　育児休業期間中には、復職に備えて、必要な教育訓練のプログラムを提供することが望ましい。その場合には、育児中であることを考慮して、本人が選択できるようにする必要がある。

　また、育児休業取得後には、取得前の現職・現職相当職へ復帰させることが基本となる。本人が育児負担を考慮して負担が少ないポストへの配置を望んだ場合はよいが、事業者の判断で育児負担などを考慮して責任が軽いポストに配置するようなことは適切でない。

▶育児と仕事の両立を容易にする制度

　小学校就学前の子を養育する労働者に対して、育児と仕事の両立を容易にするために、フレックスタイム制や時差出勤制を設けること、事業場内保育施設を運

営すること、ベビーシッターを派遣すること、テレワーク制度を設けることが努力義務とされている。

また、育児休業制度は原則満1歳までであるが、小学校就学まで利用できるようにすることが奨励されている。

▶育児目的休暇

小学校就学前の子を養育する労働者に対して、育児の目的に使える休暇制度を設けるよう努めなければならない。

看護等休暇は法律で義務付けられているが利用目的が限定されているので、これとは別に、様々な育児の目的に利用できる休暇を設けることを求めているものである。例えば、配偶者の出産前の準備、運動会などの行事参加などに利用することが想定されている。

▶転勤の配慮

子を養育している労働者を転勤させようとする場合に、育児の状況や本人の意向に配慮する必要がある。

小学校就学前の子に限らず、小学生、中学生の子がいる場合も含まれる。

▶再雇用制度の整備

妊娠・出産・育児のため退職した労働者の再雇用制度を設けることが望ましい。

▶職業家庭両立推進者

企業における育児と仕事の両立を推進するため、その責任者として職業家庭両立推進者を選任するよう努めることとされている。

▶育児のための制度の活用を阻害する行為の禁止

事業者は、労働者が育児休業、看護等休暇などの育児のための制度の利用の申し出・活用を理由として、解雇等の不利益な取り扱いをしてはならない。

また、事業者は、職場の上司・同僚が育児休業、看護等休暇などの育児のための制度の利用を阻害するような言動をしないよう必要な措置を講じなければならない。

▶労働者の苦情等への対応

　育児と仕事の両立に関する労働者からの苦情があった場合には、企業内で自主的に解決されることが望ましい。事業者は、労使による苦情処理機関を設置するなど、自主解決の仕組みを設け、労働者に周知しておくことが望ましい。
　企業内で解決できない場合には、都道府県労働局長による紛争の解決の援助、都道府県労働局に設置されている両立支援調停会議による調停を利用できる。

▶法律の履行確保

　都道府県労働局長は、事業者に対して、育児・介護休業法に関する報告の徴収、助言、指導、勧告を行うことができる。事業者が勧告に従わなかった場合には、その旨が公表される。

9. 次世代育成支援対策

　晩婚化や夫婦の出生力低下による急速な少子化の進展、家庭や地域を取り巻く環境の変化による子育て力の低下が社会的な問題となり、これに対応するため、家庭や地域社会における子育て機能の再生が重要課題となった。
　そして、日本の将来を担う次世代を育成するためには、子育てと仕事の両立支援、男性を含めた働き方の見直し、地域における子育て支援、社会保障における次世代支援、子どもの社会性の向上や自立の促進など、総合的な取り組みが必要とされ、次世代育成支援対策推進法が制定された。同法は、10年の時限立法であったが、引き続き総合的な対策が必要とされ、期限は2回延長されて令和17年までとなっている。
　次世代育成支援対策推進法は、次世代育成対策の基本理念を定めるとともに、国が行動計画策定指針を示し、地方公共団体と事業主がそれぞれ行動計画を策定することとしている。
　基本理念としては、次世代育成支援対策は、父母が子育てについての第一義的責任を有するという基本的認識の下に、家庭等において、子育ての意義についての理解が深められ、かつ、子育てに伴う喜びが実感されるように配慮して行うものとしている。

▶一般事業主行動計画

　101人以上の企業は、次世代育成支援対策推進法に基づき、一般事業主行動計画を策定しなければならない。100人以下の企業は努力義務とされている。

　一般事業主行動計画では、計画期間を設定し、企業の現状や労働者のニーズを把握したうえで、目標とその目標を達成するための対策と実施時期を記載する。

　一般事業主行動計画の目標設定の項目は、行動計画策定指針において、職業生活と家庭生活との両立等を支援するための雇用環境の整備、働き方の見直しに資する多様な労働条件の整備、自社の労働者に限定しない取り組みの3つの区分で具体的に示されている。男性の育児休業取得率と一般労働者の時間外・休日労働時間については数値目標を定めなければならない。また、計画においてPDCAサイクルの確立が求められている。

　計画を策定した場合には、労働者に周知するとともに、自社のHPや厚生労働省が運用する女性の活躍・両立支援総合サイトにおいて一般に公表し、都道府県労働局へ届け出なければならない。

▶くるみん・プラチナくるみん

　次世代育成支援対策推進法に基づき、一般事業主行動計画を策定した企業のうち、計画に定めた目標を達成し、一定の基準を満たした企業は、「子育てサポート企業」として、厚生労働大臣のトライくるみん、くるみん認定を受けられる。

　くるみん認定を受けた企業のうち、高い水準の取り組みを行っている企業は、厚生労働大臣のプラチナくるみん認定を受けることができる。

　プラチナくるみん認定企業は、すでに高いレベルの次世代育成支援を達成していることから、以後の行動計画の策定・届出は必要なくなる。代わりに、次世代育成対策の実施状況を公表しなければならない。

第2節 介護と仕事の両立

[ポイント]

- 介護に関する支援措置を整備して周知するとともに、介護に直面した労働者に

個別に意向確認するなど十分に利用できるようにしなければならない。
- 育児・介護休業法に定める要件に合致する介護休業制度を設けなければならない。
- 要介護状態にある家族を介護している労働者を対象とする介護休暇制度を設けなければならない。
- 介護と仕事を両立するための制度として、労働者の請求による定時勤務制度、法定時間外労働の制限、深夜労働の免除を実施するとともに、柔軟な働き方実現のための措置を少なくとも1つ講じなければならない。
- 労働者が介護のための制度利用の申し出・活用したことを理由として、解雇等の不利益な取り扱いをしてはならない。また、同僚等が制度利用を阻害するような言動をしないように適切な対応が求められる。

高齢化、長寿化の進展に伴って、介護を要する者が増加し、介護期間は長期化してきた。そのような状況を受けて、平成7年に、高齢の親などの介護が必要な労働者のために、育児休業法が改正されて介護休業制度が創設され、育児休業法は育児・介護休業法となった。

育児と介護では状況が異なるため、介護休業は育児休業とはまったく異なる制度となっているが、介護休暇などその他の制度については育児の場合とほぼ同じ内容である。

家族を介護している労働者への支援措置は、当該労働者や介護されている家族のためのものであるとともに、事業者にとっても介護離職を防止する効果があるので、適切な対応が望まれる。

1. 介護休業

事業者は、育児・介護休業法の要件を満たす介護休業制度を設けなければならない。労働者が請求してきた場合に法律に基づいて休業させるということでは不十分であり、就業規則等に事業場の制度として明記し、すべての労働者に周知する必要がある。

▶介護休業の対象労働者

対象労働者は、要介護状態にある家族を介護する労働者である。

この場合の家族は、配偶者（事実婚を含む）、父母、祖父母、配偶者の父母、子、孫、兄弟である。同居をしていない場合も含まれる。

要介護状態とは、負傷、疾病、身体・精神の障害で常時介護を要する状態が2週間以上続く場合である。介護保険の要介護2以上の認定を受けている場合が該当する。また、要介護認定を受けていないが、座位保持ができない、歩行ができない、排せつの全面介助が必要、外出すると戻れないなどの状態が継続すると認められる場合も該当する。

▶介護休業期間

介護休業は、対象家族1人について、通算93日までである。最大3回まで分割して取得できる。

介護休業は、自ら介護を行うためにも利用できるが、長期間の介護が必要となる場合に、仕事と介護を両立させるための体制を整える準備期間として利用することが想定されている。介護保険サービスの利用のための手続き、利用施設の選定、入所準備などである。

3回まで分割できることとされているのは、要介護者の状況の変化によって、在宅介護から施設介護に移行したり、入居施設を変更したりする必要が生じることがあるからである。

▶介護休業取得の手続き

介護休業の申し出等の手続きについては、介護休業を開始しようとする日の2週間前までに申し出ることなど、法令で具体的に規定されている。法令に適合するように就業規則等で介護休業制度を定め、労働者に周知する必要がある。労働者に有利な修正（申し出期間の短縮等）は可能である。

▶介護休業中の処遇

介護休業期間における賃金については、法律の定めはなく、無給でもよい。

介護休業期間中は、雇用保険から介護休業給付金が支給される。

なお、育児休業と異なり、介護休業には社会保険料の免除制度はない。

2. 介護休暇

　事業者は、要介護状態にある家族を介護・世話するための介護休暇制度を設けなければならない。
　介護休暇の日数は、1年度に5日、対象となる要介護の家族が2人以上の場合は10日である。
　介護休暇の単位は、1時間単位である。
　介護休暇の取得は、急な状況の変化の場合もあることから、当日の電話連絡などでも可能としなければならない。
　具体的な要件や留意事項は看護等休暇と同じである。

3. 介護と仕事を両立するための勤務制度

　介護と仕事を両立するためには、家庭の状況などによっては、残業をすることや深夜時間帯に働くことが難しい場合がありうる。
　要介護状態にある家族を介護する労働者が請求した場合には、①所定労働時間外に働かせないこと（定時勤務制）、②法定時間外労働を1か月24時間、1年150時間以内とすること、③深夜時間帯に働かせないことが義務付けられている。これらの3つの措置の具体的な内容、留意事項は、子を養育している労働者の場合と同じである。
　また、事業者は、短時間勤務制度、フレックスタイム制、時差出勤、介護サービス費用助成のうち1つ以上の制度を設けることが義務付けられている。さらに、介護のためのテレワーク制度を設けることが努力義務とされている。
　労働者が働きながら介護することが容易になる制度とすることが必要であり、選択肢が多いほうが望ましい。これらの制度は、労働者が申し出たときから3年以上の期間に利用できることが必要である。また、利用中に介護休業を取得するなどして中断した場合には、2回以上利用できるようにする必要がある。

4. 介護と仕事の両立ができる職場

　ここまで、労働者が介護と仕事を両立できるようにするため、事業者に義務付けられている措置を説明してきたが、真に介護と仕事が両立できる職場となるためには、労働者が安心してこれらの制度を利用できる職場環境でなければならない。

　労働者が仕事と介護の両立のための制度を理解して十分に利用し、介護離職を防止するため、①介護に直面した労働者が申し出た場合に両立支援制度に関する情報を個別に周知して意向確認すること、②介護に直面する前の早い段階で両立支援制度に関する情報を提供すること、③研修や相談窓口を設置することが義務付けられている。

　さらに、育児と仕事の両立と同じように、①介護休業取得者の適切な雇用管理、②介護をしている労働者の転勤の配慮、③介護のため離職した労働者の再雇用制度の整備、④職業家庭両立推進者の選任、⑤介護のための制度の活用を阻害する行為の禁止、⑥労働者の苦情等への対応などが必要である。

5. 介護離職を予防するための両立支援対応モデル

　介護と仕事の両立に関しては、次世代育成支援対策推進法のような法的枠組みはないが、両立支援対応モデルが示され、企業の取り組みが推奨されている。

　両立支援対応モデルでは、事業者は、労働者の介護経験や介護をする可能性、介護に関する不安などの実態把握をするとともに、企業における制度が法定の要件や労働者のニーズに合っているか点検・見直しを行うこととされている。

　そして、まだ介護に直面していない労働者、すでに介護に直面している労働者など、それぞれの状況に応じた支援を行うこととされている。

第3節 ハラスメント防止

[ポイント]

- ハラスメントは人権侵害行為であり、あってはならない。現在、パワーハラスメント、セクシャルハラスメント、マタニティハラスメント、介護ハラスメントについて、事業者に雇用管理上必要な措置を講じることを義務付けている。事業者が講ずべき措置は4つのハラスメントに共通である。
- パワーハラスメントは、優越的な関係を背景に、業務上必要かつ相当な範囲を超えた言動によって、労働者の就業環境が害されるものである。主たる類型として、身体的な攻撃、精神的な攻撃、人間関係からの切り離し、過大な要求、過小な要求、個の侵害が挙げられる。
- セクシャルハラスメントは、労働者の意に反する性的な言動によって、労働者が不利益を受けたり、職場の環境が害されたりするものである。
- マタニティハラスメントは、女性労働者の妊娠に対する嫌がらせや妊娠・出産・育児に関する支援制度の利用に対する嫌がらせである。
- 介護ハラスメントは、家族を介護している労働者による介護に関する支援制度の利用に対する嫌がらせである。
- 事業者は、ハラスメントをなくすために、事業者の方針を明確にして労働者に周知・啓発するとともに、ハラスメントの相談窓口を設けなければならない。
- ハラスメント事案が発生した場合には、事実関係を正確に把握し、被害者に対する適切な配慮措置等を講じなければならない。その際、プライバシーの保護に十分留意しなければならない。
- 事業者は、自社の労働者が取引先等の労働者に対してハラスメントを行うことがないよう啓発するとともに、自社の労働者が取引先や顧客から迷惑行為を受けた場合には組織として対処する必要がある。

　ハラスメントとは、相手の意に反する発言や行為によって、相手に不快な感情を抱かせたり、不利益を与えたり、直接的な被害を与えることである。嫌がらせやいじめのほか、身体的な暴力や脅迫など犯罪に該当するものも含まれる。

ハラスメントは、相手に対する人権侵害行為であり、そもそもあってはならない。職場でのハラスメントは、被害を受けた労働者の心身の不調を招き、能力発揮を阻害するとともに、放置すると職場環境が悪化するなど大きな問題になる。さらに、女性の活躍、少子化対策などにも影響を与えることにもなる。

　職場におけるハラスメント対策は、平成11年にセクシャルハラスメントに関して雇用管理上の配慮を義務付けたことが始まりである。その後、平成19年に、セクシャルハラスメントについて雇用管理上必要な措置が義務付けられた。マタニティハラスメント及び介護ハラスメントについては平成29年に、パワーハラスメントについては令和2年に、雇用管理上必要な措置が義務付けられた。

　対象となるハラスメントは異なるが、事業者に義務付けられている雇用管理上必要な措置は共通である。

1. パワーハラスメント

　職場におけるパワーハラスメントとは、①優越的な関係を背景とした言動であること、②業務上必要かつ相当な範囲を超えたものであること、③労働者の就業環境が害されるものであることの3つの要素のすべてに該当するものである。

　職場における言動に限らず、職場の延長にある場合には職場外の言動も該当する。出張中、業務のために移動中の車内、取引先との打ち合わせなどの場面での言動は該当する。勤務時間外における懇親会などにおける言動についても、懇親会の位置づけなどによっては該当する。

　パワーハラスメントに関しては、「事業主が職場における優越的な関係を背景とした言動に起因する問題に関して雇用管理上講ずべき措置等についての指針」が示されている。

▶優越的な関係を背景とする

　優越的な関係を背景とした言動とは、ハラスメントの行為者に対して相手方が抵抗や拒絶できない蓋然性が高い関係にあることを背景にして行われる言動である。

　一般的には、職務上の地位の上位者による部下に対する言動がこれに該当する。ただし、パワーハラスメントは上司から部下に対するものには限られない。同僚

の間での言動や部下から上司に対する言動であっても、抵抗や拒絶が困難なものは該当する。例えば、業務の経験が豊富で業務を円滑に遂行するためには不可欠な存在である者が実質的な力関係を背景として行う言動、部下が集団となって上司の指示を無視する場合、集団となって同僚の中の1人を無視する場合などである。

▶業務上必要かつ相当な範囲を超える

社会通念に照らして、明らかに業務上の必要性がないもの、業務の目的を大きく逸脱したもの、業務を遂行するための手段として不適当なもの、態様や手段が許容される範囲を超えるものなどが該当する。

この判断に当たっては、当該言動の目的、当該言動がなされるに至った経緯や状況、当該言動の態様、頻度や継続性、相手方の心身の状況、行為者の関係等を総合勘案して判断する。企業の業種、業態や業務内容などが判断に関わる場合もある。

部下に不適切な行動などがあった場合における上司の指導については、問題となった部下の行動の内容や程度と指導の態様等との相関関係で判断することになる。部下に問題行動があったことによって上司の指導がすべて正当化されるものではない。

▶就業環境が害される

労働者が身体的・精神的な苦痛を受け、就業環境が不快になったために、能力の発揮に重大な悪影響など就業するうえで看過できない程度の支障が生じることである。

他人の言動から受ける苦痛や不快の程度、それによる就業への支障は個人によって大きく異なる場合があるが、パワーハラスメントであるかの判断に際しては、平均的な労働者の感じ方が基準となる。すなわち、同様の状況で同様の言動を受けた場合に社会一般の労働者が就業するうえで看過できない程度の支障が生じると感じるかどうかということである。

同様の言動が継続されればそれだけ就業環境への影響が大きくなるが、強い身体的、精神的苦痛を与える言動の場合には1回でも就業環境が害されることもある。

労働者によっては、他人の言動に対する感受性が強く、平均的な労働者にとっては問題がなくても、当人にとっては精神的な苦痛が大きいこともありうる。この場合は、パワーハラスメントには該当しないが、当該労働者に必要なケアをすることが望ましい。

▶パワーハラスメントの6類型

パワーハラスメントには様々な態様のものがあるが、代表的なものとして、「身体的な攻撃」、「精神的な攻撃」、「人間関係からの切り離し」、「過大な要求」、「過小な要求」、「個の侵害」が挙げられる。

ただし、パワーハラスメントであるかどうかに関しては、この類型にとらわれず、パワーハラスメントの定義に即して判断すべきである。

▶身体的な攻撃

相手を殴打や足蹴りをする、相手に対して物を投げつけるなどの物理的な行為である。攻撃の程度によっては、刑法の傷害罪や暴行罪に該当することになるが、それに至らない程度であっても、パワーハラスメントに該当しうる。

同僚間の喧嘩など、優越的な関係を背景としていないものは、パワーハラスメントには該当しない。ただし、事業者は職場規律の観点から適切に対処する必要がある。

▶精神的な攻撃

相手に対する脅迫、名誉棄損、侮辱やひどい暴言など言葉による攻撃である。相手の人格を否定するような発言、「会社にいられなくしてやる」などの脅迫的な発言、相手の容貌や体形などを揶揄するなどの侮辱的な発言などがこれに当たる。相手の性的指向や性自認に関する侮辱的な発言も該当する。

業務に係る行為であっても、必要以上に長時間の叱責を繰り返す、他の労働者の面前で大声による威圧的な叱責を繰り返すなどは、発言の態様等によって該当することになる。

直接の発言だけではなく、メール等による行為も該当する。例えば、相手の能力を否定し、罵倒するような内容のメールを職場内に配信するような行為がこれに当たる。

一方、業務に関する指示や指導、職務上の失敗があった場合の通常の叱責、遅刻など職場規律違反に対する通常の叱責や注意などは問題ない。再三注意しても改善しない場合や企業の行う内容に照らして重大な問題行動を行った場合に、一定程度強く注意することも問題ない。

▶人間関係からの切り離し

　職場の人間関係から隔離する、仲間はずれにするなどの行為である。
　上司が、自分の意に沿わない労働者に対して、仕事から外して長期間にわたって別室に隔離する、自宅研修させるなどが該当する。
　同僚の間の関係に関しては、1人の労働者を無視する、職場で孤立させるなどが該当する。労働者の間で仲がいい、悪いということは一般的にありがちであるが、集団的な行動として職場の人間関係から1人を切り離すようなことがないよう、職場の人間関係に留意しておく必要がある。
　一方、懲戒処分を受けた労働者を職場復帰させるために一時的に別室で必要な研修を受けさせる場合は、その期間や研修内容が適切であれば問題ない。

▶過大な要求

　業務上明らかに不要なことや遂行不可能なことを労働者に命じることである。
　長期間にわたって肉体的に苦痛を伴う環境で勤務に直接関係がない作業を命じることなどがこれに該当する。退職勧奨などの手段とすることは、厳に慎むべきである。
　また、到底達成が不可能なノルマを課して達成できなかった場合に厳しく叱責することなどが該当する。例えば、新入社員教育と称して、業務に関する必要な研修を行わないまま到底達成できない目標を課すことなどである。業績目標の設定と未達成の場合の対応についてはパワーハラスメントとならないように留意する必要がある。
　部下に業務とは関係がない雑用を強制的に行わせることもハラスメントになる。例えば、休日に社長や上司の家の掃除などを命じることなどである。
　一方、労働者を育成するため、現状より少し高いレベルの仕事を任せること、業務の繁忙期に担当者に通常より一定程度多い業務の処理を任せることなどは問題がない。労働者に育成の意図や業務の状況を理解させるなど、あらかじめ誤解さ

れることがないように留意すべきである。

▶過小な要求

業務上の合理性がなく能力や経験とかけ離れた程度が低い仕事を命じることや仕事を与えないことである。

管理職を退職させるために誰でも遂行可能な業務を行わせること、気に入らない者に嫌がらせのために仕事を与えないことなどが該当する。

一方、労働者の能力に応じて、一定程度業務内容や業務量を軽減することなどは問題がない。

▶個の侵害

労働者の私的なことに過度に立ち入ることである。

労働者を職場外でも継続的に監視すること、私物の写真撮影をすること、労働者の病歴、不妊治療歴、性的指向・性自認等の機微な個人情報を他の者に暴露することなどが該当する。

労働者への配慮を目的として、家族の状況等をヒアリングすることは問題ない。ヒアリングに際して、その趣旨を説明しておくことが適切である。

また、労働者の了解を得て、当人の機微な個人情報を必要な範囲で人事担当に伝達し、配慮を促すことは問題がない。その場合には、個人情報が必要な範囲を超えて広がらないように、関係者に十分注意することが必要である。

2. セクシャルハラスメント

セクシャルハラスメントは、性的な発言・誘いや性的な行為に対する労働者の対応によって不利益が生じること（対価型）と性的な発言や性的な行為によって就業環境が害されること（環境型）である。

セクシャルハラスメントの加害者となる者には、事業者、上司、同僚のほか、取引先の事業者・従業員、顧客など業務に関連して接触がある者が広く含まれる。例えば、交通機関であれば乗客、病院であれば患者・家族、学校であれば生徒・保護者などによる言動も該当する。

また、セクシャルハラスメントは、男性から女性だけでなく、女性から男性や

同性間の行為も該当する。すなわち、男女ともに加害者にも被害者にもなりうる。

セクシャルハラスメントに関しては、「事業主が職場における性的な言動に起因する問題に関して雇用管理上講ずべき措置等についての指針」が示されている。

▶対価型セクシャルハラスメント

労働者の意に反する性的言動に対して拒否や抵抗したことにより、不利益を受けることである。すなわち、事業者や上司など労働者の処遇等に影響力がある者によるハラスメントである。

具体的には、上司等の性的関係の要求を拒否したり、上司等が胸などに触ったので抗議したりしたところ、解雇や降格などの不利益取り扱いをされることなどである。

また、上司が人事評価を高めることを条件に食事やデートに誘う、上司が仕事を円滑に進めるために必要として性的関係を要求するなど、対価を示して性的行為を強要することも該当する。

▶環境型セクシャルハラスメント

労働者の意に反する性的言動によって就業環境が不快になり、能力の発揮に重大な悪影響など就業するうえで看過できない支障が生じることである。環境型には様々な態様のものがある。

直接本人に向けて行われる行為としては、上司・同僚が事務室内で胸などに度々触る、上司・同僚が性的な事実関係を尋ねる、上司・同僚が食事やデートに執拗に誘うなどがある。上司・同僚が社内や取引先に性的な情報を流布させるなど、情報の流布によるハラスメントもある。

直接本人に向けられたものでなくても、職場内にわいせつな図画を放置する、パソコンでアダルトサイトを閲覧する、事務室内で度々性的冗談やからかいをするなど、職場の状況、雰囲気などに関するものもハラスメントに該当する。

また、顧客が性的な言動を行うので苦痛を感じているのに何ら対応しないなど、職場外の者によるハラスメントを放置することも該当する。

▶判断基準

セクシャルハラスメントの状況は多様であり、個別の状況を踏まえて判断する

ことになる。その際、被害労働者の主観を重視しつつ、客観性をもって判断することが必要である。

態様によって、1回でも該当する場合、継続することで該当する場合などがある。明確に拒否しているのに継続される場合などはハラスメントになる。強制わいせつなど重大な行為は1回であってもハラスメントになる。

性的問題に関しては男女で認識に違いが生じることもありうるので、被害を受けた労働者の性別に応じて、平均的な女性労働者、平均的な男性労働者の感じ方が基準となる。

なお、法律で定めるセクシャルハラスメントに該当しない場合であっても、性的な発言等に関して十分に注意喚起し、不快に感じている労働者のケアをすることが望ましい。

3. マタニティハラスメント

マタニティハラスメントは、妊娠、出産、育児休業取得等に関する嫌がらせであり、妊娠している女性労働者に対するハラスメント（状態への嫌がらせ型）と妊娠・出産・育児に関する制度を利用した男女労働者に対するハラスメント（制度等の利用への嫌がらせ型）がある。

▶状態への嫌がらせ型

妊娠したこと、出産したこと、妊娠・出産により体調不良になったこと等に関する言動によって就業環境が害されるものである。

妊娠の報告を受けて、上司が処遇上の不利益を示唆する、仕事を任せないようにするなどがハラスメントに該当する。

同僚による妊娠している女性労働者に対する継続的な嫌がらせの発言はハラスメントになる。例えば、妊婦に対して、「忙しい時期に妊娠すべきでない」、「妊婦は迷惑である」との発言を繰り返すなどである。

一方、上司が妊婦の負担を考慮して少し楽な業務に変わってはどうかと配慮することや上司・同僚がつわりが重い妊婦に少し休んだほうがよいのではと示唆することはハラスメントに当たらない。ただし、妊婦本人の意欲や体調などの客観的な状況で判断する必要があり、妊婦は休むべきだという固定観念によることは

適当ではない。

状態への嫌がらせ型に関しては、「事業主が職場における妊娠、出産等に関する言動に起因する問題に関して雇用管理上講ずべき措置についての指針」が示されている。

▶制度等の利用への嫌がらせ型

妊娠、出産、育児に関する制度を利用したことに関する言動によって就業環境が害されるものである。

対象となるのは、労働基準法で定める産前産後休業、育児時間等、男女雇用機会均等法で定める母性健康管理措置、育児・介護休業法で定める育児休業、看護等休暇などである。

上司が制度の利用の相談を受けて、利用するなら辞めてもらう、昇進させない等の不利益を示唆する、制度を利用しないように促すなど、上司の職務上の言動はハラスメントに該当する。

同僚等が制度の利用を請求した労働者に対して制度の利用を阻害するような発言を繰り返し、通常の労働者であれば制度の利用をあきらめざるを得ない状況になるような場合はハラスメントに該当する。例えば、職場で制度を利用する旨を公表したところ同僚が繰り返し請求しないように発言、男性労働者が育児休業等を利用したことに関して「男のくせに育休はあり得ない」と発言するなどである。制度を利用している労働者に対する嫌がらせ発言も同様である。

制度等の利用への嫌がらせ型に関しては、「子の養育又は家族の介護を行い、又は行うこととなる労働者の職業生活と家庭生活との両立が図られるようにするために事業主が講ずべき措置等に関する指針」が示されている。

▶妊娠、出産、育児休業等を理由とする不利益取り扱いの禁止

マタニティハラスメントは、上司や同僚による言動に関する規定であるが、これとは別に、妊娠、出産、育児休業等の取得を理由とする、事業者による解雇等の不利益取り扱いが禁止されている。

▶妊娠、出産することへの嫌がらせ

現行の法律では、妊娠をした労働者への嫌がらせについてハラスメント防止措

置が規定されているが、将来的に妊娠、出産を考えている女性労働者に対する妊娠、出産を阻害するような言動についての規定はない。

また、現在の指針では、妊娠・出産や制度利用に関するハラスメントの判断基準が厳格になっており、上司・同僚の言動が繰り返され、継続的なもので就業するうえで看過できない程度の支障がある場合に限定されている。

しかしながら、採用に際して当分子供を作らないように示唆する、上司等が女性の部下の前で妊娠・出産は職場の迷惑だと発言するなどは、働いている女性に妊娠、出産を躊躇させ、その希望を阻害するとともに、少子化対策にも反する。事業者は、法律でマタニティハラスメントとされている事項に限らず、希望する女性労働者が安心して子供を産み、夫婦で協力して育てられる職場環境の確立に尽力することが望まれる。

4. 家族を介護している労働者へのハラスメント

介護休業等の制度の利用者に対するハラスメントについて、マタニティハラスメントにおける制度利用への嫌がらせと同様に、事業者に雇用管理上の措置が義務付けられている。

5. ハラスメント防止措置

ハラスメント防止のための事業者の責務や事業者が講ずべき措置は、パワーハラスメント、セクシャルハラスメント、マタニティハラスメント、介護ハラスメントすべてに共通である。

また、法律で対応が義務付けられているのは、これらの4類型のハラスメントであるが、その他の類型を含めて、職場におけるハラスメントをなくし、労働者にとって働きやすい職場を実現していくことが望まれる。

▶事業者と労働者の責務

ハラスメント対策においては、未然にハラスメントが発生しないようにすることが重要である。

事業者の責務として、事業主自身がハラスメント問題に対する関心と理解を深

めて労働者に対する言動に必要な注意を払うとともに、ハラスメントに関して労働者の関心と理解を深めさせて自分の言動に注意を払わせることが求められる。

また、ハラスメントは上司から部下のほか、同僚間で発生することも多いので、ハラスメントをなくすためには労働者の理解と協力が必要である。

労働者の責務として、ハラスメント問題に対する関心と理解を深めて他の労働者に対する言動に必要な注意を払うとともに、事業者の講ずるハラスメント防止のための雇用管理上の措置に協力することが求められる。

▶事業者の方針の明確化及びその周知・啓発

ハラスメントをなくしていくために、事業者の方針を明確化し、それをすべての労働者に周知することが必要である。

具体的には、就業規則にハラスメント禁止とハラスメントがあった場合の対応を明記すること、パンフレット・イントラネットなどですべての労働者に周知すること、ハラスメント研修を実施することなどである。

特に、ハラスメントの行為者となることが多く、一方、職場内でハラスメント事案が発生した場合には事案に対応することにもなる管理職には徹底しなければならない。

周知・啓発に当たっては、ハラスメントの背景についても取り上げることが望ましい。例えば、パワーハラスメントの背景には職場のコミュニケーションの希薄化があること、セクシャルハラスメントには性別役割分担意識に起因するものがあること、マタニティハラスメントの背景には、子は母親が家で育てるべきという考えや働く女性の妊娠・出産に否定的な意識があることなどである。このようなハラスメントの背景にある状況や意識の改革も重要である。

▶相談窓口

ハラスメントに関する相談を幅広く受ける相談窓口を設置する必要がある。

ハラスメント事案は、初期対応を誤ると問題がこじれることが多いので、相談窓口では、相談内容や本人の意向等に応じて、見守り、注意などの適切な対応をとる必要がある。一方、ハラスメントの可能性が高い場合には、ハラスメント対応に移行し、迅速に対応しなければならない。

なお、社内では相談しにくい場合があるので外部委託による相談窓口も設置す

ることが望ましい。

▶ハラスメント事案への対応

　ハラスメント事案が発生した場合の対応については、あらかじめ対応マニュアルを作成しておくなど、迅速かつ適切な対応ができるように準備しておく必要がある。

　事案が発生した場合には、事実関係を正確に把握する必要があり、被害の継続、拡大を防ぐため、迅速に調査を進めなければならない。調査は、公正な立場で事実確認する必要があり、重大な事案や複雑な事案の場合には、外部専門家や第三者委員会にゆだねることも考えられる。

　状況によっては、完全な事実関係の確認やハラスメントに該当するかの判断に時間をかけるよりも臨機応変の対応が必要になる場合もある。ただし、その場合にも、将来に問題を持ち越さないよう留意する必要がある。

　次に、確認した事実関係をもとに、被害者に対する適正な配慮の措置を実施する。措置の内容は、事案の内容や状況によるが、当事者間の関係改善に向けた援助を行うこと、ハラスメント行為者による謝罪、当事者を引き離すための配置転換、メンタルヘルス不調への相談等の対応などが考えられる。なお、配置転換をする場合には、被害を受けた労働者が不利になることがないようにしなければならない。

　併せて、行為者に対して就業規則等に基づく懲戒処分など適正な措置を実施する。懲戒処分とともにハラスメント防止に関する研修を受講させることも重要である。

▶プライバシーの保護

　ハラスメントに関する相談や事案への対応においては、被害者や行為者のプライバシーに関する情報が取り扱われる。プライバシーに関する情報の流出による二次被害を防止するために、相談窓口や事案対応におけるプライバシー保護のマニュアルを定めておく必要がある。

▶相談等を理由とする不利益取り扱いの禁止

　労働者がハラスメントに関して相談窓口に相談したこと、事実関係の確認に協

力したこと等を理由に不利益取り扱いをしてはならない。関係法律で不利益取り扱いは明確に禁止されている。

6. 自社の労働者以外が関わるハラスメントへの対応

▶自社の労働者によるハラスメントの防止

　ハラスメントは、本来、誰に対しても行ってはならない行為である。法律では基本的に職場内での自社の労働者に対するハラスメント行為への対応が義務付けられているが、自社の労働者が業務で関わるすべての人に対してハラスメントをしないように対応する必要がある。取引先等の労働者、委託しているフリーランス、インターンシップや就職活動中の学生、採用内定者などに対するハラスメントなどがないようにしなければならない。

　セクシャルハラスメントに関しては、取引先の労働者に対して行われる事例がみられることから新たに事実確認等への協力の努力義務が規定された。自社の労働者が取引先の他社の労働者に対してセクシャルハラスメントを行った疑いがある場合に、当該被害にあった労働者の会社から事実確認や雇用管理上の措置に関する要請があった場合に協力することが求められる。

　セクシャルハラスメントに限らず、自社の労働者が取引先の労働者等にハラスメント行為を行うことはそれ自体が問題であるとともに、取引先との関係や会社の信用にも関わることである。事業者は、ハラスメント防止の取り組みにおいて、誰に対してもハラスメントをしないよう、十分に周知、啓発をする必要がある。

▶自社の労働者が他から受けるハラスメントへの対応

　自社の労働者が、業務に関わって、取引先の事業主・労働者や顧客等からハラスメントや著しい迷惑行為を受けることがある。事業者は、自社の労働者の就業環境を守るために必要な措置を講じることが必要である。

　セクシャルハラスメントについては、職務に係る性的な言動は取引先の事業主、労働者や顧客等による言動も含まれると解釈されているので、事実確認や雇用管理上の措置を講じることは事業者の義務である。

　パワーハラスメントについては、取引先や顧客は職場における優越的な関係に

はないため、法律の義務の対象ではないとされている。しかしながら、事業者は、仕事に関わって労働者が被害を受けることを放置すべきではなく、自社の労働者を守るため必要な措置を講じるべきである。

近年、商業やサービス業において顧客からの理不尽な要求、暴言などのカスタマーハラスメントが問題になっている。また、鉄道の駅員等への乗客の暴行事件なども発生している。事業者は、そのような事案が発生しないように広報などを行うとともに、事案が発生した場合には組織的に対応し、被害にあった社員のケアを十分に行う体制を構築する必要がある。

自社の社員でない場合には、事実関係を明らかにしても懲戒処分等の対応はとれないが、取引先への申し入れ、業務体制の見直し、問題のある顧客へのチーム制での対応や専門家による対処など可能な対応をすべきである。

第4節 テレワーク

[ポイント]

- テレワークは、企業、労働者、社会のそれぞれにとってメリットがあるので、積極的な導入の検討が望まれる。
- 雇用型テレワークには労働関係法令が適用されるので、労働時間の把握・管理、健康確保措置などを適切に実施しなければならない。

1. テレワークとは

テレワークとは、職場以外の場所で働くことである。一般的には、IT機器を利用して働くことがイメージされているが、IT機器を用いない場合でも、職場以外で働く場合はテレワークである。ちなみに、テレワークの語源の「tele」は「離れた場所」という意味である。

テレワークには、雇用型テレワークと自営型テレワークとがある。雇用型テレワークは、雇用関係の下で働くものであり、労働関係法規が適用される。一方、自営型テレワークは、雇用関係になく、労働関係法規は適用されないが、フリーラ

ンスとして保護の対象になる。

　雇用型テレワークには、①自宅で勤務し、パソコンやインターネットなどを利用して働く在宅勤務型、②勤務先以外のオフィススペースでパソコンなどを利用して働くサテライトオフィス型、③顧客先や移動中にパソコンやスマートフォンなどを利用するモバイルワーク型がある。

　テレワークの形態としては、従来モバイルワーク型が多かったが、最近は在宅勤務型も増加してきている。

2. テレワークの効果

　テレワークは、時間や空間の制約にとらわれることなく働くことができるため、企業、労働者、社会にとって様々なメリットがあるので、従来から政府を挙げて普及に取り組んでいる。

▶企業のメリット

　企業にとっては、テレワークの環境を整えることによって、随時必要な者と連絡や打ち合わせができ、外回りの途中で書類仕事ができるなどの業務効率化が図られる。また、在宅勤務の労働者が集中して業務を行うことによる効率化も期待できる。

　在宅勤務を認めることで、育児や介護を理由とする離職を防止できるほか、通勤が困難な障害者や遠隔地に居住する優秀な人材の活用などによって人材確保にも資する。

　また、オフィスのフリーアドレス化を進めることによってオフィス経費の削減が可能になり、通勤手当の削減ができるなど、経費削減に資する。

　さらに、テレワークは事業継続性の確保にも有効である。自然災害や感染症のパンデミック発生時など、在宅勤務で事業継続が可能となる。現に、新型コロナウイルス感染症の非常事態宣言時には、多くの企業がテレワークで対応した。

▶労働者のメリット

　労働者の大きなメリットは、通勤が不要になることである。満員電車による疲労・ストレスから解放され、通勤に必要であった時間を余暇や休養に利用できる。

さらに、常時テレワークで働くのであれば、住む場所の制約がなくなるため、環境が良い地域に住むことも可能になる。また、通勤が困難な障害者、病気療養中の労働者などが、働くことが可能になる。

育児や介護をしている労働者にとっては、自宅で働くことによって、子や要介護の家族の世話をしながら働くことが可能となり、育児・介護と仕事の両立がしやすくなる。

また、職場の雑用や電話などに煩わされることなく、仕事に集中できる環境で効率的に業務を遂行できる。ただし、この点は、自宅の環境にもよるので、状況によってはサテライトオフィスなどの活用も考えられる。

▶社会のメリット

テレワークの普及は、社会にとっても、通勤減少による交通混雑の緩和、オフィスの省力化による消費電力の削減、通勤困難な者等の新規雇用創出などのメリットがある。

3. 雇用型テレワークの留意点

雇用型テレワークの導入に当たっては、対象とする労働者の範囲、テレワークの頻度、業務内容等に応じて、業務遂行や業務指示の方法、IT機器の使用ルール、労働者間のコミュニケーションの取り方、労働時間制度、労働時間管理の方法、費用負担などについて検討し、必要に応じて、就業規則の変更やテレワークに関する規定の整備を行う必要がある。

雇用型テレワークには、労働関係法規の適用があり、また、労働者の労働条件や健康確保のために留意すべきことがあるため、「テレワークの適切な導入及び実施の推進のためのガイドライン」が示されている。

▶フレックスタイム制

在宅で、家事・育児などとの調整をしながらテレワークで働く場合には、フレックスタイム制が適している。フレックスタイム制を適用すれば、労働者は家事、育児等の都合によって、労働する時間帯や労働時間の長さを自分で調整できるので、働き方の自由度が高まる。

▶裁量労働制

　裁量労働制の適用労働者にテレワークを認めることは、業務遂行に関して労働者の裁量にゆだねるという観点から、適切と考えられる。
　ただし、裁量労働制を適用するためには、専門業務型裁量労働制か企画業務型裁量労働制の要件に該当している必要がある。

▶労働時間の把握

　テレワークによって自宅など事業場外で働いている場合の労働時間についても、基本的には、パソコンの使用時間記録、日報等に基づいて労働時間を適正に把握しなければならない。
　テレワークで働いていて、労働時間の把握が困難な場合には、事業場外みなし労働時間制の対象になりうるが、情報通信機器を常時通信可能な状態にしておくこととされている場合や随時上司の具体的な指示に基づいて業務を行っている場合には、みなし労働時間制による算定はできない。

▶長時間労働の防止

　テレワークで働く場合に、メールは24時間受信されること、自宅で働いている場合には勤務時間と余暇時間の境が低いこと、事業者の管理が弱いことなどから、長時間労働を招く恐れがある。長時間労働を防ぐ手段を講じる必要がある。
　具体的には、①上司等からの所定時間外、休日、深夜のメールを禁止する、②休日や深夜の社内システムへのアクセスを制限する、③テレワークを行う際の時間外・休日・深夜業を禁止する、④システム利用時間から長時間労働の可能性が高い労働者に自動的に警告するなどの方法がある。ただし、形式的に禁止をし、実際には業務量が過大等のためにサービス残業をするようなことになってはならない。

▶健康確保措置

　在宅型テレワークでは、自宅が作業場所となる。その場合には事務所衛生基準規則等は適用されないものの、労働者の健康の確保のため、それと同等程度の作業環境を確保するようにし、情報機器作業における労働衛生管理のためのガイド

ラインに準じた適切な作業管理を行わなければならない。

第5節　副業・兼業

[ポイント]

- 副業・兼業は、企業と労働者の双方にとってメリットがあり、裁判例では企業が副業・兼業を制限できるのは特段の理由がある場合に限るとされているので、全面禁止や一律許可制は見直すことが望ましい。
- 副業・兼業に関して適切な社内ルールを定める必要がある。特に、雇用型の副業・兼業の場合は、副業・兼業先と合わせた労働時間の管理に留意する必要がある。

　最近、副業・兼業をする労働者が増加している。

　副業・兼業のパターンには、①本業が正規雇用で比較的収入が高い層がキャリアを活かす、新たな経験をするなどのために行っているもの、②本業が非正規雇用などで収入が低い層が生活のために行っているものがある。

　副業・兼業の形態には、雇用のほか、起業、委託、フリーランス、有償ボランティアなどがある。

　企業の副業・兼業への対応に関しては、容認する企業が増加してきているが、労働時間管理の難しさなどを理由に雇用による副業・兼業は認めていない企業も多い。

　副業・兼業について争われた裁判例をみると、労働時間以外の時間は基本的には労働者の自由であり、企業が副業を制限できるのは、特段の理由がある場合に限るとしている。裁判例で、副業・兼業を制限できるのは、本業の労務提供がおろそかになる場合、企業の秘密が漏洩する恐れがある場合、企業の名誉・信用を損なう恐れがある場合、競争関係にある企業での副業・兼業の場合などに限られる。

1. 副業・兼業の意義と留意点

　副業・兼業は、企業と労働者にとって、それぞれメリットがあるが、留意すべき点もある。

▶企業のメリットと留意点

　労働者が異業種の企業で働き、あるいは社会貢献活動に従事することによって、会社内では得られない知識やスキルを獲得する可能性がある。

　また、労働者が、副業・兼業を通じて、社外に新たな人脈を築くことができれば、その人脈や情報を本業の事業拡大などに活かすことも可能となる。

　本業の仕事以外にやりたいことがある労働者は、副業・兼業でやりたいことに関わることができれば、モチベーションが上がるとともに、退職する必要がなくなって人材の流出を防げる。さらに、副業・兼業ができる会社であるということが優秀でやる気のある人材の獲得に資する。

　一方、企業側の懸念事項としては、本業がおろそかにならないか、情報流出がないか、競争相手を利することがないかなどが挙げられている。また、通算して働く時間が長時間となることによる労働者の健康管理が問題となる。

　企業にとって、副業・兼業を認めるメリットは大きいが、このような懸念事項にも留意して、副業・兼業のルールを定めることが望まれる。

▶労働者のメリットと留意点

　本業以外にやりたい仕事がある場合や社会貢献活動に参加したい場合に、本業の収入を活かして、やりたいことへの挑戦が可能となる。労働者の自己実現の手段となる。

　また、将来起業や異なる仕事への転職を考えている場合には、本業を続けながらリスクが小さい形で起業や転職のトライアル、準備ができる。

　本業の収入だけでは生活に余裕がない場合には、副業・兼業によって収入を補うことができる。労働者が副業・兼業をしている理由は、所得の増加が最も多い。

　副業・兼業をする場合に、労働者が最も注意しなければならないのは、長時間労働による健康問題である。労働者本人がある程度本業と合計した働く時間を調

整し、自分の健康を管理する必要がある。

また、本業をおろそかにしない、競争会社では働かないなど、本業の企業のルールに従う必要がある。

2. 副業・兼業に関するルールの見直し

▶副業・兼業の解禁

裁判例や副業・兼業の労使双方のメリットを踏まえれば、副業・兼業の全面禁止や一律許可制については、見直すことが望ましい。

副業・兼業の禁止の見直しに当たっては、まず、どのような形態の副業・兼業を認めるかの検討が必要である。具体的には、副業・兼業として認める業務・認めない業務、副業・兼業の就業日・就業時間等の制限、副業・兼業を認める労働者の範囲などである。

副業・兼業を行う際の手続きとしては、事前承認制、届け出制などが考えられる。労働時間の通算の必要があることなどから、少なくとも届け出させる必要はある。また、副業・兼業開始後には、労働時間の通算や健康管理のために、労働時間等の状況を把握するための仕組みを定めることが必要である。

なお、副業・兼業する者に関しては、時間外・休日労働の免除などの配慮をすることが望ましい。

見直しの検討に当たっては、労使で十分に話し合い、見直すこととなった場合には、就業規則の変更など所要の措置を講じることが必要である。

▶副業・兼業をする労働者への対応

副業・兼業を希望する労働者に対しては、企業のルールを周知するとともに、自己管理の必要性を理解させることが必要である。

その際に、予定している副業・兼業が現在の業務に支障をきたさないか、自分の健康を害さないかなどについて、労働者本人に十分に検討するよう促すことが望ましい。

また、副業・兼業開始後は、労働者とのコミュニケーションにより、副業・兼業によって過労になっていないか等を確認することが望ましい。

▶副業・兼業の労働時間管理

　労働基準法は、複数事業場で働く場合に、労働時間は通算することとしている。したがって、事業者は、副業・兼業が雇用である場合には、副業・兼業先での実際の労働時間を把握して、本業における労働時間と通算して労働時間規制の範囲内となるようにしなければならない。

　厚生労働省は、「副業・兼業の促進に関するガイドライン」において、具体的な労働時間の管理方法を示している。

第5章

健康と安全

労働法制度ガイドブック

第 1 節 労働安全衛生の現状

　労働災害は、昭和47年に労働安全衛生法が施行されて以来減少傾向が続いてきた。労働災害による年間死亡者は、4000人を超えていたものが、近年では1000人を下回っている。また、休業4日以上の死傷者は、35万人程度であったものが、10万人台前半まで減少した。
　労働者の健康状況は、健康診断における有所見率は2分の1を超えており、労働者の高齢化とともに上昇傾向にある。また、労働者のメンタルヘルスやストレスについて関心が強まっているが、6割近い労働者が仕事や職業生活に関する強いストレスを感じている。

第 2 節 事業者の責任と安全な職場

[ポイント]

- 事業者には労働者に対する安全配慮義務がある。
- 労働安全衛生法令で定める最低基準を遵守し、厚生労働省が策定している指針・ガイドライン等を踏まえた取り組みをしなければならない。
- 労働災害を未然に防ぐため、職場の潜在的な危険性・有害性に対処するリスクマネジメントを実施することが望まれる。
- 労働災害が発生した場合には、労働基準監督署に死傷病報告を提出するとともに、原因を究明して再発防止策を講じなければならない。労災隠しは絶対にやってはならない。
- 被災労働者に対して、休業3日目までの休業補償をするとともに、労災保険の給付申請を支援しなければならない。

1. 安全配慮義務

▶労働者の安全確保に対する事業者の責務

　労働契約法は、「使用者は、労働契約に伴い、労働者がその生命、身体等の安全を確保しつつ労働することができるよう、必要な配慮をするものとする。」と規定しており、事業者に労働者に対する安全配慮義務があることを法律上明確にしている。

　また、労働安全衛生法は、事業者の責務として、「単にこの法律で定める労働災害の防止のための最低基準を守るだけでなく、快適な職場環境の実現と労働条件の改善を通じて職場における労働者の安全と健康を確保するようにしなければならない」と定めている。

　事業者は、労働契約上、労働者の安全を確保する義務があるので、労働安全衛生法に定める労働災害防止のための最低基準を遵守し、厚生労働省の労働災害防止等に関する指針・ガイドライン等を踏まえた取り組みを行うことはもちろんであるが、それにとどまらず、労働災害を防止し、より安全で健康な職場を実現するために、事業場の潜在的な危険・有害な状況に適切に対応することが必要である。

▶安全や健康に関わるすべての事項が対象

　労働安全衛生法を遵守しているだけでは、事業者としての安全配慮義務を果たしたことにはならない。労働災害が発生した場合には、労働安全衛生法令を遵守していても、労働契約上の安全配慮義務違反による損害賠償責任が生じる可能性がある。

　また、安全配慮義務は、労働安全衛生分野に限られるものではなく、長時間労働によって健康を損ねた場合、ハラスメントを放置したために精神障害を発症した場合なども安全配慮義務違反となる。事業者は、労働者の安全や健康に関わるすべての事項に関して適切に対応しなければならない。

　なお、労働災害によって死傷した労働者や遺族に対して労災保険による災害補償給付があるが、労働災害の態様や労働者・遺族が受けた損害の程度、事業者が

講じていた措置の状況等によっては、事業者に上乗せの損害賠償が求められることがある。

2. 労働者の責務

労働安全衛生法は、事業者の責務とともに、労働者の責務として、「労働災害を防止するため必要な事項を守るほか、事業者その他の関係者が実施する労働災害の防止に関する措置に協力するように努めなければならない」と定めている。

労働者の不安全な行動は、その労働者本人が労働災害を被る原因となるのみならず、周囲の労働者や場合によっては周辺の住民にまで被害を及ぼすこともあることから、労働者にも職場の安全衛生確保に関する責務があることを明確にしたものである。

事業者は、安全衛生教育等において、労働者に安全確保に関する責務があることを自覚させ、不安全な行動をとらないように、繰り返し注意喚起する必要がある。

3. リスクマネジメント

労働災害の発生を未然に防ぐために、職場の潜在的な危険性・有害性を見つけ出し、それを除去・低減する必要がある。そのための手法がリスクアセスメントである。

労働安全衛生法は、製造業、建設業、運送業、林業、一部の卸・小売業、旅館業などの事業者に対して、リスクアセスメントの実施を努力義務としている。リスクアセスメントは、安全配慮義務を果たすためにも必要であり、業種を問わずすべての事業者がリスクアセスメントを実施することが望ましい。

リスクマネジメントに関して、PDCAサイクルによって継続的に自主的な安全衛生管理を進める手法として、労働安全衛生マネジメントシステム（OSHMS）が推奨されている。厚生労働省は「労働安全衛生マネジメントシステムに関する指針」（OSHMS指針）を示している。

4. 安全衛生優良企業制度

　労働者の安全や健康を確保するための対策に積極的に取り組み、高い安全衛生水準を維持・改善している企業を認定する制度として安全衛生優良企業公表制度がある。

5. 労働災害が発生した場合

▶労働災害の報告義務

　労働災害が発生した場合には、災害の拡大を防ぎ、被災者を救出するなどの緊急対応が最優先であるが、死亡事故などの重大な労働災害の場合は、警察、消防とともに、労働基準監督署に電話等で第一報を入れなければならない。労働基準監督署による現場検証が行われることがある。
　死亡または休業4日以上の災害の場合には、遅滞なく、事案ごとに、労働者死傷病報告を労働基準監督署に提出する。休業3日以下の災害の場合には、四半期ごとにまとめて報告する。労働者死傷病報告を提出しないで、労働災害に係るけがや病気治療を健康保険で行わせた場合は、「労災隠し」であり、刑事罰の対象となる。

▶再発防止対策の策定

　労働災害が発生した場合には、二度と同種の事故が発生しないように、原因を究明し、再発防止策を策定し、徹底を図ることが必要である。原因究明に関して、労働災害は、労働者の不安全な行動が原因となっている場合が多いが、単に労働者の行動が問題であったという結論にするのではなく、そのような不安全な行動の原因や不安全な行動があっても防げたのではないかという視点で十分に検証することが必要である。事実関係を把握し、原因を究明したら、再発防止対策を検討し、直ちに実施する。
　なお、死亡災害などの重大な事故で、労働安全衛生法違反の疑いがある場合には、労働基準監督署による捜査が行われ、刑事責任が問われることがある。

6. 労災補償

　業務上の災害による労働者の負傷・疾病・死亡については、労災保険によって必要な給付が行われる。ただし、休業した場合の休業補償のうち3日目までは、事業者が補償しなければならない。

　労災補償は、被災した労働者又は遺族が請求を行うが、事業者は請求書に労働災害の事実等についての証明をすることとされている。労災請求に関して、事業者は、被災した労働者に対して十分な支援をすることが必要である。

　労災保険は労働基準法の補償責任を担保するものであるが、災害の状況等によっては、被災労働者から民法上の損害賠償が求められることがある。民法上の損害賠償責任が認められる場合には、労災補償の価額分は控除される。

　なお、各事業場における労災防止の取り組み等を労災保険料に反映させるためにメリット制が採用されており、各事業場の労災発生状況に応じて保険料率が上下する。

第3節　安全衛生管理体制

[ポイント]

- 業種と規模に応じて、事業場ごとに、労働安全衛生法令で定める安全衛生管理体制を整備しなければならない。安全管理は一定の危険・有害な業務がある業種が対象だが、衛生管理はすべての業種が対象である。
- 総括安全衛生管理者は、事業場における安全衛生管理の最高責任者である。
- 安全管理者及び衛生管理者は、作業場所を巡視し、安全衛生確保のために必要な対応をしなければならない。
- 安全委員会及び衛生委員会は、安全衛生管理に労働者の意見を反映させるためのものであり、月1回以上開催し、所定の事項の審議をしなければならない。

1. 総括安全衛生管理者

　総括安全衛生管理者は、事業場の安全衛生について統括管理する者であり、事業場における安全衛生管理の最高責任者である。

　総括安全衛生管理者は、工場長など、当該事業場の事業の実施を統括管理する者をもって充てることとされている。安全衛生の確保のためには、事業の運営に関わるような対応が必要となる場合もあるので、事業全般について判断する権限がある者が就く必要があるからである。

　総括安全衛生管理者の選任を要するのは、基本的には1000人以上の事業場であるが、建設業、運送業などは100人以上、製造業や一部の卸・小売業などは300人以上である。選任した場合には労働基準監督署長に選任報告を提出する。

　総括安全衛生管理者の職務は、安全管理者、衛生管理者を指揮し、労働者の危険・健康障害を防止するための措置、労働者の安全衛生教育の実施等を統括管理することである。

2. 安全管理者

　安全管理者は、危険な業務がある業種の事業場において、安全に関する技術的事項を管理する者である。

　安全管理者は、総括安全衛生管理者がいる場合にはその指揮を受けて業務に当たるが、いない場合には当該事業場の安全管理の責任者となる。技術的事項に関する知識が必要であるとともに、安全確保のために必要な対応をする権限を有していることが必要である。

　安全管理者の選任を要するのは、建設業、製造業、運送業、一部の卸・小売業、旅館業などの50人以上の事業場である。選任した場合には労働基準監督署長に選任報告を提出する。

　安全管理者の重要な職務は、作業場所を巡視し、建設物、設備、作業場所、作業方法に危険のおそれがある場合には、直ちに、危険防止のための措置を講じることである。そのほか、安全装置などの定期的点検・整備、労働者の安全教育の実施、労働災害の原因の調査及び再発防止対策等を担当する。

3. 衛生管理者

　衛生管理者は、労働者の健康の確保に関する技術的事項を管理する者である。有害な業務がある事業場においては、併せて、労働衛生に関する技術的事項を管理する。

　衛生管理者は、総括安全衛生管理者がいる場合にはその指揮を受けて業務に当たるが、いない場合には当該事業場の衛生管理の責任者となる。衛生管理者となる資格を有するとともに、健康確保のために必要な対応をする権限を有していることが必要である。

　衛生管理者は、規模50人以上の事業場で選任しなければならない。規模によって必要数が定められている。衛生管理者は、労働者の一般的な健康管理を担当するので、業種に関わらず選任が義務付けられている。選任した場合には労働基準監督署長に選任報告を提出する。

　衛生管理者は免許等の資格が必要であり、衛生工学衛生管理者免許、第1種衛生管理者免許、第2種衛生管理者免許の所持者、医師・歯科医師、労働衛生コンサルタントから選任しなければならない。

　衛生管理者の職務の1つは、労働者の一般的な健康管理であり、作業場所を巡視し、健康状態に問題がある者を見つけて適切な対応をすること、健康診断、健康相談など健康の保持増進のための措置をすることなどである。

　また、有害な業務がある事業場においては、作業場所を巡視して、建設物、設備、作業場所、作業方法が労働者の健康に有害なおそれがある場合には、適切な防止の措置を講じる。そのほか、保護具などの定期的点検・整備、作業環境の調査、労働者の衛生教育の実施等を担当する。

4. 安全衛生推進者・衛生推進者

　安全衛生推進者・衛生推進者は、安全管理者・衛生管理者の選任義務がない小規模事業場において、労働者の安全衛生の確保に関する事項を担当する者である。

　選任義務があるのは、10～49人の事業場である。安全管理者の選任が必要な業種では安全衛生推進者、必要がない業種では衛生推進者を選任する。労働安全

コンサルタント、労働衛生コンサルタントに委嘱することもできる。
　安全衛生推進者の職務は安全管理者と衛生管理者の職務を合わせたものであり、衛生推進者の職務は衛生管理者の職務と同じである。

5. 安全委員会

　安全委員会は、事業場の労働災害防止対策について労働者の意見を反映させるとともに、労働者の労働災害防止への関心を高めるために設置される。
　建設業、製造業、運送業、一部の卸・小売業など危険な業務のある業種の50人以上ないし100人以上の事業場に設置が義務付けられている。
　安全委員会は、総括安全衛生管理者又はこれに準ずる者が議長となり、安全管理者、当該事業場の労働者で安全に関し経験を有する者で構成される。構成員の半数以上は労働者代表が推薦した者でなければならない。
　安全委員会は月1回以上開催する必要があり、労働者の危険を防止するための基本的な対策、労働災害の原因及び再発防止対策で安全に係るもの、安全教育の実施計画などについて審議する。
　安全委員会に代えて、安全衛生委員会が設置できることとされている。ただし、規模が大きい事業場や危険・有害業務が多い事業場では、統合せずに、安全委員会と衛生委員会を設置して、十分に専門的な審議ができるようにすべきである。

6. 衛生委員会

　衛生委員会は、事業場の労働者の健康管理対策や有害業務による健康障害防止対策について労働者の意見を反映させるとともに、労働者の健康管理への関心を高めるために設置される委員会である。
　衛生委員会は、すべての業種の50人以上の事業場に設置が義務付けられている。
　衛生委員会は、総括安全衛生管理者又はこれに準ずる者が議長となり、衛生管理者、産業医、当該事業場の労働者で衛生に関し経験を有する者で構成される。構成員の半数以上は労働者代表の推薦した者でなければならない。
　衛生委員会は月1回以上開催する必要があり、労働者の健康の保持増進のための基本的な対策、健康診断等の結果及びその結果に対する対策の樹立、労働者の

健康の保持増進を図るため必要な措置の実施計画などについて審議する。
　また、有害業務等に関しては、労働災害の原因及び再発防止対策で衛生に係るもの、労働衛生教育の実施計画、有害性等の調査や作業環境測定の結果及びその結果に基づく対策の樹立などについて審議する。さらに、産業医の身分保障のため、産業医の辞任・解任に関することが衛生委員会の審議事項となっている。

7. 作業主任者

　作業主任者は、危険または有害な作業がある現場において、作業を直接指揮し、機械等の点検、異常時の対応等の現場における安全衛生対策を講じる者である。
　作業主任者の選任が必要な作業、職務内容、必要な資格等は、労働安全衛生規則などの省令で定められている。作業主任者には一定の有資格者を選任しなければならない。
　作業主任者は現場の指揮者であるので常に作業現場にいることが必要である。交替制の場合には直ごとに配置する必要があり、また、休暇等の場合には代わりの者を配置しなければならない。

8. 建設業・造船業における安全衛生管理体制

　建設現場、造船工場においては、元請・下請を通じた安全衛生管理体制の確立が義務付けられている。
　重層下請け構造の下で、同一場所で異なる事業者の労働者が混在して作業をしていることから、混在作業による災害を防止するために十分な連携が必要であり、また、作業場所全体に関わる安全水準の向上のためには元方事業者の対応が重要であるためである。
　元請事業者が統括安全衛生責任者及び元方安全衛生管理者、その現場で作業する下請、孫請等の事業者が安全衛生責任者を選任し、元請事業者が主催する安全衛生協議会で関係事業者間の連絡調整や労働災害防止対策を行うこととされている。

9. 救護技術管理者

爆発、火災等があった場合に被災者の救護が難しい現場について、救護のための体制として、救護技術管理者の選任が義務付けられている。救護技術管理者の選任が必要な事業場は、一定のずい道等工事、圧気工法である。

第 4 節　安全衛生確保措置

[ポイント]
- 職場には様々な危険や健康障害の要因があり、労働安全衛生法に基づく厚生労働省令は労働災害を防止するために必要な措置を詳細に義務付けている。事業者は、それぞれの職場に適用がある条項を精査し、必要な措置を講じなければならない。
- 労働災害が多い業務等に関して多くの指針・ガイドラインが示されている。事業者は、該当する指針やガイドラインを参考に、労働災害の防止に努めなければならない。

1. 事業者による安全確保措置

職場には様々な危険や健康障害の要因がある。危険や健康障害の要因は業種や作業内容などによって千差万別である。具体的には、機械設備に係る危険、爆発・火災などの危険、墜落や崩落のおそれなど作業場所の危険、有機溶剤や粉じんなど有害物による健康障害、高温や騒音など作業環境による健康障害などがある。一般の事務所や店舗においても、転倒事故や腰痛、IT機器による健康障害などが発生している。また、交通事故による労働災害も多い。

事業者はこれらの危険・健康障害の要因を除去し、労働災害を防止するために必要な措置を講じなければならない。労働安全衛生法に基づいて労働安全衛生規則など多くの省令が制定され、機械設備等の種類や作業内容などに応じて、事業

者が講じなければならない具体的な措置が定められている。例えば、原動機等の労働者に危険を及ぼすおそれのある部分には覆い等を設けなければならない、高さ2メートル以上の作業床の端等で墜落のおそれがある箇所には囲い等を設けなければならないなどである。

労働安全衛生規則など関係省令の条文は数千条に及んでおり、事業者は自社の職場にかかわりがある条項を精査し、必要な措置を講じなければならない。関係省令で定められている措置は、罰則をもって事業者に義務付けられているものであるので必ず履行しなければならない。

これらの措置は、労働災害防止のために必要最低限のものであり、より安全を高めるために、労災が多い業務等に関して多くの指針・ガイドラインが示されている。事業者は、該当する指針やガイドラインを参考に、労働災害の防止に努めなければならない。

▶熱中症対策

高齢者や子供の熱中症が社会的に問題とされているが、職場においても熱中症の患者がかなり発生している。暑さ指数を把握し、暑さ対策の設備を設けるとともに、労働者にこまめに水分・塩分の補給をさせる必要がある。

▶情報機器等に関する対策

精密作業は、高度の緊張によるストレスや視機能の過剰負担などによる健康障害の危険がある。

労働安全衛生規則では、精密作業に関して照度等に関して規定しているのみであるが、近年、オフィスにおいてIT機器の使用が増加したことに伴い、体調不良や視力低下をきたす労働者が増加したことから、「情報機器作業における労働衛生管理のためのガイドライン」が策定されている。

▶腰痛・転倒対策

労働災害の中には腰痛や転倒による骨折・捻挫などのように労働者の作業行動に起因するものがあり、一般のオフィスや店舗でも発生している腰痛は業務上疾病の半分以上を占めている。また、転倒災害は労働災害による死傷者の4分の1を占めている。これらの災害を防止するためには、作業内容の改善等とともに、労

働者が適切な行動をとるよう教育する必要がある。

　腰痛については「職場における腰痛予防対策指針」が公表されており、この指針に基づいて腰痛防止対策を講じることが求められる。

2. 注文者等による安全確保措置

　注文者の無理な指示が労働災害に結びつく事例がある。また、注文者が作業場所や機械設備を提供する場合には、作業場所や機械設備の安全性について、注文者が責任を持って対応する必要があることもある。このため、直接現場で作業に関わらない注文者に関しても、安全確保のための規定が定められている。

　注文者は、請負業者がその指示に従って労働者を労働させたならば労働安全衛生法等に違反することになる指示をしてはならない。法違反になるような指示をしてはならないのは当然ではあるが、建設現場などでそのような事例がみられたことから法律で明記されたものである。

　また、注文者は、施工方法、工期等について、安全で衛生的な作業の遂行を損なうおそれのある条件を附さないように配慮しなければならない。直接法違反になるような指示でなくても、工期が短い、困難な工法を採用、安全経費が少ないなど、発注条件によっては労働災害発生のおそれが高まるため、注文者に配慮を求めたものである。

　工場、事務所を貸与する者は、貸与する工場、事務所について、労働災害防止のために必要な措置を講じることが義務付けられている。建設物の一部の貸与を受けた事業者では、建設物全体に関する措置を講じることが困難であるため、貸与者の義務とされているものである。

第5節　心身の健康確保

[ポイント]

- 事業者は、労働者の健康に関して、職業性疾病の防止措置を講じるとともに、労働者の心身の健康管理に関して対応する必要がある。
- 事業者は、労働者の健康管理のため、業種や事業場の規模に応じて必要な産業

保健体制を構築しなければならない。
- 規模50人以上の事業場では、産業医を選任し、産業医に十分な情報を提供し、必要な権限を付与するとともに、産業医から意見があった場合には適切に対応しなければならない。
- 事業者は、労働者の雇い入れ時及びその後1年以内ごとに1回一般健康診断を行わなければならない。
- 事業者は、下記に該当する労働者に対し、それぞれ法令で定める特別な健康診断を実施しなければならない。
    - 深夜業 (残業を含む)、有害物取扱業務、暑熱、騒音等の場所での業務
    - 有機溶剤、発がん性物質等を扱う業務、放射線業務等
    - 海外赴任時及び帰国時
- 事業者は1年以内ごとに1回ストレスチェックを実施しなければならない。50人以上の企業は義務、50人未満の企業は努力義務である。
ストレスチェックは人事部門と切り離し、産業保健部門で担当することとされている。
- 健康診断やストレスチェックの結果は、個人の心身の健康管理に利用するとともに、事業場全体の職場環境の把握、改善にも活用することが重要である。
- 週40時間を超える労働時間が月80時間超の労働者から申し出があった場合には、医師による面接指導を実施しなければならない。その前提として、管理監督者、裁量労働制対象者等を含め、すべての労働者の労働時間の状況の把握が必要である。
- 事業者は、健康増進法及び労働安全衛生法の定めるところによって、労働者の受動喫煙防止対策を実施しなければならない。
- 病気治療と仕事の両立のために適切な支援をすることが推奨されている。

1. 労働者の健康に関する事業者の責任

労働者の健康に関して、大きく区分すると、職業性疾病の防止と一般的な労働者の健康管理の2つがある。

職業性疾病は、仕事に起因して発症する疾病であり、労働災害なので、事業者

にはこれを防止する義務がある。事業者は、職業性疾病の発生状況、特別健康診断等の結果、作業環境測定の結果などを総合的に分析して、職場環境、作業態様等の問題点を把握し、それを踏まえて労働者の健康を害する要因を除去する対策を講じる必要がある。

他方、労働者の健康状況をみると、生活習慣病など様々な問題を抱えている者も多い。労働者の健康は一義的には本人の問題であるが、事業者にとっても労働者が健康で能力を発揮できることは事業運営上重要である。

事業者には、労働者の一般健康診断の実施とその結果に基づく事後措置の義務、労働者の健康の保持増進に関する努力義務など、労働者の一般的な健康管理について適切に対応することが求められている。

なお、企業における健康経営が推奨され、従業員の健康増進に積極的に取り組む企業が増えている。

2. 産業医・産業保健体制

事業場における職業性疾病対策や労働者の健康管理を適切に実施するためには、産業医学の専門家の参画が不可欠である。

病気の治療をしながら働いている労働者の治療と仕事の両立支援、長時間労働やメンタル不調など過労死等のリスクが高い労働者への対応など、産業医・産業保健体制の重要性は高まっている。

▶産業医の選任

産業医は、業種にかかわりなく、規模50人以上の事業場において、選任しなければならない。規模によって必要数が決まっている。選任した場合には労働基準監督署への届け出が必要である

産業医の選任には、専属産業医と嘱託産業医の2つの方式がある。専属産業医は事業場で産業医として医師を雇用する方式、嘱託産業医は開業医や病院の勤務医に産業医業務を委嘱する方式である。

産業医は、医師であって、労働者の健康管理等を行うのに必要な医学に関する知識を有する者でなければならない。具体的には、日本医師会の認定産業医、産業医科大学等の産業医養成課程卒業者、労働衛生コンサルタント試験(保健衛生)

合格者等である。

50人未満の事業場については、産業医の選任義務はないが、産業保健の知識がある医師・保健師に産業医に準じた業務を委嘱する努力義務がある。有害業務がある場合、長時間労働している者がいる場合、健康診断で有所見の労働者が多い場合、ストレスが多い職場などでは、医学に関する知識に基づく適切な対応が必要であり、医師等に委嘱することが望ましい。

また、小規模企業が労働者に対する産業保健サービスを適切に行えるよう支援するため、各地に地域産業保健センターが設置されている。

▶産業医の職務

産業医の職務は、産業医学の専門的な立場から、①健康診断、②長時間労働者に対する面接指導及びその結果に基づく必要な措置、③ストレスチェック及び面接指導、④作業環境の維持管理、⑤作業の管理、⑥労働者の健康管理、⑦健康教育、健康相談等、⑧衛生教育、⑨労働者の健康障害の原因の調査及び再発防止の業務に参画することである。

定期健康診断、ストレスチェック、医師による面接指導などは、必ずしも、産業医が行う必要はなく、病院や健康診断機関などに委託して実施することができる。しかしながら、産業医は、その事業場全体の労働者の健康管理、職場環境の改善などに、医学の専門的立場から積極的に関与すべきなので、実施のための企画や実施状況の把握などをしっかり行わなければならない。

また、事業場においてこれらの実務を担当するのは衛生管理者なので、産業医は衛生管理者に対して必要な助言や指導を行うこととされている。

産業医は、作業環境、作業方法等の状況を把握するため、原則として毎月1回作業場を巡視しなければならない。定期巡視の際に、作業方法や衛生環境に問題を発見した場合には、健康障害防止のために必要な措置を講じることとされている。

▶産業医への情報提供

産業医が職務を遂行するに当たって、産業医学の専門家として的確な判断をするためには、十分な情報が提供されている必要がある。

具体的には、健康診断・面接指導実施後に講じる措置の内容に関する情報、長

時間労働の労働者に関する情報、産業医が労働者の健康管理等を適切に行うために必要な労働者の業務に関する情報である。

また、産業医が労働者の健康管理等を実施するために必要な情報を労働者から収集できるようにしなければならない。

▶産業医の権限

産業医が職務を遂行できるよう、①職場環境に問題がある場合等に医学に関する専門的立場から事業者等に意見を述べること、②労働者の健康確保のため緊急の必要がある場合に労働者に対し必要な措置をとるよう指示すること、③産業医が必要と判断した場合に作業場所の視察、労働者等への質問、作業環境の測定などを実施することなど、必要な権限を付与する必要がある。

▶産業医の勧告

産業医から健康障害防止や健康管理のための意見が出された場合には、事業者は専門的立場からの意見を尊重して必要な対応をしなければならない。日頃から、事業者と産業医のコミュニケーションが図られ、医学的に必要とされる措置が講じられることが望まれる。

産業医は、労働者の健康確保のために重要な状況にある場合や事業者が産業医の意見を踏まえた適切な対応がとられない場合には、事業者に対して勧告することができる。

産業医が勧告する場合には、勧告に即した対応が確実に図られるように、産業医は勧告する前に事業者に勧告内容に対する意見を聞くこと、勧告があった場合には事業者は衛生委員会に報告すること、事業者は勧告を尊重することなどが定められている。

▶産業医の身分保障

産業医は事業者に雇用され、あるいは委嘱を受けている立場であるが、事業者に遠慮して必要な意見が述べられないようでは、適切に役割を果たせない。そのため、産業医が勧告など職務を遂行したことを理由として解任などの不利益取り扱いをしてはならないこととされている。

また、事業者が恣意的に産業医の交代を行っていないか確認できるよう、産業

医を解任した場合や産業医が辞任した場合には、解任・辞任した事実とその理由を衛生委員会に報告しなければならないこととされている。

▶産業歯科医

事業場に口腔衛生上の問題が生じる可能性がある業務がある場合には、産業歯科医の委嘱が必要である。具体的には、塩酸、硫酸など歯及び歯の支持組織に有害なガス等が発散する場所の業務がある事業場である。

▶産業医の活動環境の整備

産業医だけでは、十分な産業保健活動を行うことは難しい。特に、嘱託産業医の場合は、すべてを自ら行うことが難しい場合も多い。また、専属産業医の場合でも、大規模な事業場では、健康情報の管理・分析などを、産業医がすべて自分で行うことは難しい。

そのため、事業場の規模や業務に応じて保健師、看護師、心理職など産業保健スタッフの配置が必要である。生活習慣病対策やメンタルヘルス対策が重要になっていることなどを踏まえて十分な体制を整備することが望まれる。

また、労働者が容易に産業医に相談できるように、産業保健体制や制度について労働者に周知しなければならない。労働者が産業医にアクセスしやすい環境を整備することが重要である。

3. 健康診断

▶健康診断実施は事業者の義務

労働者の健康状況を把握し、適切な健康管理や就業上の配慮を行うため、事業者に各種の健康診断の実施を義務付けている。安全衛生法に基づく健康診断は、法律によって事業者に義務付けられたものであるので、費用は事業者が負担しなければならない。

健康診断を実施した場合には、労働者が自分の健康状態を知り、自ら健康の保持に努めるよう、労働者に結果を通知することとなっている。健診機関等が発行する個人用の結果報告書を交付するなど、健診項目ごとの結果を知らせなければ

ならない。

　有所見の場合には、産業医等の意見を聞いたうえで、労働者に二次健診を受診させ、あるいは保健指導を受けさせる。保健指導においては、日常生活面での指導、健康管理に関する情報提供、精密検査や治療の勧奨などを行う。また、現在の業務をそのまま続けることが適切ではない場合には、作業転換や勤務時間短縮などの就業上の配慮が必要になる。健康診断結果を踏まえた事後措置に関しては、「健康診断結果に基づき事業者が講ずべき措置に関する指針」が示されている。

　労働基準監督機関が健康診断の実施状況を把握するため、事業者は健康診断結果を労働基準監督署長に報告することとされている。報告義務があるのは、一般健康診断は50人以上の事業場、特殊健康診断はすべての事業場である。

▶労働者の健診受診義務

　健康診断は、労働者一人ひとりの健康管理のために必要であるとともに、事業場の労働者全員の健康診断結果を分析することによって、職場環境や作業管理の問題点が判明することもあり、職場環境や作業方法の改善のためにも重要である。

　このため、労働者にも事業者が行う健康診断の受診義務が規定されているところであり、事業者は労働者全員が法定の健康診断を受診するよう対応しなければならない。ただし、労働者が事業者の実施する健康診断の受診を希望せず、自分で人間ドックや他の健康診断を受診して、その結果の写しを提出した場合には、事業者は健康診断を実施しなくてよいこととされている。

▶一般健康診断

　事業者は、常時使用する労働者に対して、雇い入れ時及びその後1年以内ごとに1回、健康診断を実施しなければならない。

　常時使用する労働者とは、正社員のほか、パートタイム労働者等で所定労働時間が正社員の労働時間の4分の3以上の者である。パートタイム労働者等で所定労働時間が正社員の労働時間の2分の1以上の者についても、対象とすることが望ましい。

　一般健康診断の項目は、①既往症及び業務歴、②自覚症状及び他覚症状の有無、③身長、体重、腹囲、視力、聴力検査、④胸部エックス線検査及び喀痰検査、④血圧測定、⑤尿検査、⑥貧血検査、⑦肝機能検査、⑧血中脂質検査、⑨血糖検査、

⑩心電図検査であるが、年齢や医師の判断によって一部省略できる。

　健康診断を通常の勤務時間中に実施した場合には労働時間として扱う必要があるが、勤務時間外に健診機関などで受診した場合には必ずしも時間外労働としなくてもよいとされている。

　なお、雇い入れ時の健康診断は、採用が決まった者を対象にして実施する健康診断である。採用選考時の健康診断は、採用差別につながるおそれがあることから、職種等で真に必要な場合に限るべきとされている。

▶特定業務従事者健康診断

　深夜業、有害物取扱業務、暑熱・寒冷・騒音等の場所における業務など特定の業務に従事する労働者に対して、当該業務への配置替えの時及びその後6か月以内ごとに1回、健康診断を実施しなければならない。健康診断の項目は、基本的には一般健康診断と同じである。

　深夜業従事者とは、週1回以上ないし月4回以上深夜時間帯を含む時間に働いた者であり、時間外労働が深夜時間帯に及んだ者も含まれる。なお、深夜時間帯までの残業が多いなどのために体調に不安な労働者が自分で健康診断を受診してその結果を提出した場合には、事業者は法定の健康診断の結果と同様にその結果に基づいて事後措置を実施しなければならないこととされている。

▶特殊健康診断

　屋内において有機溶剤・鉛等を取り扱う業務、特定化学物質の製造等業務、放射線管理区域内における業務、石綿粉じんの発散する場所における業務などの有害業務に従事する労働者に対して、当該業務への配置替えの時及び6か月以内ごとに1回、特殊健康診断を実施しなければならない。

　なお、特定化学物質、石綿、じん肺関係に関しては、過去に従事していた労働者についても、在籍している限り、特殊健康診断を実施しなければならない。

　特殊健康診断の項目については、有害業務ごとにそれぞれ定められている。

　特殊健康診断は、労働者が従事している業務との関係で実施するものなので、健診に要する時間は必ず労働時間として扱うこととされている。通常の勤務時間外に実施した場合には、割増賃金を支払わなければならない。

　じん肺、石綿、ベンジジン等発がん性が強い物質の製造・取り扱いに一定期間

従事したことがある退職者に対して、健康管理手帳が交付され、退職後は労災保険によって健診が行われる。

▶海外業務従事者健康診断

海外に6か月以上派遣する労働者に対して、海外派遣する時及び帰国後業務に就かせる時に、特別な健康診断を実施しなければならない。

海外勤務は、赴任国によって職場環境、日常生活環境、医療事情等が国内勤務とは大きく異なることが多いため、事業者に特別な健康診断の実施を義務付けたものである。

派遣時の健康診断で何らかの所見があった場合には、産業医の意見を聞いて、赴任前に必要な精密検査や治療が行われるようにする必要がある。

赴任地域によっては、感染症のリスクを勘案して、帯同する家族を含めて、必要なワクチン接種、感染症対策の教育をする必要がある。

海外赴任中の健康診断に関しては、法律による義務付けはないが、赴任期間が長期にわたる場合には、事業者の判断で適切な健康診断を実施することが適当である。

▶歯科健診

塩酸、硫酸等、歯や歯の支持組織に有害なガス等の発散場所における業務に従事する者に対しては、当該業務への配置替えの時及び6か月以内ごとに1回、歯科医による検診が義務付けられている。

▶推奨されている健康診断

情報機器作業、騒音作業、重量物取扱業務、振動業務などに従事する労働者について、関係のガイドライン・指針において、特定の健診項目の健康診断を実施することが推奨されている。

▶臨時の健康診断

都道府県労働局長は、事業場で特定の疾病が発生した場合や有害物資の漏洩等が発生した場合には、事業者に臨時の健康診断の実施を命じることができることとされている。

4. メンタルヘルスとストレスチェック

　仕事や職業生活に強い不安、ストレスを感じている労働者は半数を超えており、メンタルヘルス不調を訴える者が増加している。そうした中で、精神障害を発症して労災認定を受ける労働者も増加傾向にある。

　労働安全衛生法では、労働者の心身の健康の保持増進を継続的・計画的に実施することを事業者の努力義務とし、事業者は労働者の身体の健康のみならず、心の健康についても適切に対応すべきであることを明らかにしている。

　「労働者の心の健康の保持増進のための指針」(メンタルヘルス指針)においては、事業場における労働者のメンタルヘルスケアは、メンタル不調となることを未然に防止する一次予防、メンタルヘルス不調を早期に発見し適切な対応をする二次予防、メンタルヘルス不調となった労働者の職場復帰を支援する三次予防の3つの段階に分けられるとしている。そして、心の健康づくり計画を策定して、メンタルヘルスケアを実施することを推奨している。

▶心の健康づくり計画

　心の健康づくり計画は、事業場における総合的なメンタルヘルスケアの取り組みについて定める計画である。メンタルヘルス指針において策定することが推奨されている。

　計画においては、メンタルヘルスケアを積極的に推進する旨を宣言するとともに、心の健康づくりの体制整備、職場の問題点の把握・改善、メンタルヘルスケアの実施、人材確保・外部機関の活用、健康情報の保護等について定める。

　計画の策定に当たっては、衛生委員会で検討し、一定の期間ごとに評価・見直しすることが望ましい。

▶ストレスチェック制度

　ストレスチェック制度は、労働者のストレスの程度を把握し、労働者のストレスへの気づきを促すとともに、集団的に分析して職場環境の改善につなげ、メンタルヘルス不調となることを未然に防止することを目的としている。

　ストレスチェック制度は、50人以上の事業場では義務であり、50人未満の事業

場では努力義務となっている。ストレスチェックは1年以内ごとに1回実施することとされている。

　ストレスチェックは健康診断と異なり労働者に受検義務はないが、すべての労働者が受検することが状況の把握や職場環境の改善に効果的であるので、事業者は安心して受検できる環境を整備することが求められる。

　一方で、心の健康に関する情報は労働者個人にとって特に機微なものなので、労働者の同意なく事業者や人事権者に知られることがないようにしなければならない。このため、ストレスチェックの実施の事務は、事業者や人事権者とは切り離し、産業医などの産業保健スタッフや外部機関が担当するようにする必要がある。

　ストレス検査の結果は労働者に直接通知し、セルフケアのためのアドバイスや相談窓口の案内をする。高ストレスの者には、医師の面接指導を勧奨し、面接指導の申し出方法等を通知する。なお、面接指導の申し出は本人の判断によることとされており、本人の同意がない限り事業者や人事権者には通知してはならないこととされている。

　また、ストレスチェックの結果は、事業場の部署などの集団ごとに集計し、分析することとされている。分析の結果、高ストレスの労働者が多い部署については、業務内容、労働時間の状況、日常的な職場管理の情報などと合わせて評価し、必要な職場環境改善措置を講じる必要がある。

5. 長時間労働をしている労働者に対する医師の面接指導

　週40時間を超える労働時間が月80時間超の労働者から申し出があった場合には、事業者は、医師による面接指導を実施し、その結果に基づいて適切な処置を講じなければならない。脳・心臓疾患の発症を予防するため、長時間労働により疲労の蓄積した労働者に対する医師の面接指導を制度化したものである。

　週40時間を超える労働時間数で判定することとなっているので、変形労働時間制等で所定労働時間が長い週については、法定時間外・休日労働でない時間を含めて、実際の労働時間が週40時間を超えた時間で算定する。

　管理監督者や裁量労働制の対象労働者も対象なので、その前提として、労働時

間の状況を客観的な方法により把握しなければならない。

　また、長時間労働をしている労働者本人が大丈夫と思っている場合や事業者・上司に遠慮して申し出ない場合などについて、産業医の立場から面接指導の必要性を判断できるよう、産業医に月80時間超の労働者の情報を提供することとされている。

6. 労働者の健康確保のための措置

　事業者は、健康診断、ストレスチェック、長時間労働者の面接指導等の結果を踏まえ、産業医の意見を聞いたうえで、労働者の健康確保のために必要な措置を講じなければならない。具体的には、就業場所の変更、作業の転換、労働時間の短縮、深夜業の回数の減少などがある。労働者に不利にならないように配慮しつつ、労働者の希望も聞いて、適切に対応しなければならない。

　また、心身の健康上の問題がある労働者が複数存在する場合には、個々の労働者への対応にとどまらず、事業場全体あるいは職場の問題として、作業内容、作業環境、人間関係などの見直し、改善が必要である。

7. 健康情報の適正管理

　労働者の健康に関する情報は、労働者の健康確保措置の検討などのために必要な情報であるが、一方で各労働者の機微な個人情報である。このため、労働者の心身の状態に関する情報は適正に管理しなければならない。

　厚生労働大臣は、「労働者の心身の状態に関する情報の適正な取扱いのために事業者が講ずべき措置に関する指針」を公表している。

8. 受動喫煙対策

　煙草は、喫煙者の健康に有害であるばかりでなく、副流煙等に含まれるニコチン等の有害物の影響によって周囲の人にも有害であり、肺がん、虚血性心疾患、脳卒中、乳幼児突然死症候群（SIDS）などの原因となる。

　望まない受動喫煙防止のために、健康増進法は、一般の工場、事務所について

は、原則屋内禁煙とし、室外への煙流出防止措置のある喫煙専用室を設置できることとしている。

また、労働安全衛生法は、職場に喫煙場所を設ける場合やホテル、飲食店等で喫煙可能な場合における労働者の健康保護のため、事業者に労働者の受動喫煙防止措置を講じる努力義務を規定している。そして、「職場における受動喫煙防止のためのガイドライン」を公表している。

なお、健康増進法は、20歳未満の者の喫煙可能場所への立ち入りを禁止しているので、20歳未満の労働者には、喫煙専用室、ホテル等の喫煙可の客室、老人施設の喫煙者の個室などでの清掃等の業務をさせることはできない。喫煙可の業務車両に同乗させることもできない。

9. 職場における感染防止

労働安全衛生法は、病気の者に関して、職場における感染拡大防止と本人の生命・健康の観点から、病毒伝播のおそれがある感染性疾患にかかった者と心臓、腎臓等の疾患で働くことによって病勢が著しく憎悪するおそれがある者について、事業者に対して就業を禁止すること義務付けている。

感染性の病気としては結核が想定されており、その他の感染症については具体的な定めはない。

このため、結核以外の感染症に関して、職場内での感染拡大防止のため、事業者がり患した者、無症状病原体保持者、濃厚接触者などの就業を制限する場合には、事業者の都合による休業となり、休業手当の支給が必要である。

なお、新たな感染症の蔓延のおそれがあることから、事業者は、感染症の蔓延・拡大を防止しつつ、適切に事業を継続する対策を検討しておく必要がある。例えば、感染症に関する情報の収集・分析と状況に応じた対応方針、会議・イベントや不要不急の業務の停止、出張などの中止、時差出勤、テレワークなどの出勤対策、発熱者、患者との濃厚接触者などの自宅待機、顧客等と接触する者の感染予防措置などがある。

10. トータル・ヘルス・プロモーション（THP）

　トータル・ヘルス・プロモーション（THP）は、労働生活の全期間を通じて継続的かつ計画的に心身両面にわたる積極的な健康保持増進を目指すものである。
　労働安全衛生法は、事業者にTHPの努力義務を規定し、厚生労働大臣は「事業場における労働者の健康保持増進のための指針」（THP指針）を公表している。
　THPにおいては、生活習慣上の課題を有する労働者が自発的に健康状態の改善を目指す必要があり、すべての労働者が抵抗なく健康保持増進に取り組むようにすることが重要である。

11. 健康経営

　長寿化が進展する中で、国民の健康寿命を延伸し、一人ひとりが心身の健康状態に応じて経済活動や社会活動に参画し、役割を持ち続けることのできる生涯現役社会の構築が政策課題となっている。
　健康増進法に基づいて「国民の健康の増進の総合的な推進を図るための基本的な方針」が策定され、平均寿命の伸びを上回る健康寿命の伸びなどを目標として、主要な生活習慣病の発症予防と重症化予防の徹底、健康を支え、守るための社会環境の整備などに取り組むこととされており、企業が自発的に労働者の健康づくりに取り組むことが重要とされている。
　こうした中で、健康経営が注目されるようになっている。日本健康会議が健康経営を推奨しており、健康経営優良法人認定制度を設けている。

12. 病気治療と仕事の両立

　治療技術の進歩により、かつては不治の病とされていたがんなどが長く付き合う病気に変化してきている。一方で、仕事上の理由で適切な治療を受けることができない事例や病気を理由に離職している事例もみられ、疾病を抱えた労働者の治療と仕事の両立が重要な課題となっている。
　病気治療と仕事の両立に関して、厚生労働省は「事業場における治療と仕事の

両立支援のためのガイドライン」を公表している。

　このガイドラインにおいて、両立支援を行うための環境整備として、事業者による基本方針等の表明、労働者への周知・啓発、安心して相談・申し出ができる相談窓口等の明確化、両立支援に関する制度・体制が示されている。

第6節　安全衛生教育

[ポイント]
- 事業者は労働者を雇い入れた場合及び作業内容を変更した場合に、従事する業務に関する安全衛生教育を行わなければならない。

　労働災害の多くは、不安全な状態と不安全な行動が関連して発生する。したがって、労働災害をなくすためには、機械等の安全化、作業環境の改善とともに、労働者の安全に関する意識を高め、従事する作業において必要となる安全衛生に関する知識を付与する安全衛生教育の実施が重要である。

　労働安全衛生法に基づく安全衛生教育を確実に実施するとともに、安全衛生水準の向上のために、業種や事業場の状況に応じて必要な教育を計画的に実施することが重要である。

　厚生労働省は「安全衛生教育等推進要綱」を策定して、事業者による積極的な安全衛生教育・研修の実施を促している。

▶雇い入れ時、作業内容変更時教育

　労働者を雇い入れた場合及び作業内容を変更した場合には、従事する業務に関する安全衛生教育を行わなければならない。パート・有期雇用労働者などを含めたすべての労働者が対象であり、労働時間や雇用期間が短いなどによる例外はない。

　新規学校卒業者など職業経験が少ない者には職場の基本的な安全衛生に関するルールを教える必要がある。具体的には、職場には様々な危険があること、正しい服装の着用、作業手順の励行、4S・5Sの励行（整理、整頓、清潔、清掃、しつけ）、

ヒヤリ・ハット活動、危険予知訓練（KYT）、危険の見える化＝危険表示の意味などである。

それとともに、雇い入れ時に従事する業務に関して、当該業務における危険性・有害性、作業手順、安全確保のための措置などの教育を行う。

作業内容を変更して、別の業務に従事させる場合には、新しい業務に関して雇い入れ時と同様の教育を行わなければならない。

▶職長教育

建設業、製造業（食品、繊維等を除く）などにおいては、新たに職長など作業中の労働者を直接指導監督する職務に就いた者に対して、職長教育を行わなければならない。

▶危険有害業務従事者に対する特別教育

小型のフォークリフトやクレーンの運転など、免許・技能講習が必要な業務ほどではないが、危険・有害性が高い一定の業務に労働者を従事させる場合には、当該業務に従事させる前に、特別教育を受講させなければならない。

▶危険有害業務従事者のフォローアップ教育

技術の進展に伴い労災の発生状況が変化することから、免許、技能講習、特別教育が必要な危険有害業務に従事している者に対して、フォローアップのための研修をする必要があり、事業者の努力義務となっている。

▶安全衛生管理業務従事者の能力向上教育

事業場の安全衛生水準の向上を図るため、安全管理者、衛生管理者等の安全衛生管理業務従事者に対して、能力向上のための教育を行う必要があり、事業者の努力義務となっている。

能力向上教育に関しては、「労働災害の防止のための業務に従事する者に対する能力向上教育に関する指針」が公表されている。

第7節　職場環境

[ポイント]

- 事業者は、労働安全衛生規則ないし事務所衛生基準規則に定める職場環境の基準を遵守しなければならない。一般の事務所に関しても、気積、照度、室温、トイレ等について基準が設けられている。
- 事業者は、作業内容等に応じて、関係規則が定めるところによって、作業環境の測定を行わなければならない。一般の事務所においても2か月に1回、室温、一酸化炭素含有量等の測定が必要である。

　職場環境の維持、改善は、労働者の健康を保持し、労働者が快適に働けるようにするために重要である。特に、有害因子がある職場においては、労働者の健康の確保のために、作業環境管理、作業管理、健康管理の三管理が適切に行われる必要がある。

　労働安全衛生法は、職場環境に関する最低基準を定めるとともに、有害因子のある一定の職場については作業環境測定の実施とその結果に応じた改善や保護具の使用などの措置を講じることを義務付けている。

　また、事業者の快適な職場環境の実現に向けた努力義務を規定している。

　なお、三管理のうち、健康管理については本章第5節で説明したが、作業管理については、事業者は、労働者の健康に配慮して、労働者の従事する作業を適切に管理するように努めなければならない旨の規定がある。作業量の適正化、連続作業時間と休憩時間の適正化などが含まれる。

1. 職場の環境基準

▶事務所の職場環境の基準

　労働安全衛生法に基づいて事務所衛生基準規則が制定されており、一般の事務作業を行う事務室の環境に関する基準が定められている。

労働者1人当たりの気積、換気、温度、照度などの事務室の環境に関する基準のほか、給水、便所、洗面設備、清掃、休憩設備等についても定めている。

空調設備を設けた場合の室温に関しては、18度以上28度以下とするよう努めることとされており、省エネルギーとのかかわりもあるが、適切な温度設定が必要である。

▶工場・作業場等の職場環境に関する基準

工場・作業場等の職場環境に関する基準は、労働安全衛生規則で定められており、温度に関する規定がないこと等を除き、ほぼ事務所と同じ基準となっている。

また、食堂を設ける場合の基準が定められており、食堂と炊事場を区別すること、食事時に1人当たり1㎡以上であること、食卓、椅子を備えること(座食の場合を除く)などのほか、食器消毒、炊事従業員の作業衣・履物などに関する基準が規定されている。なお、1回100食、1日250食以上給食する場合の栄養士の配置が努力義務とされている。

2. 作業環境測定

作業環境測定は、有害因子による労働者の健康障害を未然に防止するために、職場の有害因子の状況を測定するものである。作業環境測定を行わなければならない場所、測定項目、頻度は、関係規則で定められている。

一般の事務所においても、2か月に1回、一酸化炭素等の含有率、室温等の測定が必要である。

▶作業環境測定の実施

作業環境測定は、厚生労働大臣が定めた作業環境測定基準に則り、的確に行わなければならない。作業環境測定基準は、測定物質ごとにサンプリングや分析の方法を定めており、異なる方法で測定した場合には法律で定める測定をしたことにはならない。

作業環境測定のうち、サンプリングや分析に専門性が必要なものについては、作業環境測定機関に委託するか、自社の作業環境測定士に実施させなければならない。

▶作業環境測定結果の評価

作業環境測定の結果は、厚生労働大臣が定めた作業環境評価基準に則って、3段階で評価する。

第1管理区分は、作業場所のほとんどの場所で有害物質の濃度が管理濃度を超えておらず、作業環境管理が適切である状態である。

第2管理区分は、作業場所の有害物質の濃度の平均が管理濃度を超えていないが、作業環境管理に改善の余地がある状態である。施設、設備、作業工程、作業方法の点検を行い、必要な措置を講ずるように努める必要がある。

第3管理区分は、作業場所の有害物質の濃度の平均が管理濃度を超えており、作業環境管理が適切でない状態である。直ちに、施設、設備、作業工程、作業方法の点検を行い、必要な措置を講じなければならない。管理区分が改善するまでは、保護具の使用など労働者の健康確保を図る必要がある。

3. 快適職場

快適職場とは、仕事による疲労やストレスを感じることの少ない、働きやすい職場である。職場の快適性が向上することによって、労働災害の防止、健康障害の防止が図られるほか、職場のモラル向上、職場の活性化にもつながる。

労働安全衛生法は、事業者に快適職場づくりの努力義務を規定しており、厚生労働大臣が「事業者が講ずべき快適な職場環境の形成のための措置に関する指針」(快適職場指針)を公表している。

継続的・計画的に取り組むために快適職場推進計画を策定することが推奨されており、計画を策定した場合には都道府県労働局長により快適職場指針に適合している旨の認定を受けることができる。

第8節　機械の安全

　労働安全衛生法は、危険な作業や有害な作業を伴う機械や安全装置・保護具に関して、設計・製造段階と使用段階において、それぞれ機械等の危険性に応じて必要な規制を定めている。
　設計・製造段階では、それぞれの機械等が必ず具備しなければならない構造規格を定め、構造規格を具備しない機械等の譲渡、使用等を禁じている。また、製造許可、製造時等検査、個別検定、型式検定等によって構造規格を具備していることを担保している。
　使用段階においては、性能検査、定期自主検査・特定自主検査、始業前点検などによって機械等の安全性を確認することとするとともに、機械等に関する安全確保措置、機械等を使用する労働者に免許、技能講習や安全衛生教育の実施などを義務付けている。
　また、機械等の包括的な安全確保のためのシステムとして、機械に関するリスクマネジメントを推進している。

第9節　化学物質の安全

1. 製造禁止・許可

　労働安全衛生法は、製造または取り扱いの過程において労働者に極めて重大な健康障害を生じさせる化学物質について、製造、輸入、使用等を禁止している。製造禁止物質は、黄りんマッチ、石綿、ベンゼンを含有するゴムのり等である。
　また、有害な化学物質のうち微量の曝露であっても労働者の健康に重大な影響を生じさせるおそれがあるものについては、厚生労働大臣による製造許可制度が

設けられている。

2. 表示・文書交付

　化学物質に関して、爆発・火災による事故や曝露による健康障害を防止するためには、化学物質を使用する事業者や直接取り扱う労働者が化学物資の性質や危険性・有害性を熟知し、適切に取り扱うことが必要不可欠である。
　化学物質の危険性・有害性は万国共通であり、輸出入もあることから、化学物質の危険・有害性の分類・表示に関する国際的な仕組みがある。化学品の分類・表示に関する世界調和システム（国連GHS）である。
　日本では、国連GHSに則った法制度が設けられ、ラベルの貼付と安全データシートの提供を義務付けている。

3. 危険・有害性調査

　ラベル表示・安全データシート提供義務がある化学物質を製造、提供、使用する事業者は、リスクアセスメントを実施しなければならない。
　危険・有害性調査に関しては、「化学物質等の危険性又は有害性等の調査等に関する指針」が示されている。

第10節　労働安全衛生関係資格

　労働安全衛生法は、一定の危険・有害な業務や安全衛生管理業務について、免許等の有資格者でなければ従事させてはならないこととしている。
　労働安全衛生法に基づく資格には、免許、技能講習、特別教育がある。
　クレーン運転士、潜水士など特に危険な機械等の運転業務、ボイラー等の作業主任者、衛生管理者など特に高度な知識・経験を必要とする管理業務については、国家資格である免許が必要である。

フォークリフト、車両系建設機械等危険な機械等の運転業務、プレス機械作業、足場組立作業等高度な知識・経験を必要とする現場の作業管理業務に従事する者は、技能講習修了者でなければならない。

特別教育は、事業者が行う安全衛生教育の一類型であり、正確には資格ではないが、危険・有害な作業に労働者を従事させる場合には受講させる必要がある。事業者が行うほか、教習機関等が実施する特別教育を受講させることができる。

労働安全コンサルタント・労働衛生コンサルタントは、労働安全・労働衛生のスペシャリストとして、労働者の安全衛生水準の向上のため事業場の診断・指導を行う国家資格である。

作業環境測定士は、労働安全衛生法に基づいて指定事業場における作業環境測定を行う専門職であり、国家資格である。

第11節 労働災害をなくすために

1. 労働災害防止計画

労働災害を減少させるために、国が重点的に取り組む事項を定める労働災害防止計画が策定されている。現在の計画は、第14次計画であり、令和10年3月までの5か年計画である。

第14次計画では、国、事業者、労働者等の関係者が一体となって、1人の被災者も出さないという基本理念の実現に向け、死亡災害の5％減少、死傷災害の減少傾向への転換を目指すこととしている。

2. 労働災害防止協会

労働災害防止には、個々の事業者による対応とともに、産業界を挙げての対応も重要である。このため、労働災害防止団体法に基づいて、労働災害防止団体が設立されている。

労働災害防止協会には、中央労働災害防止協会と労働災害が多い業種ごとに設立される業種別労働災害防止協会がある。

　現在、業種別協会は、建設業労働災害防止協会（建災防）、陸上貨物運送事業労働災害防止協会（陸災防）、林業・木材製造業労働災害防止協会（林災防）、港湾貨物運送事業労働災害防止協会（港湾災防）の4協会がある。

3. 労働災害防止活動

　ゼロ災運動とは、人間尊重の理念に基づき、ゼロ災害・ゼロ疾病を究極の目標とし、安全と健康を先取りして、職場の危険や問題点を全員参加で解決し、いきいきとした職場風土づくりをめざす運動である。広く産業界で実践されている。

　ゼロ災運動の実践手法として、危険予知訓練（KYT）と指差し呼称が提唱されている。危険予知訓練は、労働者一人ひとりの感受性を鋭くする、集中力を高める、問題解決能力を向上させる、実践への意欲を強めることなどによって、安全を先取りする職場風土づくりを目指すものである。

4. 過労死の防止

　我が国において過労死等が多発し大きな社会問題となっている。過労死等は、本人、遺族・家族のみならず社会にとっても大きな損失である。過労死等の防止のための対策を推進し、過労死等がなく、仕事と生活を調和させ、健康で充実して働き続けることのできる社会の実現に寄与することを目的として、過労死等防止対策推進法が制定された。

　同法に基づいて、「過労死等の防止のための対策に関する大綱」が策定されている。大綱においては、週60時間以上就業の労働者の割合を5％以下とする、勤務間インターバル制度導入企業割合を15％以上とする、年次有給休暇の取得率を70％以上とするなどの目標を定めている。

　事業者は、過労死等の発生を防止するため、長時間労働の削減、年次有給休暇取得促進、勤務間インターバル制度の導入、過重労働による健康障害の防止、職場におけるメンタルヘルス対策の推進、職場のハラスメントの予防・解決、働き方の見直しなどに取り組む必要がある。

第6章

対象別の雇用管理

労働法制度ガイドブック

第1節 女性の雇用

[ポイント]

- 雇用のすべてのステージ——募集・採用、配置、昇進・降格、教育訓練、福利厚生、職種及び雇用形態の変更、定年・退職勧奨・解雇・雇止め——において、性別を理由とする差別が禁止されている。
  また、性別を理由とする賃金差別は労働基準法で罰則付きで禁止されている。
- コース別雇用管理制度を採用する場合には、制度内容や運用が性別による差別とならないものとしなければならない。
- 男女の均等な機会と待遇を実質的に確保するための女性を対象とするポジティブアクションは性別を理由とする差別に該当せず、むしろ奨励されている。
- 事業者は、女性活躍推進法に定める一般事業主行動計画を策定するとともに、女性活躍に関する情報を公開しなければならない。
  規模101人以上の企業は義務、100人以下の企業は努力義務である。
- 一般事業主行動計画を策定し、取り組み状況が優良である企業に対するえるぼし・プラチナえるぼし認定制度がある。

1. 女性の雇用の状況

　女性の労働力率は、結婚・出産期にいったん低下し、育児が落ち着いた時期に再び上昇する、いわゆるM字型カーブを描いていた。近年M字型カーブは是正されてきたが、30歳代以降の労働力率は男性に比べると低い状況が続いている。
　30歳代以降はパート・アルバイト、派遣などの非正規雇用が占める割合が高くなっている。また、女性の管理職比率は上昇してきてはいるものの、男性に比べるとかなり低い。こうしたことから男女間の賃金格差は依然として大きい。
　ポテンシャルを秘めている女性が数多くおり、一人ひとりの女性が自らの希望に応じて活躍できる社会づくりを加速することが重要である。女性の雇用に関わる法制度として、性別による差別を禁止する男女雇用機会均等法と女性の活躍促進を図る女性活躍推進法がある。

2. 男女雇用機会均等

　労働市場への女性の参加が進展していたことを背景に、昭和50年の国際婦人年、昭和54年の国連女子差別撤廃条約の採択を契機として、昭和60年に男女雇用機会均等法が制定され、同時に労働基準法の女子保護規定が緩和された。
　男女雇用機会均等法は、当初は、女性であることを理由とする差別的取り扱いを対象としており、事業者の努力義務とされた事項が多かった。数回の改正を経て、雇用のすべてのステージにおいて、男女双方向の差別を禁止する法律となった。
　男女雇用機会均等法は、間接差別を含めて、雇用の分野における性別を理由とする差別を禁止しているほか、婚姻、妊娠・出産等を理由とする不利益取り扱いの禁止、セクシャルハラスメント防止措置の義務付け、マタニティハラスメント防止措置の義務付けなどを規定している。

▶性別を理由とする差別の禁止

　雇用のすべてのステージにおいて、性別を理由とする差別が禁止されている。具体的には、募集・採用、配置、昇進・降格、教育訓練、福利厚生、職種及び雇用形態の変更、定年・退職勧奨・解雇・雇止めにおける性別を理由とする差別を禁止している。
　性別を理由とする差別には、女性を不利益に取り扱うものだけでなく、男性を不利益に取り扱うものも含まれる。男女雇用機会均等法は男女双方向の差別を禁止している。
　また、性別を理由とする差別には、「一般的・平均的に、女性はこうだから、男性はこうだから」という理由によって異なる取り扱いをすることも含まれる。すなわち、男性や女性をステレオタイプ化して判断することは許されないのである。
　どのような取り扱いが男女雇用機会均等法の禁止する差別に該当するかについては、「労働者に対する性別を理由とする差別の禁止等に関する規定に定める事項に関し、事業主が適切に対処するための指針」で具体例が示されている。
　なお、賃金については、労働基準法において、性別を理由とする差別が禁止されており、罰則がある。

▶募集・採用における差別禁止

　募集・採用の対象から、男女いずれかを排除することはできない。総合職を男性に限定する、一般職やパートを女性に限定するなどが該当する。募集・採用対象から排除していなくても、「男性歓迎」、「女性向きの職種」などの表示も許されない。

　募集・採用に当たっての条件を男女で異なるものとすることはできない。例えば、女性に対してのみ、未婚であること、子供がいないこと、自宅通勤などの条件を付けることは許されない。

　採用選考に当たっては、男女を公平に取り扱う必要がある。具体的には、男女別の採用枠を設定する、筆記試験の合格基準が男女で異なる、女性にのみ結婚の予定を質問するなどは許されない。

　なお、採用の結果において男女同数にすることを求めるものではないので、公正な選考の結果、採用者が男性のみ、女性のみになることは問題ない。

▶配置における差別禁止

　一定の職務への配置の対象から男女のいずれかを排除することはできない。営業や海外勤務は男性のみ、秘書や定型事務は女性のみとするなど、職務によって男女いずれかを排除することは許されない。時間外労働や深夜業の多い職務は男性のみとするなど、一見女性に配慮しているように見える扱いについても、女性は保護すべきものとステレオタイプ化しており、女性の活躍の範囲を狭めることになるので許されない。

　また、一定の職務への配置に当たって、男女で能力等の判断方法・基準が異なること、男女で異なる条件を付与することなども許されない。

　配置における差別には、同一の部署・職務に配置はしているが、業務配分に当たって男女で異なる扱いをすることも含まれる。例えば、営業部門に男女ともに配置しているが、男性は外勤業務に従事させ、女性は内勤のみとするようなことは許されない。また、女性にのみ、通常の業務に加えて、お茶くみ等をさせるというようなことも許されない。

▶昇進・降格における差別禁止

　昇進の対象から男女のいずれかを排除することはできない。女性についてのみ役職への昇進の機会を与えないこと、役職には昇進させるが課長職までに制限することなどは許されない。
　役職への昇進に際しての条件について男女で異なるものとすることはできない。女性のみ独身者に限ること、女性により長い勤続年数を要求することなどがこれに該当する。また、昇進に際して、男女で能力等の判断方法・基準が異なることや男女のいずれかを優先することは許されない。
　昇進だけでなく、降格についても同様である。例えば、役職の廃止に際して、男性は同格の役職に配置転換するが女性は降格させること、女性を優先して降格させることなどは許されない。

▶教育訓練における差別禁止

　教育訓練の対象から男女のいずれかを排除することはできない。幹部候補者のための研修や海外留学などの対象を男性のみとすることは許されない。将来企業の幹部になる者に対して現場を経験させるために実施している工場実習などについて、男性のみとすることも同様である。また、接遇研修の対象を女性のみとすることも許されない。
　教育訓練に当たっての条件を男女で異なるものとすること、教育訓練の内容を男女で異なるものとすることなどもできない。
　教育訓練はその後の配置や昇進に関わるものなので、配置や昇進に関する差別をなくすために、その前提として教育訓練において男女で平等な取り扱いをすることは重要である。

▶福利厚生における差別禁止

　福利厚生に関しては、差別禁止の対象となる福利厚生措置が限定されている。具体的には、生活資金、教育資金等の資金の貸し付け、定期的な金銭の給付、財産形成のための金銭の給付、住宅の貸与が対象となっている。
　社宅に関して、男性のみに限定する、あるいは、女性についてのみ婚姻した場合には社宅貸与しないなどは許されない。また、住宅資金貸し付けに当たり、女

性についてのみ、配偶者の所得情報を求めることなども許されない。

▶職種・雇用形態の変更における差別禁止

　一般職から総合職・専門職へ、総合職・専門職から一般職への職種の転換やパート・有期雇用労働者から正社員への登用に際して、男女のいずれかを排除すること、転換の条件を男女で異なるものとすること、能力等の判断方法・基準を男女で異なるものとすることなどはできない。

▶退職・解雇等における差別禁止

　男女で異なる定年を定めることはできない。現在、厚生年金の支給開始年齢が異なっているが、それを理由として男女で異なる定年とすることは許されない。また、再雇用制度についても、男女で条件や継続可能年齢を異ならせることはできない。

　経営合理化などに際して退職勧奨・解雇・雇止めを行う場合に、対象を男女いずれかのみとすること、退職勧奨等の条件や基準を男女で異ならせることなどはできない。例えば、女性についてのみ子育てを理由として退職勧奨・雇止めをすることなどが該当する。人事方針でなくても、上司が職場結婚をした女性に辞めるように促す行為なども許されない。

▶男女で異なる扱いが均等法違反とならない場合

　男女雇用機会均等法は募集・採用や配置に関して、男女で異なる取り扱いをすることを禁止しているが、真に異なる扱いをすることが必要とされる場合には、これを容認している。

　具体的には、①芸術・芸能の分野で表現の真実性等の要請から男女いずれかである必要がある場合、②守衛・警備員等で防犯上の要請から男性であることが必要な場合、③宗教上、風紀上、スポーツにおける競技の性質上などにより男女のいずれかである必要がある場合、④法律により男女いずれかに就業制限があるため通常の勤務シフトが組めない場合、⑤風俗・風習等の相違により男女のいずれかが能力を発揮し難い海外での勤務が該当する。

▶コース別雇用管理

　企画・営業等を行う総合職、定型的業務を担当する一般職などのコースを設定して雇用管理を行うコース別雇用管理制度を採用する場合には、制度内容や運用が性別による差別とならないものとしなければならない。

　性別によってコースを分けている場合や実質的にそうなっている場合には男女雇用機会均等法違反となる。例えば、総合職は男性、一般職は女性と区分している場合、総合職は男女ともであるが一般職は女性のみとしている場合などが該当する。また、コースごとの募集・採用、配置などに当たり、男女で異なる基準、要件を設けている場合も同様である。

　コース別雇用管理を採用する場合には、その必要性とコース間の処遇の違いの合理性を十分検討することが必要である。そして、コースごとの職務内容、必要な能力を明確にし、労働者に十分に理解させることが求められる。

　募集・採用に当たって、コースごとの職務内容、処遇の差異等の情報提供を行い、特に、総合職の女性応募者が相当程度少ない場合には、女性活躍をアピールするなど、性別によってコースが選択されることがないような対応が望まれる。

　さらに、どのコースであっても家庭生活と両立して働ける職場環境の整備、出産・育児を経験しても適正に評価される人事制度とすることが重要である。総合職は、残業等が多く、子育てとの両立が困難ということで意欲のある女性が選択しないような状況はなくさなければならない。

▶間接差別の禁止

　間接差別とは、性別以外の事由を要件としているが、その要件が一方の性に相当程度不利益であり、合理的理由がないもののことである。そのような要件を設けることによって、実質的に性別による差別を行うことが禁止されている。

　間接差別となる要件は、男女雇用機会均等法施行規則において具体的に以下のように定められている。①募集・採用に当たって身長・体重・体力を要件とすること、②募集・採用・昇進等に当たって転勤に応じることを要件とすること、③昇進に当たって転勤の経験を要件とすることである。

　採用や昇進の要件としてこの3つの要件にしようとする場合には、本当にその要件が業務遂行や組織運営上必要であるか、精査しなければならない。

なお、この3つ以外の要件については、男女雇用機会均等法の対象ではないが、裁判において、民法に基づき、間接差別に当たると判断されることもありうるので、留意する必要がある。

▶ポジティブアクション

ポジティブアクションとは、固定的な男女の役割分担意識や過去の経緯から企業において男女間の格差が存在している場合に、その解消を目指して自主的・積極的に進める取り組みのことである。

男女の均等な機会と待遇を実質的に確保するために、男女雇用機会均等法は事業者によるポジティブアクションの取り組みを奨励している。また、女性活躍推進法では、事業者にポジティブアクションを実施することを義務付けている。

女性の活躍促進のためのポジティブアクション、例えば、女性が相当程度少ない職務への配置や役職への昇進に際して女性を優先させることは差別にはならない。この場合の相当程度少ないは、4割程度以下とされている。

なお、業種、職種によっては、男性が相当程度少ない場合もあるが、社会全体では男性のためのポジティブアクション実施が必要な状況にないことから、このような特例は認められていない。

▶機会均等推進責任者

厚生労働省では、男女雇用機会均等法に定めるポジティブアクションの推進を図るため、各事業場で機会均等推進責任者を選任することを奨励している。

▶労働者の苦情等への対応

雇用機会均等に関する労働者からの苦情があった場合には、企業内で自主的に解決されることが望ましい。事業者は、労使による苦情処理機関を設置するなど、自主解決の仕組みを設け、労働者に周知しておくことが望ましい。

企業内で解決できない場合には、都道府県労働局長に紛争解決の援助や都道府県労働局に設置されている機会均等調停会議による調停を利用することができる。

3. 女性活躍推進

　出産や育児を理由に離職する女性が多数おり、いったん離職したのちに就業を希望しながら働いていない女性も多い。また、働いている女性の半分以上が非正規雇用であり、管理職に占める女性比率はいまだに低いままである。企業においては本来ダイバーシティが不可欠であるが、実現している企業は少数にとどまっている。このような状況を改善し、女性の個性と能力が十分発揮できる社会の実現を図るため、女性活躍推進法が制定され、平成28年に施行された。
　女性活躍推進法の目的は、女性の職業生活における活躍を推進し、豊かで活力ある社会の実現を図ることである。
　女性の職業生活における活躍の推進は、職業生活における活躍にかかわる男女間の格差の実情を踏まえ、女性に対する採用、昇進等の職業生活に関する機会の積極的な提供・活用によって行うとしている。
　その際、性別による固定的役割分担等を反映した職場慣行が女性の職業生活に及ぼしている影響を考慮し、仕事と家庭の両立に対する不寛容な職場風土を改革することが必要であるとしている。
　また、出産や介護を契機に退職する女性が多いことを踏まえ、家庭において男女が相互に協力することを前提としつつ、必要な環境整備を図ることによって、職業生活と家庭生活との円滑かつ継続的な両立を可能とすることとしている。
　さらに、女性の職業生活と家庭生活の両立に関しては、本人の意思が尊重されるべきであるとしている。

▶基本方針

　女性活躍を推進するため、国が「女性の職業生活における活躍の推進に関する基本方針」を策定し、それを踏まえて、地方公共団体が当該地域における女性の職業生活における活躍の推進に関する推進計画を策定している。

▶一般事業主行動計画

　101人以上の企業は一般事業主行動計画を策定しなければならない。100人以下の企業は努力義務とされている。

一般事業主行動計画においては、計画期間を設定し、企業の現状や労働者のニーズを把握したうえで、目標とその目標を達成するための対策と実施時期を記載する。

　目標に関しては、できる限り数値目標とすることが適当であり、301人以上の企業は必ず2項目以上、300人以下の企業は少なくとも1項目は数値目標としなければならない。

　計画を策定した場合には、労働者に周知するとともに、自社のHPや厚生労働省が運用する女性の活躍・両立支援総合サイトにおいて公表し、都道府県労働局に届け出なければならない。

▶情報公表

　101人以上の企業は女性活躍に関する情報を公表しなければならない。100人以下の企業は努力義務とされている。

　各企業における女性活躍に関する情報の公表は、就職活動中の学生等の求職者の職業選択に資することになる。そして、女性が活躍しやすい企業ほど優秀な人材が集まることが期待され、それによって、労働市場を通じた女性活躍の推進が図られることになる。

　情報公表は、自社HPまたは「女性の活躍推進企業データベース」（厚生労働省運営）によって行う。年1回以上更新することとされており、最新の情報の提供が必要である。また、事業主行動計画とともに公表することが望ましいとされている。

　情報公表は、女性労働者に対する職業生活に関する機会の提供（採用者、管理職などに占める女性の割合など）、職業生活と家庭生活との両立に資する雇用環境の整備（男女の平均勤続年数、平均残業時間、有給休暇取得率など）の2つの区分ごとに少なくとも1項目公表する必要がある。ただし、公表項目が多いほど、企業の女性活躍への積極姿勢がアピールできるので、積極的な対応が望まれる。

▶えるぼし・プラチナえるぼし

　女性活躍推進法に基づき、一般事業主行動計画を策定した企業のうち、女性の活躍推進に関する取り組み状況が優良であるなど一定の要件を満たした企業は、厚生労働大臣のえるぼし認定を受けることができる。えるぼし認定は、女性活躍の取り組み状況によって、3段階になっている。

えるぼし認定企業は、すでに高いレベルの女性活躍状況を達成していることから、以後の行動計画の策定・届け出は必要なくなる。ただし、女性活躍の実施状況を「女性の活躍推進企業データベース」に毎年公表することが必要である。

第2節　若者の雇用

[ポイント]

- 15歳に達する年度の年度末までの児童を働かせてはならない。中学生のアルバイトは原則禁止である。
- 18歳未満の者について、労働時間、深夜業等の制限がある。また、事業場に年齢証明書を備え付けなければならない。高校生アルバイトを雇用している場合には遵守しなければならない。
- 若者の募集・採用方法の改善、職業選択に関する十分な情報提供、適切な定着支援などが求められる。若者の採用・育成に積極的で雇用管理が優良な中小企業に対するユースエール認定制度がある。
- インターンシップは、企業、大学、学生の3者にとってメリットがある。実施する場合は、体制を整備し、安全確保等に留意しなければならない。インターンシップで取得した個人情報は原則として採用活動に利用できないが、一定の条件の下での活用は容認されている。
- 高校新卒者、大学新卒者の採用に当たっては、採用活動に関するルールを遵守しなければならない。
- 新卒採用企業は、新卒の採用・離職状況など青少年雇用情報を公開する努力義務がある。また、第二新卒採用、通年・秋季採用、地域限定採用など多様な採用方法を行うことが望ましい。
- 採用内定は、始期付き・解約権留保付き労働契約の締結と解されている。事業者は、確実な採用見通しに基づいて採用内定をし、採用内定の取り消しがないようにしなければならない。万一内定取り消しをする場合には内定者への補償、ハローワークと学校への通知が必要である。

1. 若者の雇用の状況

　日本では新卒一括採用が定着していることもあって、欧米諸国に比べると若者の失業率は相対的に低い状況にある。
　しかしながら、大学卒業時における就職状況をみると、非正規雇用や一時的な仕事に就く者のほか、進路未定、就職活動中、家事手伝いなどの者もおり、合わせると約1割は不安定な状態にある。
　また新規学校卒業者の定着状況をみると、高卒、短大等卒では約4割、大学卒では約3割が3年以内に離職している。新規学校卒業者の離職理由は、労働時間等の条件が悪かった、人間関係が良くなかった、仕事が自分に合わないなどが多い。

2. 児童労働

　憲法第27条第3項は、「児童は、これを酷使してはならない。」と規定しており、これを受けて、労働基準法に児童の使用禁止と年少者保護の規定が設けられている。
　労働基準法は、満15歳に達した日以後の最初の3月31日まで働かせてはならないと規定している。中学卒業の年度末までは働かせてはならないということである。卒業式が終わっても、3月中は働かせることはできない。
　満13歳以上の児童については、労働基準監督署長の許可がある場合には、働かせることが可能である。労働基準監督署長の許可を受けて15歳未満の者を働かせる場合には、修学に差し支えないことを証明する学校長の証明書及び親権者等の同意書を事業場に備え付けなければならない。
　また、開発途上国における児童労働が国際的に大きな問題となっている。貧困に起因するものであり、人身売買、徴兵を含む強制労働、奴隷労働、売春、ポルノ製造、わいせつな演技など人権上大きな問題をはらんでいる。また、学校に通えないことで貧困の連鎖にもなっている。
　ILO（国際労働機関）は児童労働撲滅のキャンペーンを強力に推進しており、先進国の企業や消費者は児童労働による原材料・製品を買わない、使わないことを強く求められている。

3. 年少者の保護

▶未成年者の労働契約

　未成年者の労働契約を親権者等と締結することはできない。中学・高校の新卒者採用や高校生アルバイトの採用の場合にも必ず本人と労働契約を締結しなければならない。かつて、親が勝手に子供の労働契約を締結して働くことを強要する事例があったために、親権者による労働契約の締結は禁止されている。

　他方、社会経験が少ない未成年者を保護するために、民法は未成年者が労働契約を含めて契約を締結する場合には親権者の同意が必要としている。また、労働基準法は、未成年者の労働契約が本人に不利である場合には労働基準監督署長、親権者等は労働契約を将来に向かって解除できるとしている。

　未成年者の採用に当たっては、親権者が同意しているか確認する必要がある。また、働き始めてから、親権者が労働条件等に問題があるとして解除権を行使した場合には、事業者は退職に応じなければならない。事業者は、それまでの賃金を支払う必要があり、損害賠償を求めることはできない。

　また、満18歳未満の者を解雇した場合に、本人が14日以内に帰郷する時は旅費を支給する必要がある。

▶年齢証明書

　満18歳未満の者については事業場に年齢証明書を備え付けなければならない。中卒者や高校生アルバイトを雇用している場合には、住民票記載事項証明書などを備えておく必要がある。

▶年少者の労働時間

　満18歳未満の者の労働時間や深夜業について制限が設けられているので、中学新卒者や高校生アルバイトを雇用している場合には注意が必要である。

　満18歳未満の者に法定時間外・休日労働をさせることはできない。
　変形労働時間制は、原則として適用できない。
　小規模の商業・サービス業の週44時間特例は適用されないので、週44時間特例

対象事業場であっても、満18歳未満の労働者は週40時間以内の所定労働時間としなければならない。

深夜業は原則として禁止されており、午後10時から翌日午前5時までの深夜時間帯に働かせることはできない。飲食店やコンビニエンスストアなどで高校生アルバイトを午後10時以降に働かせることは違法である。

労働基準監督署長の許可を受けて働く満15歳未満の者は、労働時間は、就学時間を含めて、1日7時間、1週40時間以内としなければならない。また、深夜時間帯は、午後8時から翌日午前5時までとなっている。中学生以下のタレントが午後8時以降の生放送に出演しないのはこの規定によっている。

▶年少者の危険有害業務の禁止

満18歳未満の者については、安全面で危険な業務、衛生面で危険な業務のほか、酒席に侍る業務など年少者の福祉面で有害な業務で働かせることが禁止されている。

4. 若者の雇用促進

少子化に伴い労働力人口が減少する中、若者が安定した雇用の中で経験を積みながら職業能力を向上させ、働きがいを持って仕事ができる社会とする必要がある。しかしながら、新規学校卒業者の早期離職率は高く、学校卒業時に安定した仕事に就かなかった者やいったん離職した者が安定した仕事に就くことが容易ではない状況が続いている。このような状況に対応するため、平成27年に若者雇用促進法が制定された。

若者雇用促進法は、基本理念として、青少年は将来の経済・社会を担う者であるので、その意欲や能力に応じて、充実した職業生活を営むことができ、有為な職業人として健やかに成長するように配慮されることとしている。

他方、青少年は将来の経済・社会を担う者としての自覚を持ち、自ら進んで有為な職業人として成長するように努めなければならないとして、若者の努力を促している。

このような基本理念に基づいて、事業者の責務として、青少年の能力を正当に評価するために募集・採用の方法を改善すること、職業の選択に資する情報を提

供すること、職業能力の開発・向上に関する措置を講じること、雇用機会の確保・職場への定着を図ることを掲げている。

若者の雇用の促進を図るため、青少年雇用対策基本方針が策定されるとともに、事業者等が講ずべき措置に関して、「青少年の雇用機会の確保及び職場への定着に関して事業主、特定地方公共団体、職業紹介事業者等その他の関係者が適切に対処するための指針」が公表されている。

▶募集の改善

若者が適切に職業選択を行い、安定的に働くことができるように、労働条件等の明示などに関する事項を遵守し、若者が必要としている職業や労働条件の情報を十分に提供することが求められる。

求人情報などにおいて従事する業務等の明示に当たっては、職業経験が少ない若者が業務等の内容を十分に理解できるように、できるだけ具体的に記載し、平易な表現を用いて誤解のないようにすることが必要である。

また、募集に際して、企業の求める人材像、採用選考に当たって重視する点、職場で求められる能力・資質、キャリア形成等を示すことが望まれる。それぞれの企業がどのような人材を求めているのか知ることができれば、若者は自分に適した企業を見つけることが容易になり、採用後に企業の風土に合わないなどのミスマッチが生じにくくなる。

▶採用の改善

採用選考に当たり、過去の就業形態、離職状況や学校の卒業時期等にとらわれず、人物本位に正当な評価を行うことが求められる。

フリーター等について、フリーターであったことでマイナスに評価するのではなく、採用時点における本人の適性、能力等を正当に評価することが求められる。また、留学経験やボランティア活動の実績等を考慮するなど、その将来性も含めて判断することが望ましい。

高校や大学を卒業して早期に離職した者についても、すぐに辞めたという事実だけでマイナスに評価するのではなく、辞めた事情なども勘案して、本人の適性や能力等を適切に判断することが求められる。

▶職場定着支援

　青少年が職場に定着し、就職した企業で安定的にキャリアを形成できるよう、労働関係法令違反がないことはもとより、青少年の能力や経験に応じた適切な待遇を確保するなど雇用管理の改善を図ることが求められる。
　新入社員教育をしっかりと実施し、企業理念、職場の常識、労働法制の基礎など、働く上で必要となる基本を教えることが重要である。また、メンター制度などによって、若手社員の継続的な指導、フォローアップを行うことが望ましい。
　不安定な雇用状態にある者に対しては、正社員登用制度の導入を検討するなど、安定した雇用に結びつけることが望まれる。
　さらに、青少年が将来に向けて希望をもって働き、能力を有効に発揮できるように、キャリア形成、職業能力開発・向上のための措置を講じることが必要である。

▶ユースエール認定

　若者の採用・育成に積極的で、若者の雇用管理の状況などが優良な中小企業で一定の基準を満たしているものは、厚生労働大臣のユースエール認定を受けることができる。

5. インターンシップ等キャリア形成支援

　大学生が企業で就業体験をするインターンシップなどの学生のキャリア形成支援は、企業、大学、学生のそれぞれにとってメリットがある。
　企業にとっては、実践的な人材の育成への寄与、大学教育への産業界のニーズの反映、企業に対する理解の促進と魅力発信などのメリットがある。大学にとっては、キャリア教育の推進や学生の高い職業意識の醸成ができる。また、学生にとっては、新たな学習意欲を喚起する契機や自己の職業適性や将来設計について考える機会となる。
　学生のキャリア形成支援には、就業体験を必須とせず個社・業界の情報提供や教育を目的とするオープン・カンパニーやキャリア教育と就業体験が必須で自分の能力の見極めや評価材料の取得を目的とするインターンシップがある。

企業がインターンシップを実施する場合には、キャリア形成支援のためのものであるというインターンシップの趣旨を十分理解したうえで、実施体制を整備し、安全確保やハラスメント防止対策、万一の事故の場合の補償等について検討しなければならない。また、インターンシップのやり方によってはインターンシップ生が労働者に該当する場合もあるので注意が必要である。

　キャリア形成支援の際に取得したインターンシップ生の個人情報は原則として採用活動に利用できないが、就業体験を伴うインターンシップに関しては一定の要件の下で採用のための広報活動や採用選考活動に利用できる。

6. 新規学卒者の募集・採用

▶新規高校卒業者の採用活動に関するルール

　新規高卒者の就職に関しては、ハローワークと学校が関与して、高校生が適切な職業選択をできるようにしている。

　採用活動の日程は、厚生労働省、文部科学省、経済団体、高校団体の申し合わせによって決められているので、その日程で採用活動をしなければならない。

　高校生向けの求人は、必ずハローワークに求人申し込みをしなければならない。縁故採用の場合にも、労働条件を明確にするために、ハローワークに求人申し込みすることとされている。ハローワークで受け付けた求人は、高卒就職情報WEBサービスによって、全国の高校に提供されている。

　企業が高校を訪問して、求人票を提出し、就職担当の教員と面談するなどの採用活動をすることができる。ただし、求人企業が直接生徒の家庭を訪問することは禁止されている。

　求人広告によって採用活動をする場合には、ハローワークの求人番号を明記し、応募受付はハローワークまたは学校経由とすることとされており、直接の応募受付はできない。

▶新規大学卒業者の採用活動に関するルール

　新規大卒者等に関しては、採用・就職活動の早期化、長期化を是正し、大学教育を妨げることがないように、採用活動の日程が定められている。

新規大学等卒業者の採用活動は高校生と異なり、求人票の公開、学生の応募、採用選考などは、ハローワークや大学の関与なしに自由にできる。企業は自社のホームページや就職サイトなどを利用して採用活動を行っている。

　ハローワークや大学においても求人受理・紹介を行っている。ハローワークで受け付けた求人情報は、ハローワークインターネットサービスにより学生に公開されている。また、全国に56か所の新卒応援ハローワークが設置されている。新卒応援ハローワークは、大学等の学生や既卒者に対して就職支援を行う専門ハローワークであり、学生に対する支援とともに、企業に対する大卒等の求人充足支援も行っている。

▶企業情報の充実

　日本型雇用慣行の下では、新規学校卒業時の就職が大きな意味を持つため、新規学卒者にとっては、十分な企業情報を基に自分に適した企業を選択できることが重要である。また、新規学卒者は、職業・職場に関する知識・経験が少ないことから、それに配慮した適切な情報提供が求められる。

　このため、若者雇用促進法は、新規学卒者等募集企業に青少年雇用情報を公開する努力義務を定めている。青少年雇用情報とは、①募集・採用に関する状況（過去3年間の新卒採用者数・離職者数、平均勤続年数等）、②職業能力の開発・向上に関する状況（研修の有無及び内容、メンター制度の有無等）、③企業における雇用管理に関する状況（月平均所定外労働時間の実績、有給休暇の平均取得日数等）である。

　また、新規学卒者等の応募者から請求があった場合には、分野ごとに少なくとも1項目を開示することが義務付けられており、情報開示請求をした者を不利益に取り扱ってはならないとしている。

▶多様な採用方法

　新卒一括採用が主体となっている中で、外国の学校卒業者、留年した者、卒業年度に適当な就職ができなかった者などに対して、意欲と能力に応じた就職機会が提供されることが必要である。また、新規学卒者の中には、地元で働きたいなどの多様なニーズがある。このため、新規学卒者求人企業に対する指針において、多様な採用方法を検討することが求められている。

　具体的には、①卒業後3年以内の既卒者が新規学卒予定者の採用枠で応募でき

るような募集条件を設定すること、②通年採用、秋季採用を積極的に導入すること、③UIJターン就職の機会を提供すること、④地元定着志向に対応するため地域限定勤務制度を導入することなどの検討が期待される。

▶採用内定

　新規学卒者の採用においては、学校卒業後の4月に就職することになるため、募集⇒面接⇒採用内定⇒採用という過程がとられ、採用内定から就職まで半年近く期間が開くことが通例である。

　採用内定は、法律的には、始期付き・解約権留保付き労働契約の締結と解されており、採用内定の時点で労働契約が成立する。

　採用内定は、4月1日採用など労働契約の始期が定められているので、採用内定で定められた日から労働者に労働提供義務が発生する。

　採用内定は、解約権留保付きであるので、採用後に比べると広く解約、すなわち採用内定取り消しが認められている。

　ただし、労働契約は成立しているので、事業者が自由に解約できるわけではない。採用内定取り消しが認められるのは、学校を卒業できなかった場合、必要な資格の取得を要件にしていたが取得できなかった場合、履歴書に重大な虚偽記載があった場合、健康状態が著しく悪化して働くことができない場合などである。

　採用内定は、労働契約の締結になるので、事業者は、採用に責任をもって適切な対応が求められる。特に新規学卒者は、初めて社会に出る時なので、特段の注意が必要である。

　採用活動に際しては、確実な採用見通しに基づいて採用内定をし、内定取り消しがないように最大限の経営努力が求められる。甘い見通しで多数の学生に採用内定を出して、経営環境の悪化などのために大量の内定取り消しとなるような事態は避けなければならない。

　採用内定に当たっては、書面により、採用の時期、採用条件、内定取り消し事由等を明示する必要がある。新卒者の採用内定の場合には、一般的には学校卒業を条件としているが、採用内定の文書でその旨明示することが適切である。

　また、採用内定は労働契約の締結に該当するので、労働基準法に基づき、労働条件を明示する必要がある。採用内定の条件とともに、採用後最初の賃金、労働時間など労働基準法第15条で定められた事項を明示しなければならない。

真にやむを得ない事業者側の事由により、内定取り消し・入社時期の繰り下げを行わざるを得ない場合には、採用内定者に対して、就職先の確保などの支援をするとともに、補償要求に誠実に対応することが必要である。

　また、新規学卒者の内定取り消し・入社時期の繰り下げを行う場合には、ハローワークと学校長に採用内定取り消し等の理由、学生への対応状況等を通知しなければならない。なお、厚生労働大臣は、内定取り消し等の状況を公表することがある。

第3節　高齢者の雇用

[ポイント]

- 定年制度を設ける場合には定年年齢を60歳以上にしなければならない。
- 定年が65歳未満の企業は、希望者全員を対象とした65歳まで働ける継続雇用制度を設けなければならない。
- 定年が70歳未満の企業は、65歳以降も働くことができるよう、多様な就業機会を提供する高齢者就業確保措置を設ける努力義務がある。
- 31人以上の企業は毎年6月1日現在の高齢者の雇用状況をハローワークに報告しなければならない。
- 高齢者の雇用管理においては、高齢者の意欲や体力等を考慮し多様なニーズに対応できるようにすることが望ましい。その際、高齢者の処遇は同一労働同一賃金の原則に反しないものとしなければならない。
- 高齢者の労働災害発生率が高いので、十分な安全管理対策を講じる必要がある。
- シルバー人材センターは市町村単位で設立され、高齢者に生きがい就労を提供している。

1. 高齢者の雇用の状況

　高齢者の就業率は、60歳台前半は約4分の3、60歳台後半は約2分の1となっている。高齢者雇用確保措置の義務化以降、大幅に上昇している。

高齢者の雇用形態をみると、男性では、50歳台後半では大部分が正規雇用であるが、60歳台前半ではほぼ半分、60歳台後半では30％に減少している。女性では、50歳台後半で正規雇用が約40％であり、60歳台になると年齢とともに正規雇用が減少している。

　高齢者の就業意欲は高く、「働けるうちはいつまでも」を加えると、70歳以上まで働きたい者が約3分の2である。

2. 高齢者の雇用確保

　人生100年時代を迎え、超長寿社会が到来する中で、若者から高齢者まで、すべての国民に活躍の場があり、すべての人が元気に活躍し続けられる社会、すなわち生涯現役社会を目指すことが必要となっている。

　労働力人口が減少している中で経済社会の成長力を確保していくためには、意欲ある高齢者がエイジレスに働くことができるように多様な就業機会を提供していく必要がある。

　このため、企業における高齢者の雇用確保を図るとともに、地域における多様な雇用・就業機会の拡大が図られている。

　高年齢者雇用安定法は、基本理念として、高年齢者は、職業生活の全期間を通じて、意欲及び能力に応じ、多様な雇用・就業の機会が確保され、職業生活の充実が図られるように配慮されることとしている。

　一方、高齢期における職業生活の充実のため、自ら進んで、高齢期における職業生活の設計を行い、それに基づき、能力の開発・向上、健康の保持・増進に努めなければならないとして、労働者の努力を促している。

　このような基本理念に基づいて、事業者の責務として、高年齢者の職業能力の開発・向上や作業施設の改善等の諸条件の整備を図ること、高年齢者等の再就職を援助すること、高齢期における職業生活の設計について必要な援助をすることが掲げられている。

　高齢者雇用に関する政策の基本的な方向や事業者が講ずべき事項については高年齢者等職業安定対策基本方針が策定されている。

▶60歳未満定年の禁止

　定年制とは、労働者が一定の年齢になった場合に、自動的に労働契約関係を終了させる制度である。定年制を設ける場合には、定年年齢は60歳以上としなければならない。60歳未満の定年制度は禁止されている。

　定年制は必ず設けなければならないものではない。高年齢者雇用安定法は高齢者雇用確保の手法の1つとして定年を設けないことを推奨している。

　定年年齢は、すべての労働者に共通の年齢とする必要はなく、職種等によって異なる年齢としてもよい。その場合には、すべての職種等の定年年齢が60歳以上でなければならない。

　また、定年年齢を労働者が選択できる選択定年制を採用する場合には、60歳未満での退職を選択肢とすることは可能である。その場合には、60歳未満の定年は労働者の自由な意思で選択できる制度としなければならない。

▶60歳から65歳までの高齢者雇用確保措置

　定年年齢が65歳未満の定年制である場合には、①65歳以上への定年の引き上げ、②定年制の廃止、③希望者全員の65歳までの継続雇用制度の導入のいずれかの措置を講じなければならない。

　定年年齢が65歳以上であるか、あるいは定年制がない場合には、60歳台前半の雇用確保措置を講じる必要はない。定年を引き上げるか廃止すれば、この規定の対象から外れることになる。65歳未満の定年制を維持する企業は、希望者全員を65歳まで継続雇用する制度を設けなければならない。

　継続雇用制度は確実に65歳まで継続雇用される制度でなければならない。60歳以降の契約形態を嘱託等として1年契約とすることは可能であるが、その場合は本人が希望する限り65歳まで更新することを制度的に保証しなければならない。

　継続雇用制度を設けているが、職務内容、労働条件等が折り合わず、本人が辞退した場合は、継続雇用をしなくても法違反とはならない。しかしながら、労働者が継続雇用を希望しないようにあえて賃金を低くすることは法の趣旨にもとる。

　継続雇用は、連結決算の対象となる子会社、関連会社等で行うこともできることとされている。その場合には、再雇用する子会社等において、継続雇用制度として引き続き65歳まで雇用する旨の契約を締結し、それに基づいて子会社等が継

続雇用をすることになる。

　就業規則の解雇・退職事由に該当する者を再雇用の対象にしないことは可能である。問題がある労働者について、その時点で解雇・退職にせずに、定年まで処分を保留していた場合が当てはまる。解雇の場合と同様に、継続雇用しないことについて客観的に合理的な理由があり、社会通念上相当であることが求められる。

▶65歳から70歳までの高齢者就業確保措置

　人生100年時代を迎えて、働く意欲がある高年齢者がその能力を十分に発揮できるように、個々の労働者の多様な特性やニーズを踏まえて、70歳までの多様な就業機会の確保するため、新たに60歳台後半の高齢者就業確保措置が努力義務となった。

　定年年齢が70歳以上であるか、あるいは定年制がない場合には、高齢者就業確保措置を講じる必要はない。定年を70歳以上に引き上げるか廃止すれば、この努力義務の対象から外れることになる。

　高齢者就業確保措置は、定年あるいは継続雇用制度終了後に、引き続き高齢者の就業を確保する措置である。

①70歳までの継続雇用制度。65歳までの継続雇用制度の延長であるが、65歳以上になると体力や健康状態など本人を取り巻く状況が多様になるため、対象者を限定できることとされている。

②他の企業における70歳までの継続雇用。65歳までと異なり65歳超では連結決算の対象企業に限られておらず、取引先などを含めて継続雇用をする企業に条件はない。ただし、両社間で70歳以上まで雇用を継続する旨の契約を締結する必要がある。

③退職労働者が創業して事業を始めた場合やフリーランスで働く場合に70歳になるまで業務委託等をする制度。委託契約等によって仕事を発注して金銭が支払われるものに限られる。

④退職労働者が社会貢献活動に従事する場合に70歳になるまで支援する制度。(a)当該企業が社会貢献活動を行い退職労働者が有償ボランティアとなる方式と、(b)退職労働者が有償ボランティアをしているNPO等に出資や委託によって資金提供する方式がある。

　なお、雇用でない③及び④の制度を導入する場合には、過半数代表者の同意を

得ることとされている。

▶高齢者雇用確保・就業確保措置の履行確保

31人以上の企業は、毎年、高齢者雇用状況報告をハローワークに提出しなければならない。65歳までの高齢者雇用確保措置や70歳までの高齢者就業確保措置の履行状況を確認するためのものであり、6月1日現在の状況を7月15日までに報告する。

3. 高齢者の雇用管理

高齢期には、個々の労働者の意欲、体力等の個人差が拡大することから、多様なニーズに対応した雇用管理を行うことが求められる。また、高齢者が、意欲と能力に応じて働き、適切な処遇を受けることができるようにする必要がある。

定年の延長や継続雇用制度の導入、延長に当たっては、賃金や人事制度の見直しが必要となる。年功型の賃金・人事処遇制度をとっている場合には、賃金カーブの見直しなど、制度全体の見直しも必要となる。また、高齢期になっても適切な処遇が確保されるように、職業能力を評価する仕組みや資格制度、専門職制度等の整備を行うことも有効である。

高齢者の処遇については、高齢者の従事する職務の内容等に応じて適正な水準とする必要がある。継続雇用制度を設けている場合に、一部に著しく賃金の低い事例がみられるが、嘱託等として継続雇用する場合には、同一労働同一賃金の原則が適用される。定年前と職務内容、責任の程度がほとんど変わらないのに、退職手当や年金等を勘案しても不合理であるような賃金の低下は問題である。

勤務時間制度に関しては、高年齢者の就業希望や体力は人様々なので、短時間勤務、隔日勤務、フレックスタイム制などの導入が望ましい。他方、意欲が高く、体力にも問題がないので、フルタイムでの勤務を希望している高齢労働者も多い。そのような労働者についてまで高齢であることを理由に全員に短時間勤務制を適用することは適切ではない。高齢者が選択可能な制度とすることが望ましい。

高齢者が働く場合には、加齢による身体機能の低下等に配慮して、職場環境の整備を行う必要がある。具体的には、作業補助具などの機械設備の改善、作業の平易化などの作業方法の改善、照明などの作業環境の改善、福利厚生施設の導入・

改善などが必要となる。

▶高年齢者雇用推進者

　企業における高齢者雇用の推進、作業環境の改善のため、高年齢者雇用推進者を選任することが努力義務とされている。

4. 高齢者の労働災害防止

　高齢者は若い世代に比べると労働災害の発生率が高く、死傷災害のうち60歳以上が占める割合が年々増加している。
　高齢者に多い労働災害は、転倒災害や墜落・転落災害であり、特に女性の転倒災害発生率が高くなっている。
　高齢者の労働災害を防止するためには、高齢者に多い問題点をしっかりチェックして対応する必要がある。中央労働災害防止協会は、高齢者の労働災害防止の取り組みとして、「エイジアクション100」を提唱している。

5. 高齢者の再就職援助

　高齢者の再就職は、若い世代に比べると厳しい状況にあるため、事業者は55歳以上の労働者を解雇等によって離職させる場合には、労働者が再就職を希望する場合には求人開拓などの再就職援助に努めなければならないこととされている。
　また、事業者は、本人が希望した場合には、求職活動支援書を作成し、本人に交付しなければならない。支援書には、本人の職務経歴・業績、資格・免許等、技能など本人に関する事項と事業者の実施する再就職支援の内容を記載する。支援書の作成に当たっては、本人の希望等を聴取し、できる限り希望に即したものとすることが求められる。
　解雇等による高年齢離職者が1か月に5人以上発生する場合には、事前にハローワークに多数離職届を提出しなければならない。

6. シルバー人材センター

シルバー人材センターは、高年齢者が働くことを通じて生きがいを得るとともに、地域社会の活性化に貢献するために、市町村単位に設立されている法人である。

地域の生きがい就労を希望する高齢者が会員登録をする。センターは、地域の企業、公共団体、家庭から依頼を受けて、会員に対して、臨時的・短期的または軽易な就業機会を提供する。

シルバー人材センターは、基本的には、請負または委託によって仕事を受注する方式をとっているが、派遣または職業紹介を行っているセンターもある。

第4節 障害者の雇用

[ポイント]

- 事業者は、法定雇用率を上回る人数の障害者を雇用しなければならない。
- 法定雇用率未達成企業（100人以上）から納付金を徴収し、法定雇用率を超える障害者を雇用している企業に調整金・報奨金を支給する制度がある。
- 雇用している労働者が障害者であるかどうかの確認に際しては労働者のプライバシーに配慮しなければならない。
- 雇用のすべてのステージで、障害があることを理由とした差別が禁止されている。
- 事業者は、障害の特性に応じて合理的な配慮の措置を講じなければならない。合理的配慮は個々の事情で異なるため、障害のある労働者との話し合いが重要である。なお、過重な負担となる場合は除くこととされている。
- 特例子会社は障害者雇用を促進する有力な手法であるが、ノーマライゼーションに反するような運用をすべきではない。
- 事業者は、職場において障害者に対する虐待がないように十分な啓発を行うなど虐待防止措置を講じなければならない。
- 障害者の適切な雇用管理を行うため、地域障害者就労支援機関やジョブコーチ

を利用できる。

1. 障害者の雇用の状況

　法定雇用率の対象となっている民間企業における障害者の雇用状況は、雇用者数、実雇用率ともに着実に進展している。しかしながら、法定雇用率達成企業は約半数にとどまっている。

　障害者の雇用に当たって課題があるとする企業が多く、具体的な課題としては、「従業員が障害特性について理解することができるか」「障害者を雇用するイメージやノウハウがない」「職場の安全面の配慮が適切にできるか」などが挙げられている。

2. 障害者に関する法制度の概要

▶障害者基本法

　障害者に対する支援は様々な政策分野に関わることから、障害者基本法が制定されている。障害者基本法は、すべての国民が、障害の有無によって分け隔てられることなく、相互に人格と個性を尊重し合いながら共生する社会の実現を目指して、障害者の自立及び社会参加の支援等のための施策を総合的かつ計画的に推進することを目的とする法律である。

　障害者基本法に基づいて、政府の講じる障害者政策の基本的事項を定めた障害者基本計画が策定されている。

　障害者基本法で定める基本的な理念と政策を実現するため、障害者総合支援法、障害者雇用促進法、障害者差別解消法、障害者虐待防止法などの法制度が整備されている。

▶障害者総合支援法

　障害者総合支援法は、障害児・障害者が基本的人権を享有する個人としての尊厳にふさわしい日常生活と社会生活を営むことができるようにし、共生社会を実

現するため、日常生活や社会生活に関する総合的な支援を行う法律である。障害者総合支援法に基づいて、障害者福祉サービス、地域生活支援事業などが実施されている。

障害者総合支援法は、障害種別に関わらず障害者福祉サービス等を提供する制度であるが、これに加えて、障害種別ごとに、身体障害者福祉法、知的障害者福祉法、精神保健福祉法等の法律があり、必要な援助や福祉増進に関する措置等について規定している。

障害者総合支援法の障害者福祉サービスとして実施されている自立支援給付のうち訓練等給付によって、障害者の就業や雇用に向けた支援が行われている。具体的には、就労移行支援、就労継続支援、就労定着支援がある。

就労移行支援は、一般企業等への就労を希望する者に対する訓練を行い、一般企業への就職を目指すものである。就労継続支援は、一般企業での就労が困難な者に、働く場を提供するとともに、必要な訓練を行うものであり、利用者と雇用契約を結ぶA型と、雇用契約を結ばないB型がある。就労定着支援は一般就労に移行した者に就労に伴う生活面の課題に対応するための支援を行う。

3. 障害者雇用対策の概要

すべての国民が障害の有無にかかわらず共生する社会を実現していくためには、障害者の職業的自立を進めていくことが重要である。特に、近年障害者の就労意欲が高まっている中で、障害者の雇用、就業を拡大し、障害者が差別されることなく安心して働くことができる環境の整備が重要となっている。障害者雇用促進法に基づく制度を中心に各種施策が展開されている。

障害者雇用促進法は、基本理念として、障害者は、経済社会を構成する労働者の一員として、職業生活においてその能力を発揮する機会を与えられるとしている。他方、障害者は、職業に従事する者としての自覚を持ち、自ら進んで、その能力の開発・向上を図り、有為な職業人として自立するように努めなければならないとして、障害者の努力を促している。

障害者雇用対策の基本的な方向と事業者が講ずべき措置について、障害者雇用対策基本方針が策定されている。

障害者雇用促進法は、法定雇用率制度によって事業者に一定割合での障害者の

雇用を義務付けるとともに、平成28年に障害者差別禁止制度を導入して事業者に障害者に対する差別の禁止と合理的配慮の提供を義務付けた。この2つの制度を車の両輪として、企業における障害者雇用の拡大と待遇の改善が図られている。

　また、障害者虐待防止法は、障害者に対するあらゆる虐待の防止について規定しており、企業における障害のある労働者に対する虐待の防止も対象としている。

　障害者の雇用を進めていくためには、障害の種別や程度に応じて適切な支援を行う必要がある。障害者雇用促進法は、障害者に対する職業リハビリテーション、すなわち職業生活における自立のための支援の実施を定めている。職業リハビリテーションの実施のため、地域障害者職業センターや障害者就業・生活支援センターが設置されており、ジョブコーチによる支援も広がっている。

　障害者の就業を進めるためには、就業の場の拡大が必要であり、特例子会社の設立支援や障害者就業施設等への発注拡大などの施策が講じられている。各企業の積極的な取り組みが期待される。

4. 法定雇用率制度

　障害者雇用促進法は、「全て事業主は、対象障害者の雇用に関し、社会連帯の理念に基づき、適当な雇用の場を与える共同の責務を有するものであつて、進んで対象障害者の雇入れに努めなければならない」として、事業者に障害者を雇用する責務があることを明らかにしている。

　障害者雇用促進法では、障害者に対して健常者と同等に雇用機会が確保されるように、法定雇用率制度を設け、事業者に達成を義務付けている。

　そして、法定雇用率を達成している企業と達成していない企業との間の障害者雇用に関わる経済的負担の調整を図るとともに、障害者の雇用水準を引き上げるため、障害者雇用納付金制度が設けられている。

▶法定雇用率

　法定雇用率は、一般の労働者と障害者が同じ水準で雇用機会が確保されるように設定されており、少なくとも5年に1回、障害者の雇用状況や働きたい障害者の状況を踏まえて見直される。

　法定雇用率算定の基礎となる障害者は、昭和51年の制度発足時には身体障害者

のみであった。その後、平成10年に知的障害者、平成30年に精神障害者が追加された。算定対象となる障害種別の追加と障害者雇用の進展によって法定雇用率は逐次引き上げられてきた。

現在の法定雇用率は2.5%であるので、事業者は、労働者数に0.025を乗じた人数の障害者を雇用しなければならない。端数は切り捨てで計算する。このため、規模40人以上の企業に障害者の雇用義務があることになる。300人の企業であれば7人の障害者を雇用する義務がある。なお、法定雇用率は、令和8年7月1日から2.7%に引き上げられる。

公的機関については、民間企業よりも高い法定雇用率が設定されている。国、地方公共団体、独立行政法人等は2.8%、都道府県等の教育委員会は2.7%である。

▶実雇用率

障害者の雇用義務は企業単位で適用される。企業において実際に障害者を雇用している割合を実雇用率という。

実雇用率の計算に際しては、以下で説明するように、除外率制度、重度障害者のダブルカウント、短時間労働者のハーフカウントなどがあるので、カウント数で計算することになる。

実雇用率の計算式は、次のとおりである。

> 実雇用率＝雇用している障害者のカウント数
> 　　　　　÷雇用している労働者のカウント数

▶実雇用率の算定対象となる障害者

各企業の実雇用率の算定対象となる障害者は、原則として、障害者手帳を所持している者である。法定雇用率制度と雇用納付金制度の公平性と安定性を確保するために、対象となる障害者を明確に判定できるようにしている。

身体障害者については、身体障害者手帳を所持する者のほか、身体障害程度1～6級、または7級相当を2以上であり、指定医、産業医、健康管理医の診断書・意見書がある者が該当する。

重度身体障害者は、身体障害程度1～2級、または3級相当を2以上の者であり、身体障害者手帳か指定医等の診断書等で確認する。

知的障害者については、療育手帳を所持する者のほか、児童相談所等の専門機関の判定書の所持者が該当する。

重度知的障害者は、療育手帳でA判定、判定書でA相当と判定された者であり、療育手帳、判定書で確認する。

精神障害者については、精神障害者保健福祉手帳所持者である。精神障害者は手帳所持者に限定されている。

▶障害者の把握方法

事業者が障害者の雇用状況を確認するためには、手帳等を確認することが必要となる。しかしながら、障害を有するかどうかは労働者の個人情報であり、障害があることを公表していない障害者もいることから、労働者が障害者であるかどうかの確認はプライバシーに配慮して適切に行う必要がある。厚生労働省は、「プライバシーに配慮した障害者の把握・確認ガイドライン」を公表している。

すでに雇用している労働者について、障害者がいるかどうかを把握する場合には、原則として、特定の個人に照会するのではなく、労働者全員に対して画一的に障害者であることの申告を呼び掛けなければならない。申告を呼び掛ける際には、情報の利用目的を明確にする必要がある。また、申告の求めは業務命令ではないことを明らかにするのが望ましい。

本人の意思に反して、障害者である旨の申告を求めること、手帳の取得を強要することなどをしてはならない。また、障害者である旨の申告や手帳の取得を拒んだことにより、不利益な取り扱いをしないようにしなければならない。

▶企業の労働者数のカウント

各企業の雇用義務を算定する基準となる労働者は、常時雇用する労働者であり、無期雇用の者のほか、有期雇用であっても1年以上雇用している者や雇用見込みがある者を含む。

週の所定労働時間が20時間以上30時間未満の短時間労働者は、2分の1倍でカウントする。例えば、正社員や週所定労働時間が30時間以上のパート労働者が1000人、週所定労働時間が20時間以上30時間未満のパート労働者が1000人いる場合には、労働者数のカウントは1500人ということになる。

また、障害者雇用が困難な業種については、困難な状況を勘案して除外率が設

定されている。該当業種では、雇用している労働者数の算定に当たって、除外率に相当する人数を控除できる。例えば、除外率が20％である業種では、労働者数1000人の企業の労働者数のカウントは800人となる。

除外率制度は、ノーマライゼーションの観点から、どのような業種であっても障害者の雇用は工夫次第で可能であるとの考えの下で制度としては廃止されたが、現在経過措置として存続している。

▶雇用障害者数のカウント

法定雇用率制度において、各企業の雇用障害者数の算定について、重度障害者や短時間労働者にウェイトをつけることとしており、具体的なカウント方法は次の通りである。

週所定労働時間		30時間以上	20時間以上30時間未満	10時間以上20時間未満
身体障害者		1	0.5	—
	重度	2	1	0.5
知的障害者		1	0.5	—
	重度	2	1	0.5
精神障害者		1	1	0.5

▶雇用率の算定が通算できる特例

障害者の雇用率は、基本的には企業ごとに算定するが、障害者雇用を推進するために複数の企業の障害者雇用を通算する仕組みがある。

障害者の雇用に特別の配慮をする子会社を設立して、厚生労働大臣による特例子会社の認定を受けた場合には、特例子会社の労働者を親会社の労働者とみなして実雇用率を算定することができる。

さらに、特例子会社を設立した場合には、厚生労働大臣の認定を受けて、特例子会社以外の関係子会社を含めた企業グループによって実雇用率を算定することができる。企業グループ特例の対象となる関係子会社は、それぞれ実雇用率が1.2％以上であることが要件となっている。

また、中小企業に関しては、事業協同組合等を活用して障害者雇用を促進する共同事業を行う場合に、参加する中小企業と事業協同組合等を通算して実雇用率を算定することができる。

▶障害者雇用率の報告と未達成の場合の指導

　法定雇用率制度の対象である労働者40人以上の企業は、毎年6月1日における障害者の雇用状況をハローワークに報告しなければならない。除外率の適用業種では、除外率による控除後の労働者数が40人以上の企業が対象である。

　障害者雇用数が不足している企業に対しては、ハローワークによる達成指導が行われる。

　不足数が著しい企業、すなわち①実雇用率が全国平均未満で不足数が5人以上の企業、②不足数が10人以上の企業、③法定雇用数が3人ないし4人で雇用0人の企業に対しては、雇い入れ計画作成命令が出される。

　雇い入れ計画は、2年計画で作成する。おおむね1年経過した時点で、計画実施率が50％未満または実雇用率が計画前に比して上昇していない企業に対して、雇い入れ計画の適正実施勧告が出される。

　適正実施勧告をしても改善しない場合には、都道府県労働局やハローワークによる特別指導が実施される。そして、特別指導によっても実雇用率が全国平均未満である場合及び障害者雇用が0人である場合には、企業名が公表される。

5. 障害者雇用納付金制度

▶100人超の企業

　障害者雇用納付金制度は、障害者を雇用することは事業者が共同で果たしていくべき責任であるとの社会連帯の理念に立って、障害者雇用による経済的負担を調整するとともに、障害者を雇用する事業者に助成・援助をするための仕組みである。障害者雇用促進法に基づいて、高齢・障害・求職者雇用支援機構が運営している。

　法定雇用率未達成の企業は、雇用不足数に応じて納付金を納付しなければならない。納付金の額は、雇用不足数1人当たり月額5万円である。

100人超の企業で、法定雇用率で定める人数を超えて障害者を雇用している企業に対して、申請に基づいて、障害者雇用調整金が支給される。調整金の額は、法定雇用数を超えている障害者数1人当たり原則月額2万9000円である。

　労働者が100人を超えている企業は、毎年5月15日までに、前年度の障害者雇用状況に基づいて作成した障害者雇用納付金申告書を高齢・障害・求職者雇用支援機構に提出しなければならない。申告書は、納付金の納付の必要がないことを確認するため、法定雇用率を達成している企業を含めてすべての企業が提出する必要がある。

▶100人以下の企業

　100人以下の企業は障害者雇用納付金の納付義務はないが、障害者を多数雇用している場合には、報奨金が支給される。報奨金は、障害者雇用義務がない40人未満の企業にも支給される。

　報奨金の額は、基準を超えて雇用していた障害者1人当たり原則月額2万1000円である。該当する企業は、毎年7月31日までに、高齢・障害・求職者雇用支援機構に申請書を提出する。

▶在宅就業の発注に対する支援

　企業での雇用が困難な障害者が働くことができる環境づくりをめざして、在宅就業の機会の拡大が課題となっている。在宅就業に対する企業の発注促進を図るため、障害者雇用納付金制度において、在宅就業者に発注する企業に対して在宅就業障害者特例調整金・報奨金が支給されている。

6. 障害者差別の禁止

▶経緯

　国連の障害者権利条約は、すべての障害者のあらゆる人権と基本的自由の完全かつ平等な享有を確保し、障害者の固有の尊厳の尊重を促進することを目的とした条約である。

　平成18年12月に国連総会で採択され、日本は平成19年9月に署名し、平成26

年1月に批准した。

　障害者権利条約は、締約国に、障害に基づくあらゆる差別を禁止することと平等促進・差別撤廃のために合理的配慮の提供を確保することを求めている。日本には、障害者に対する差別を禁止し、合理的配慮を確保する法制度がなかったために、条約批准に当たって差別禁止法制が整備された。

　障害者差別解消法は、あらゆる分野において、障害を理由とする不当な差別的取り扱いを禁止するとともに、社会的障壁の除去のための合理的配慮を提供することを事業者の義務としている。障害者の差別解消に向けた政府の基本方針として、「障害を理由とする差別の解消の推進に関する基本方針」が閣議決定されている。また、事業分野別の対応指針（ガイドライン）が各主務大臣によって示されている。

　障害者雇用促進法では、雇用の分野において、障害を理由とする不当な差別的取り扱いを禁止するとともに、能力の発揮の支障を除去するための合理的配慮の提供を義務付けている。

▶差別禁止

　雇用のすべてのステージで、障害者であることを理由とした差別が禁止されている。

　差別禁止の対象となる障害者は、心身の機能の障害があるため、長期にわたり、職業生活に相当の制限を受け、または職業生活を営むことが著しく困難な者である。

　身体障害者、知的障害者、精神障害者、発達障害者などのほか、難病や高次脳障害など障害の原因は問わず、職業生活に相当の制限がある者が含まれる。障害者手帳の所持者には限られない。一方、障害の程度が軽く職業生活でハンディキャップにならない者や病気によって一時的に職業生活に相当程度の支障を生じている者は含まれない。

　障害者であることを理由とする差別が禁止されており、車いすや補助犬などの支援器具の利用、介助者等の付き添いの利用等を理由とすることも障害者であることを理由とする差別に該当する。

　具体的には、障害者であることを理由として募集・採用の対象から排除すること、障害者であることを理由として正社員にしないこと、一定以上の役職への昇

進対象から障害者を排除することなどは差別に該当する。

差別の禁止に関して、「障害者に対する差別の禁止に関する規定に定める事項に関し、事業主が適切に対処するための指針」（障害者差別禁止指針）が公表されている。

7. 障害者への合理的配慮

▶合理的配慮とは

事業者は、障害の特性に応じた合理的な配慮の措置を講じなければならない。ただし、過重な負担となる場合は除くこととされている。

障害者の場合には、障害が仕事をするうえで支障になることがあり、単に差別を禁止しただけでは十分に能力を発揮できないことがある。障害による支障を除去し、障害があっても能力が発揮できる環境を整える必要がある。そのため、事業者に合理的配慮の提供が義務付けられている。

合理的配慮の対象となる障害者は、差別禁止の対象者と同じであり、身体障害者、知的障害者、精神障害者、発達障害者などのほか、難病や高次脳障害など障害の原因は問わず、職業生活に相当の制限がある者が含まれ、障害者手帳の所持者には限られない。

合理的配慮は、個々の事情を有する障害者と事業者との相互理解の下で提供されるべき性質のものである。合理的配慮の内容は一律に決められるものではなく、適切な合理的配慮が実施されるためには、事業者と障害者との十分な話し合いが重要である。

合理的配慮に関しては、「雇用の分野における障害者と障害者でない者との均等な機会若しくは待遇の確保又は障害者である労働者の有する能力の有効な発揮の支障となっている事情を改善するために事業主が講ずべき措置に関する指針」（合理的配慮指針）が公表されている。

▶合理的配慮の手順

募集・採用時には、事業者は応募者の状況を把握できないので、応募する障害者から事業者に対して支障となっている事情などを申し出ることが必要となる。

応募者からの申し出を単に待つのではなく、障害によって応募や入社試験の受験に支障がある場合には適切な配慮をするので申し出るように促すことが望ましい。

採用後には、事業者は障害者に職場で支障になっている事情の有無を確認する必要がある。新たに採用した障害者だけでなく、中途障害者となった労働者についても同様である。なお、事業者の確認が行われない場合であっても、障害者は支障になっている事情を申し出て、合理的配慮を求めることができる。

事業者は、障害のために支障になっている事情を把握した場合には、障害者がどのような措置を求めているのか確認し、その意向を尊重しつつ、どのような措置を講じることとするか検討する。知的障害者や精神障害者で本人の意向確認が困難な場合には、就労支援機関の職員等の補佐を求めることも考えられる。

最大限本人の意向に即した措置を講じることが望ましいが、本人の希望する措置が過重な負担となる場合には、過重な負担にならない範囲で可能な措置を講じる必要がある。

事業者は合理的な配慮として講ずる措置を決定した場合には、その内容と理由を本人に説明する。過重な負担となるため措置を講じない場合はその理由を説明する。また、措置を講じるために時間を要する場合には、その旨を説明する必要がある。

なお、障害者の働く状況は変化するので、合理的配慮の内容については必要に応じて見直さなければならない。事業者は定期的に障害者が働いている状況を把握して、本人の意向も聞いたうえで、支障が生じていないか確認する必要がある。

▶合理的配慮の内容

合理的配慮は個々の障害者である労働者の障害の状態や職場の状況に応じて提供されるものであるため、多様性があり、かつ、個別性が高いものである。ここでは、考え方と合理的配慮の例を示すが、実際の状況において最適な措置を講じることが望まれる。

募集・採用時における合理的配慮は、障害者と障害者でない者との均等な機会の確保の支障となっている事情を改善するために講じられるものであり、視覚障害者の試験を点字・音声等で実施すること、聴覚・音声障害者の面接を筆談等で実施すること、知的障害者、精神障害者、発達障害者等の面接に就労支援機関の職員を同席させることなどが考えられる。

採用後の実際に働いている段階での合理的配慮は、障害者と障害者でない者との均等な待遇を確保するとともに、障害者の有する能力の有効な発揮の支障となっている事情を改善するために講じられるものであり、障害の特性に配慮した施設の整備、作業方法の改善、就業時間等の配慮、援助者の配置等の措置がある。

具体的には、勤務時間に関し通院・体調に配慮すること、視覚障害者に拡大文字・音声ソフトを活用すること、聴覚・音声障害者の業務指示・連絡に筆談・メール等を利用すること、肢体不自由者にスロープ・手すり等を整備すること、知的障害者に図を活用したわかりやすいマニュアルを作成すること、精神障害者に静かな休憩室を整備すること、感覚過敏な発達障害者にサングラス・耳栓の利用を認めることなどが考えられる。

▶過重な負担

合理的配慮の提供の義務は、事業者に対して「過重な負担」となる場合は除かれる。

過重な負担に該当するか否かは、事業活動への影響等を総合勘案して、個別に判断することになる。具体的には、事業活動への影響の程度のほか、実現困難度、費用・負担の程度、企業の規模、企業の財務状況、公的支援の有無である。

▶労働者の苦情等への対応

差別や合理的配慮に関する障害者からの苦情があった場合には、企業内で自主的に解決されることが望ましい。事業者は、労使による苦情処理機関を設置するなど、自主解決の仕組みを設け、労働者に周知しておくことが望ましい。

企業内で解決できない場合には、都道府県労働局長による紛争の解決の援助制度、都道府県労働局に設置されている障害者雇用調停会議による調停制度がある。

8. 虐待防止

障害者虐待防止法は、障害者に対するあらゆる虐待を禁止する法律であり、「何人(なんぴと)も、障害者に対し、虐待をしてはならない」と規定している。

そして、家庭等における親などによる虐待、障害者福祉施設等における職員等による虐待、職場における事業者等による虐待、学校・医療機関等における虐待

の防止について、具体的に規定している。

　職場における虐待の防止に関しては、事業者は自らが障害のある労働者に対して虐待行為をしてはならないことはもとより、障害のある労働者の上司や同僚が虐待行為をしないように、労働者に対する研修、障害者や家族からの苦情の処理体制の整備などの虐待防止措置を講じなければならないとしている。

　実際に事業者や上司・同僚による虐待行為があった場合には、虐待を発見した労働者等は都道府県・市町村へ通報する義務がある。また、虐待を受けた障害者は都道府県・市町村に届け出できることとされている。そして、この通報・届け出をしたことを理由とする不利益取り扱いは禁止されている。

　通報を受けた都道府県は都道府県労働局に報告し、都道府県労働局は都道府県と連携して労働基準法等の権限を行使して虐待事案に対処する。

9. 障害者の解雇

　障害者の解雇について、当然解雇に関するルールが適用され、解雇をする場合には、客観的に合理的な理由があり、社会通念上相当と認められることが必要である。

　雇用している労働者が、負傷・疾病によって中途障害者になった場合に、安易に解雇するのではなく、必要な合理的配慮によって働き続けられるようにすることが求められる。中途障害により、合理的配慮をしても従来の職務に従事することが困難な場合には、別の職務に就かせることなど、個々の職場の状況に応じて他の合理的配慮を検討することが必要である。

　障害者を解雇する場合には、速やかにハローワークに届け出なければならない。ハローワークにおいて、障害者の状況を確認し、再就職に向けた相談、紹介を円滑に行うためである。なお、障害者の責めに帰すべき事由で解雇する場合、天災事変のため事業の継続が不可能になった場合には届け出は要しない。

10. 障害者が働きやすい職場

　事業者は、差別禁止、虐待防止、合理的配慮等の法律で定められた事項の実施はもとより、障害者が生きがいを持って働ける職場となるように努力することが

必要である。

　採用に際しては、障害による支障に対して十分な配慮を行い、応募者の能力を適切に評価することが必要である。

　また、雇用する障害者に関して、特定の障害の種類や程度を条件とするのではなく、様々な障害の種類や程度に応じた職域の開発を積極的に行い、幅広く障害者を雇用することが望まれる。

　障害者は職場環境や職務内容に慣れるまで時間がかかることがあることを考慮して、障害の種類や程度に応じて十分な教育訓練の期間を設ける必要がある。知的障害者は仕事を覚えるまでに丁寧な指導が必要となる。また、精神障害者は仕事の難度を段階的に引き上げる必要がある。

　障害者個々人の能力の向上や職務遂行の状況を適切に把握し、適性や希望等を勘案した上で、能力に応じた適正な処遇に努める必要がある。その際、障害者のキャリア形成を考慮して、積極的に新しい職務に就かせ、上位の役職に登用することが望まれる。

　また、短時間労働者として採用した障害者が通常の所定労働時間働くことを希望する場合には、本人の能力等を勘案のうえ、できる限り希望に沿うことが望まれる。障害者雇用促進法には、その旨の努力義務が規定されている。

　障害者の職業の安定を図るためには、雇い入れの促進のみならず、雇用の継続が重要であり、障害があるために生じる個々人の課題を把握し、適正な雇用管理を行う必要がある。

　職場の安全確保に関しては、障害の種類及び程度に応じた安全管理を実施する必要がある。また、非常時においても安全が確保されるよう施設等の整備を図る必要がある。事故が発生した場合に、視覚障害者や聴覚障害者に状況を伝え、適切に避難できるようにするなどの対応が求められる。

　障害者の健康管理については、法律で定められた健康診断の実施はもとより、障害の特性に配慮した労働時間の管理等、障害の種類及び程度に応じた健康管理を実施する必要がある。

　さらに、障害者が職場に適応し、その有する能力を最大限に発揮できるようにするためには、職場内の意識啓発を通じ、事業者自身はもとより職場全体の障害及び障害者についての理解や認識を深めることが重要である。

▶障害者雇用推進者

40人以上の企業の事業者は、障害者雇用に関する企業内部の責任体制を確立するため、障害者雇用推進者を選任するように努めなければならない。

▶障害者職業生活相談員

事業者は、障害者を5人以上雇用する事業場に、障害者職業生活相談員を選任しなければならない。障害者職業生活相談員は、障害者が5人以上いる事業場ごとに選任する必要がある。

▶優良な中小企業事業主認定制度

中小企業における障害者雇用の進展に対する社会的な関心を喚起し、障害者雇用に対する経営者の理解を促進するため、先進的な取り組みを進めている中小企業事業主に対するもにす認定制度が設けられている。

11. 特例子会社

▶親会社との関係

特例子会社は、障害者の雇用の促進・安定のために設立される、障害者の雇用に特別の配慮をした子会社である。

厚生労働大臣の認定を受けた場合、実雇用率の算定において、親会社と通算できる。特例子会社の認定基準は、親会社から役員が派遣されるなど親会社との人的関係が緊密であること、雇用する障害者が5人以上で全従業員の20％以上であること、重度身体障害者、知的障害者、精神障害者の割合が雇用する障害者の30％以上であること、障害者の雇用管理を適正に行うに足りる能力を有していること、障害者の雇用の促進及び安定が確実に達成されると認められることなどである。

特例子会社は、障害者の雇用に特別に配慮しているので、障害の特性に配慮した施設、作業設備等の改善が行われ、専任の指導員などによる適切な支援・雇用管理が行われている。また、親会社とは異なる労働条件の設定など、弾力的な雇用管理が行われ、障害者の能力等に応じた処遇を行いやすい。

▶特例子会社に求められること

 一方で、特例子会社に対しては、インクルーシブ(包摂性)の理念に反するという批判があり、また、特例子会社方式では障害者がより高い能力を発揮することが難しい場合がある、賃金が安い場合があるなどの問題が指摘されている。
 特例子会社を設立する場合に、障害者の雇用はすべて特例子会社で行い、親会社では雇用しないというような運用がなされると、インクルーシブの理念に反することになる。親会社でも障害者雇用を推進しつつ、一般企業では雇用することが困難なより重度の障害者等の雇用拡大のため特例子会社を活用するようにしなければならない。
 また、特例子会社で採用した障害者が職業経験を積み、職業能力が向上した場合には、能力に応じて特例子会社の幹部に登用し、あるいは親会社に転籍させるなど、障害者が能力発揮できる機会を提供することが望まれる。
 特例子会社の賃金体系は、親会社とは異なっている場合が多いが、その場合にも障害者の能力に応じた適切な賃金水準とすることが必要である。最低賃金を基準とするのではなく、能力や生産性を勘案して賃金を決めることが求められる。

12. 職業リハビリテーション

▶就労支援

 地域の障害者就労支援機関は、障害者に対する職業リハビリテーションを実施するとともに、企業に対して障害者の雇用管理、職場定着に関する相談・支援を行っている。
 ハローワークは、障害の種類・程度に応じたきめ細かな職業相談、紹介、定着指導を行っているほか、法定雇用率達成指導と結びついた職業紹介を行っている。
 地域障害者職業センターは、高齢・障害・求職者雇用支援機構が各都道府県に設置している障害者雇用の専門機関である。障害者の職業評価、職業準備支援、職場適用援助などの職業リハビリテーションを行っている。また、企業に対して、障害者が従事しやすい職務設計など専門的な雇用管理に関する支援などを行っている。

障害者就業・生活支援センターは、都道府県が指定し、社会福祉法人・NPOが運営している、雇用、保健福祉、教育等の連携拠点となる機関である。就業面と生活面の一体的相談支援を行っており、障害者の就職に向けた準備、就職活動、職場定着等を支援している。また、企業に対して、障害者それぞれの障害特性を踏まえた雇用管理に関して助言している。

　そのほかに、障害者総合支援法に基づいて、就労移行支援事業所、就労定着支援事業所などが就労支援を行っている。

▶ジョブコーチ

　ジョブコーチは、障害者の職場適応を容易にするための支援を行う専門家である。

　ジョブコーチは、障害者に対しては、職務遂行や職場内のコミュニケーションに関する支援を行う。また、企業に対しては、障害特性に配慮した雇用管理、職務内容の設定、障害者とのかかわり方等に関する支援や助言を行う。ジョブコーチが企業と障害者の間の意思疎通を円滑にし、専門的視点からアドバイスすることによって、障害者の職場適応が容易になる。

　障害者の職域開拓や職場適応、職場定着のために、必要に応じて積極的にジョブコーチを活用することが望まれる。

第5節　外国人の雇用

[ポイント]

- 日本において外国人が働くことができる主な在留資格は以下の通り。
    - 専門的・技術的分野
        - 医療、介護、教育、外国料理の調理、企業内転勤など
        - 高度専門職
        - 技術・人文知識・国際業務
    - 特定技能
    - 技能実習（令和9年から育成就労制度に改正）
    - ワーキングホリデーなど特定活動

- 留学生等の資格外活動
- 定住者、永住者、日本人の配偶者など身分に基づく在留資格
- 事業者は、在留資格を確認し、就労可能な範囲内で働かせなければならない。不法就労をさせた事業者は不法就労助長罪となる。
- 外国人を雇用した場合及び離職した場合にはハローワークに外国人雇用状況届を提出しなければならない。通常は雇用保険の得喪届に記載すればよい。
- 労働関係法令や社会・労働保険関係法令は、国籍に関わらず、すべての労働者に適用される。
- 労働基準法は労働条件等について国籍による差別を禁止しており、外国人労働者を安い労働力として利用することは許されない。
- 日本の職場、生活等に不慣れな者、日本語能力が不十分な者に対しては、適切な雇用管理、生活支援等が必要である。

1. 外国人雇用の現状

　厳しいグローバル競争の下では、高度な技術、知識等を持った外国人材のより積極的な受け入れを図り、イノベーションの創出等を通じて我が国経済全体の生産性を向上させることが重要である。従来から、専門的・技術的分野の外国人材や外国人ならではの能力を有する人材は積極的に受け入れてきた。

　一方、いわゆる単純労働者については、日本人の雇用への影響、産業構造への影響、教育や社会保障等の社会的コスト、治安などの問題があり、基本的に受け入れていない。

　そうした中で、その時々の国際情勢や日本の雇用情勢を踏まえて、在留資格制度の見直しが行われ、受け入れ範囲が拡大してきた。最近では、令和2年に在留資格に「特定技能」が新設され、令和9年から技能実習制度が育成就労制度に改められる。

2. 在留資格制度

　外国人については、入国管理法に定められている在留資格によって、就労の可

否や範囲が定められている。

現在、日本において、外国人が働くことができるのは、専門的・技術的分野、特定技能、技能実習、ワーキングホリデーなどの特定活動、留学生等の資格外活動において、また身分に基づく在留資格を持つ者である。

▶専門的・技術的分野

専門的・技術的分野の在留資格は、就労を目的とする在留資格であり、報道、法律、医療、介護、教育、技能（外国料理の調理、パイロット等）、企業内転勤など、それぞれの在留資格ごとに就労できる範囲が定められている。外国人はその範囲内で就労することができる。

▶高度専門職

専門的・技術的分野については従来から積極的に受け入れてきたが、産業にイノベーションをもたらすような高度の知識・技術を有する外国人については、日本の産業の発展のため一層積極的な受け入れが必要である。

このため、高度人材ポイント制が設けられ、対象となる外国人には「高度専門職」の在留資格を付与し、在留手続き、配偶者の就労、家事使用人の帯同等に関し優遇措置を講じている。

高度専門職の活動分野は、高度学術研究活動、高度専門・技術活動、高度経営・管理活動の3つである。高度学術研究活動は研究・研究指導や教育、高度専門・技術活動は自然科学・人文科学の技術・知識を要する業務、高度経営・管理活動は事業経営や管理を行うものである。

高度専門職は、企業が優秀な外国人材を招聘することを容易にするための制度であり、積極的な活用が期待される。

▶技術・人文知識・国際業務

専門的・技術的分野の在留資格のうち、一般企業において、最も活用が見込まれる在留資格は、「技術・人文知識・国際業務」である。

技術は、理科系の大学や専修学校等を卒業した者が、大学等での専攻を活かして、技術開発、設計、生産管理などの技術分野の業務を行うものである。各種技術者、システムエンジニア、プログラマーなどが該当する。

人文知識は、文科系の大学・専修学校等を卒業した者が、大学等での専攻を活かして、企画、人事、経理、法務、マーケティングなどの事務分野の業務を行うものである。

　国際業務は、外国の文化に基盤を有する思考・感受性を必要とする業務を行うものである。翻訳、通訳、語学指導、海外取引等のほか、国際感覚を活かして行う広報・宣伝、デザイン、商品開発などが含まれる。国際業務については、原則として3年以上の実務経験が必要であるが、翻訳、通訳、語学指導については大学卒業者は実務経験不要となっている。

　技術・人文・国際の在留資格の者に、専攻とかかわりのない分野の業務や生産ラインでの組立業務、店舗での販売業務、一般事務などを行わせることはできない。ただし、総合職採用者について、日本人と同様に、工場や店舗で一定期間の実務研修を行うことは可能である。入国管理局が、具体的な業務について申請内容を審査して在留許可を出すので、その範囲で仕事をさせなければならない。

▶特定技能

　特定技能は、中小企業等における人手不足に対応するため、一定の専門性・技能を有し、即戦力となる外国人を受け入れる制度である。平成31年4月に開始された。

　特定技能によって外国人労働者を受け入れる産業分野は、生産性向上や国内人材確保のための取り組みを行ってもなお人材確保が困難な状況にあるため、外国人により不足する人材の確保を図るべき分野である。受け入れ産業分野は、現在、介護、ビルクリーニング、工業製品製造業、建設、造船・舶用工業、自動車整備、航空、宿泊、自動車運送業、鉄道、農業、漁業、飲食料品製造業、外食業、林業、木材産業である。

　特定技能は1号と2号に区分されている。特定技能1号は、技能水準が技能検定3級程度、日本語能力がN4以上相当の者が対象となる。在留期間は通算5年までであり、原則として家族の帯同はできない。

　特定技能2号は、熟練技能者を対象としており、技能水準が技能検定1級程度の者が対象である。在留期間は上限がなく、一定の要件を満たせば、家族の帯同ができる。

　特定技能の外国人を雇用する事業者には、法令遵守と適切な雇用管理に関する

要件が定められている。

　特定技能の外国人との労働契約に関して、所定労働時間が通常の労働者と同等であること、報酬額が日本人と同等以上であること、教育訓練や福利厚生施設の利用等について差別的な取り扱いをしないことが必要である。安い労働力として特定技能の外国人を雇用することはできない。

　また、特定技能1号の外国人に対して日常生活、社会生活に関して、支援計画を策定して支援をすることが義務付けられている。なお、事業者は、生活支援を登録支援機関に委託することができる。全部を委託している場合には、事業者は生活支援体制があるものとみなされる。

　特定技能の外国人を雇用する場合には、業所管の省が設置する分野別協議会の構成員となることが必要である。協議会においては、制度や情報の周知、法令遵守の啓発のほか、地域ごとの人手不足の状況を把握し、必要な対応等を行う。

　特定技能の外国人を雇用する事業者は、受け入れ状況、支援計画の実施状況などについて、四半期ごとに、出入国在留管理庁長官に届け出なければならない。

▶技能実習制度から育成就労制度へ

　技能実習は、国際貢献のため、開発途上国の労働者を受け入れ、OJTにより技能を習得させるとともに、併せて、受入企業の人手確保にも資する制度として運用されてきた。

　しかしながら、技能実習については、長時間労働や低賃金などの問題があり、賃金不払い事案や人権侵害事案も発生した。また、悪質な送り出し機関やブローカーが存在し、不当な利得を得ていた。そのため、技能実習生の失踪なども発生していた。このような状況に対応するため、数次にわたり制度改正が行われてきたが、問題が解決されるには至らなかった。

　このため、抜本的な見直しの議論が行われ、技能実習制度を廃止し、新たに育成就労制度が設けられることになった。育成就労制度は令和9年から実施される予定である。

　育成就労制度は、特定技能の受け入れ分野のうち就労を通じて技能を習得することが相当な分野において、3年間の就労を通じて特定技能1号の水準の技能を有する人材を育成するとともに、当該分野における人材を確保することを目的とする制度である。

今後、育成就労制度の基本方針及び育成就労産業分野ごとの分野別運用方針が策定される。分野別運用方針において、分野ごとの受け入れ見込数を設定し、これを受け入れの上限数として運用することとなっている。

育成就労を受け入れる事業者は、外国人ごとに育成就労計画を策定し、外国人育成就労機構の認定を受ける必要がある。

また、厳格な許可基準で許可を受けた監理支援機関により育成就労が適正に実施されているかを監理する仕組みが設けられる。

▶ワーキングホリデー

ワーキングホリデーは、相手国との取り決めに基づき、両国間の相互理解を深めるために、18歳から30歳までの若者に対し休暇目的での入国と滞在期間中の費用を賄うための付随的な就労を認める制度である。現在30の国・地域と協定を結んでいる。ワーキングホリデーの滞在者は、風俗営業等を除き、自由に就労することができる。

▶留学生

留学生は本来は就労することができないが、資格外活動の許可を受けた場合には許可の範囲内で就労することができる。留学生の資格外活動許可は包括許可であるので、勤務先ごとに取得する必要はない。留学生をアルバイトで雇用する場合には在留カード裏面の資格外活動許可の有無を確認し、許可があれば雇用して問題ない。

留学生の資格外活動の許可は、学業との兼ね合いを考慮して、1週28時間以内、長期休暇期間は1日8時間以内となっているので、その範囲内となるように注意する必要がある。

また、留学生の多くは卒業後に日本での就職を希望しているが、実際に日本で就職できている者は限られている。留学生の積極的な採用が望まれる。厚生労働省は、外国人雇用サービスセンターにおいて、留学生の就職支援や留学生の採用を希望する企業への支援を行っている。

なお、留学生が日本の企業に就職する場合には、技術・人文・国際、医療、介護など該当する在留資格への変更が必要となる。

▶身分に基づく在留資格

身分に基づく在留資格には、定住者、永住者、日本人の配偶者等がある。これらの在留資格は在留中の活動に制限がないため、自由に就労することができる。

3. 外国人を雇用する

▶不法就労に注意

事業者は、外国人を雇用する場合には、在留資格を確認し、就労可能な範囲内で働かせなければならない。在留資格で認められていない場合には、当該外国人は不法就労罪となり、不法就労をさせた事業者は不法就労助長罪となる。

不法就労となるのは、第一に、密入国者や在留期限が切れた者など不法滞在している者が働く場合である。第二に、就労が認められていない在留資格の者が働く場合であり、観光など短期滞在目的の者が働く場合や留学生等が資格外活動の許可を受けずに働く場合などが該当する。第三に、在留資格等で認められた範囲を超えて働く場合であり、例えば、調理の在留資格の者が工場で働く場合や留学生が資格外活動の許可を受けた時間を超えて働く場合が該当する。

▶在留カード

在留資格を有する外国人は在留カードを所持しており、在留カードの表面に在留資格と就労の可否が記載されている。なお、留学生などは表面では就労不可と表示されるが、裏面に資格外活動の許可の表示があるので裏面も確認する必要がある。

事業者は、外国人を雇用した場合及び外国人が離職した場合には、ハローワークに外国人雇用状況届を提出しなければならない。在留カードで確認した上で記入する。パート、アルバイト等を含めたすべての労働者が対象である。雇用保険の被保険者の場合には、雇用保険の得喪届に記載すればよい。なお、特別永住者は外国人雇用状況届の対象外である。

4. 外国人の適正な雇用管理

　労働関係法令や社会・労働保険関係法令は、国籍に関わらず、すべての労働者に適用される。外国人を雇用する場合にも、日本人と同様に、関係法令を遵守しなければならない。

　また、労働基準法は、労働条件等について国籍による差別を禁止している。外国人労働者の労働条件について、労働基準法や最低賃金法などで定める最低基準を遵守しているだけでは十分ではなく、外国人である、あるいは日本国籍ではないという理由で、日本人の労働者と比べて賃金や労働時間に差をつけることは許されない。労働基準法は刑罰法規であるので、外国人の差別的取り扱いは絶対にしないようにしなければならない。

　さらに、日本の職場、生活等に不慣れで日本語能力が不十分な者も多いので、それを踏まえた適切な雇用管理が必要である。日本人と同等に取り扱っているだけでは不十分な場合があり、適切な対応が望まれる。

　外国人労働者の雇用管理に関しては、労働施策総合推進法に基づいて、外国人労働者の雇用管理の改善等に関して事業主が適切に対処するための指針が策定されている。

第6節　パート・有期雇用労働者の雇用

[ポイント]
- パート・有期雇用労働者を採用した場合には、労働基準法で定める労働条件の明示に加えて、昇給の有無、退職手当の有無、賞与の有無、相談窓口について文書で明示しなければならない。
- 労働関係法令は、パート・有期雇用労働者にも適用されるので、就業規則の作成、年休の付与、健康診断の実施などが必要である。また、解雇する場合には客観的合理性と社会的相当性が必要である。
- 社会・労働保険の加入要件に該当するパート・有期雇用労働者に関して、保険の得喪手続きをしなければならない。

- 通常の労働者と同視されるパート・有期雇用労働者については、すべての労働条件について、正社員と同等にしなければならない。
- 通常の労働者と同視される労働者以外のパート・有期雇用労働者については、正社員と不合理な待遇差を設けてはならない。不合理であるかの判断は個別の労働条件ごとに行う。
- 事業者はパート・有期雇用労働者に対して以下の説明義務がある。
    - 採用時に、雇用管理改善のため講じている措置
    - 求めがあった場合に、待遇決定に際して考慮した事項
    - 求めがあった場合に、正社員の待遇、正社員との待遇差及び待遇差の理由
- 事業者はパート・有期雇用労働者を正社員に転換する措置を講じなければならない。

1. パート・有期雇用労働者の状況

　近年、正規雇用者数があまり変わらない中で、非正規雇用者数が大幅に増加したため、非正規雇用比率が大幅に増加した。

　非正規雇用の雇用形態には、パート、アルバイト、契約社員、派遣社員、嘱託などがある。

　非正規雇用で働いている者の中には、学生アルバイト、主婦パート、高齢者の嘱託など、勉強、家事・育児あるいは体力などとの関係から、短時間労働を選択している者が多い。一方で、正規の職員・従業員の仕事がないために非正規雇用で働いている不本意非正規雇用労働者が存在する。

　正規・非正規雇用の賃金を比較すると、正規雇用は20歳代前半からピークの50歳代前半まで賃金が上昇するカーブを描いているのに対して、非正規雇用は年齢にかかわらず同水準で推移しているため、40歳代以降ではかなりの賃金格差がある。

2. パート・有期雇用労働者対策

　非正規雇用に関する課題は、不本意非正規雇用労働者への対応と正規・非正規

雇用間の不合理な処遇格差の是正の2つである。

不本意非正規雇用労働者に関しては、正社員化を図る必要がある。企業における正社員登用制度の普及により現に働いている企業において正社員転換を図るとともに、転職して正社員となるための就職支援が行われている。

一方、非正規雇用労働者の多くは自らパートタイムなどの非正規雇用を選択しているが、それは子育てや介護などの負担や自分の体力のことを考えてパートタイムなどの非正規雇用を選択しているものであり、その処遇に満足しているわけではない。非正規雇用者の雇用状況をみると、雇用が不安定であること、正規雇用に比べて賃金水準が低いこと、教育訓練の機会が少なくキャリアアップが難しいことなどの問題がある。

雇用形態間の待遇の格差是正に関しては、従来から議論されてきたが、平成27年に、議員立法で職務待遇確保法が制定され、雇用形態間の待遇の格差を研究し、必要な施策を講じることによって、雇用形態にかかわらず充実した職業生活を営むことができる社会の実現を目指すこととされた。

そして、働き方改革においては、同一労働同一賃金の実現に向けて検討が行われ、パートタイム労働法、労働契約法、労働者派遣法を一括して改正し、均等・均衡待遇規定の整備、同一労働同一賃金のガイドライン策定、非正規雇用労働者への説明義務の強化などが行われた。この改正によって、パートタイム労働法は、パート・有期雇用労働法となり、パートタイム労働者と有期雇用労働者に関する規定は基本的に統一された。

▶パート・有期雇用労働法の基本理念

パート・有期雇用労働法は、基本理念として、パート・有期雇用労働者は、生活との調和を保ちつつその意欲及び能力に応じて就業できる機会が確保され、職業生活の充実が図られるように配慮されることとしている。

また、職務待遇確保法では、基本理念として、労働者は雇用形態にかかわらず、その従事する職務に応じた待遇を受けることができること、正社員以外の者が正社員になることを含め労働者が意欲・能力に応じて自らの希望する雇用形態により就労する機会が与えられることなどを挙げている。

このような基本理念を受けて、パート・有期雇用労働法では、事業者の責務として、就業の実態等を考慮して、適正な労働条件の確保、教育訓練の実施、福利

厚生の充実、正社員転換措置等を講ずることにより、通常の労働者との均衡のとれた待遇の確保等を図ることを掲げている。

パート・有期雇用労働者の待遇の改善を図るため、短時間・有期雇用労働者対策基本方針が策定されている。

▶対象となる労働者

パートタイム労働者は、同一事業者に雇用される通常の労働者、すなわち正社員に比べて所定労働時間が短い者である。雇用期間は無期の者と有期の者とがある。

有期雇用労働者は、雇用期間が決められている者である。有期雇用労働者の多くはパートタイムであるが、専門職の契約労働者や定年退職者の再雇用などで労働時間は通常の労働者と変わらない者もいる。

このように、労働時間が短くて有期雇用の者、労働時間が短くて無期雇用の者、労働時間は同じで有期雇用の者の3種類の労働者がいるが、そのいずれに対してもパート・有期雇用労働法が適用される。

なお、企業内での名称がアルバイト、契約社員、嘱託等である者についても、この要件に該当すれば、パートタイム労働者ないし有期雇用労働者である。

3. パート・有期雇用労働者に対する労働関係法令の適用

労働関係法令・社会保険関係法令は、雇用形態に関わらず基本的に適用される。

▶労働条件の明示

パート・有期雇用労働者を採用した場合には、労働基準法で定める労働条件の明示に加えて、昇給の有無、退職手当の有無、賞与の有無、相談窓口について文書で明示しなければならない。

有期雇用契約の場合には、契約更新ごとに、労働基準法による労働条件とともに明示することが必要である。

パート・有期雇用労働者は、昇給等について正社員と異なることがあり、トラブルになることがあるため、採用時点で文書によって昇給等の有無を明確にすることとされている。

ただし、賞与等を正社員には支給し、パート・有期雇用労働者には支給しないという場合には、同一労働同一賃金の規定に照らして不合理でないことが必要である。仮に不合理である場合には、採用時に文書で支給しない旨を明示していても支給する必要がある。

▶就業規則

10人以上の事業場では、就業規則の作成義務があるが、この場合の労働者数には、パート・有期雇用労働者も含まれる。例えば、正社員5人、パート労働者5人の事業場は就業規則の作成義務がある。仮に正社員が1人もいなくても、パート労働者が10人いれば作成しなければならない。

また、パート・有期雇用労働者がいる場合には、必ずパート・有期雇用労働者に適用される就業規則がなければならない。その場合に、パート・有期雇用労働者の就業規則を別規則にする方法、就業規則にパート・有期雇用労働者に関する特別規定を設ける方法のいずれでもよい。

パート・有期雇用労働者に関する就業規則を作成・変更する場合には、労働基準法で定める労働者全体の代表者からの意見聴取に加えて、パート・有期雇用労働者の過半数代表者からも意見を聴取することが努力義務となっている。当事者の意見を聞くことは重要である。

▶労働者代表

36協定、就業規則の意見聴取等の労働者代表の選出は、パート・有期雇用労働者を含めた全労働者によって選出された者でなければならない。正社員のみでの選出は適法ではない。特に、パートタイム労働者が多い事業場では注意が必要である。

▶年次有給休暇

所定労働日数が週5日以上である場合には、所定労働時間の長短に関わらず、付与日数は一般の労働者と同じである。

所定労働日数が少ないパート労働者は付与日数が比例付与となる。

有期雇用に関しては、契約期間が6か月以上であるか、6か月を超えて更新した場合に、採用から6か月経過した時点で付与しなければならない。

▶健康診断

　パート労働者は、所定労働時間が通常の労働者の4分の3以上の者が対象であり、2分の1以上の者も実施することが望ましい。
　有期雇用労働者は契約期間1年以上、あるいは1年以上の雇用見込みの者が対象である。

▶育児・介護休業制度等

　労使協定で週所定労働日が2日以下の者等を除外できる。
　また、有期雇用労働者は労働契約終了日によっては対象とならない場合がある。

▶解雇

　パート労働者にも労働契約法の解雇の規定の適用があり、客観的に合理的理由を欠き、社会通念上相当であると認められない場合には無効となる。パートタイム労働者であるからといって自由に解雇できるわけではない。
　有期雇用労働者は、契約期間中の解雇はやむを得ない場合以外できない。また、有期雇用労働者の労働契約が反復更新されている場合の雇止めは、客観的に合理的な理由があり、社会通念上相当であることが必要である。なお、5年以上更新されている場合は、無期契約転換申込権が生じる。

▶社会・労働保険

　雇用保険は、所定労働時間が週20時間以上（令和10年10月から10時間以上）、31日以上の雇用見込みの者に適用されるので、これに該当するパート・有期雇用労働者の採用・離職の場合には、被保険者資格の得喪手続きをし、加入させなければならない。
　労災保険は、所定労働時間や契約期間にかかわりなく、パート・有期雇用労働者を含めたすべての労働者に適用される。保険料は賃金総額に係るので採用・離職に際して特段の手続きは不要である。パート・有期雇用労働者が労働災害や通勤災害にあった場合には、健康保険ではなく、労災保険から給付されるので注意が必要である。
　健康保険・厚生年金は、原則として、所定労働時間が4分の3以上、契約期間1

か月以上の者に適用される。現在、所定労働時間が4分の3未満の者についても、週20時間以上である者について順次適用が拡大されている。これに該当するパート・有期雇用労働者の採用・離職の場合には、被保険者資格の得喪手続きをし、加入させなければならない。

4. 同一労働同一賃金の概要

　同一労働同一賃金は職務給が前提となるものであるとして、日本においては同一労働同一賃金の原則を適用することは難しいと考えられてきた。働き方改革において、日本的雇用慣行にも十分配慮しつつ、同一労働同一賃金の実現を図ることとなった。すなわち、同一労働同一賃金は、職務給を前提としておらず、職務給を義務付けるものではない。

　新たな法制度の下では、正規雇用労働者と非正規雇用労働者の不合理な待遇差は許されず、賃金等の処遇は労働者の納得を得られるものにしなければならない。そのためには、事業者は、職務内容や能力等を明確にし、その職務や能力等と賃金等の待遇との関係を明らかにする必要がある。

　同一労働同一賃金を実現するため、各企業において、非正規労働者を含めて労使間で話し合い、職務や能力等の内容の明確化とそれに基づく公正な評価を推進し、それに則った処遇が実現するように処遇体系全体の見直しをすることが望まれる。

▶同一労働同一賃金の枠組み

　同一労働同一賃金は、通常の労働者と同視されるパート・有期雇用労働者と通常の労働者と同視される労働者以外のパート・有期雇用労働者とで異なる規定となっている。

　通常の労働者と同視されるパート・有期雇用労働者については、すべての労働条件に関して、パート・有期雇用労働者であることを理由とした差別的取り扱いが禁止されている。

　他方、通常の労働者と同視される労働者以外のパート・有期雇用労働者については、個別の労働条件ごとに、均等あるいは均衡の確保が求められる。

　なお、一般に同一賃金と称しているが、教育訓練、福利厚生、安全衛生などす

べての処遇が対象である。そういう意味では、同一労働同一待遇のほうが正確といえる。

▶比較対象となる通常の労働者

　比較対象となる通常の労働者は、正社員及び無期雇用フルタイム労働者である。

　通常の労働者に複数の雇用管理区分がある場合、待遇が最も低い区分とのみ比較するのではなく、それぞれの雇用管理区分と比較して均等・均衡を確保するようにする必要がある。正社員以外に無期雇用フルタイム労働者がいる場合には、その者も比較の対象となるが、あえて低い待遇の雇用区分を設けて、その者とパート・有期雇用労働者の労働条件を比較することは、脱法行為であり許されない。

　また、正社員とパート・有期雇用労働者とで職務内容等を分離して、職務内容が異なると整理した場合にも、職務内容が最も近い正社員と比較し、不合理と認められる待遇の相違の解消が必要となる。正社員で比較できる対象がいないという説明は許されない。

　なお、無期雇用フルタイム労働者の待遇は、法律的には同一労働同一賃金の対象ではないが、パート・有期雇用労働者の同一労働同一賃金の考え方を踏まえれば、当然、同様の考え方に基づいて同一労働同一賃金を確保すべきである。

5. 通常の労働者と同視されるパート・有期雇用労働者

▶職務内容の判断基準

　通常の労働者と同視されるパート・有期雇用労働者とは、通常の労働者と職務内容や職務内容・配置の変更範囲が同じ者である。職務内容は、業務内容と責任の程度によって判断される。また、職務内容・配置の変更範囲とは、人材活用の仕組みのことである。

　業務の内容については、抽象的な職種ではなく、実際にそれぞれの労働者が従事する業務が実質的に同じかどうかで判断される。中核的な業務が同じであれば、付随的に行う業務に差があっても、同じ業務となる。正社員とパート・有期雇用労働者とで異なる職務の名称を付けていても、実際の業務が同じであれば、同じ業務と判断する。また、正社員の業務に形式的にパート労働者とは異なる業務を

入れていても、その業務がほとんどないような場合は、業務内容は同じと判断する。

　責任の程度は、権限の範囲、成果に対して求められる役割、トラブル発生時などに求められる対応の程度などによって総合的に判断される。これらの判断に当たっては、パート・有期雇用労働者について形式的に違いを設けているというようなことではなく、実態としてどのような業務を行い、どのような役割を果たしているかで判断しなければならない。

▶職務内容と配置の変更

　職務内容と配置の変更には、転勤、人事異動による部署や業務の変更、昇進などが含まれる。この変更の範囲が正規労働者と実質的に同じかどうかで判断する。正社員は幅広く業務を経験させるが、パートタイム労働者は1つの業務のみに従事させる場合は、業務の変更の範囲が異なると判断する。

　なお、法律では、「当該事業場の慣行その他の事情からみて」と規定されており、例えば、就業規則に正社員は転勤することがあると規定されていても、実際にはほとんど転勤がない場合には、転勤に関しては変更の範囲が異なるとはいえない。

　有期雇用労働者は雇用期間が限られているので、その期間中の昇進や配置転換の可能性は限られるが、法律では、「当該事業主との雇用関係が終了するまでの全期間において」と規定されており、同じ期間内での変更の見込みが同じかどうかで判断することとされている。

　このような基準によって判断した結果、通常の労働者と同視されるパート・有期雇用労働者については、基本給、賞与などの賃金はもとより、休暇、福利厚生、教育訓練などのすべての労働条件について、正規労働者と同じにしなければならない。

　基本給、賞与などが同じという意味は、同じ決定基準、ルールで決めるということであり、能力や成果による査定による違いは当然認められるが、査定に当たって非正規雇用であることを理由に低く評価することは許されない。なお、パート労働者の場合には、当然、給与や休暇は所定労働時間や所定労働日数に比例したものでよい。

6. 通常の労働者と同視される労働者以外の
　パート・有期雇用労働者

▶不合理な待遇差の解消

　通常の労働者と同視される労働者以外のパート・有期雇用労働者については、通常の労働者との間の不合理な待遇差の解消が求められる。職務内容、職務内容・配置の変更範囲、能力、経験などにより説明できる待遇差は許容されている。

　正社員とパート・有期雇用労働者の賃金の決定基準、ルールが異なることは許容されるが、その場合には、その違いが職務内容、職務内容・配置の変更範囲などの客観的・具体的な実態に照らして不合理なものであってはならない。「正社員とパートタイム労働者では将来の役割期待が異なるので違いがある」というような、主観的・抽象的な説明では不十分である。パート・有期雇用労働者の納得が得られるように、客観的・具体的な実態を踏まえた検討が求められる。

　なお、通常の労働者とパート・有期雇用労働者との待遇差に関して、パート・有期雇用労働法に基づいて、「短時間・有期雇用労働者及び派遣労働者に対する不合理な待遇の禁止等に関する指針」(同一労働同一賃金ガイドライン)が示されている。

▶待遇ごとに判断すること

　労働者の待遇には、基本給、賞与、各種手当、休暇、福利厚生、教育訓練など様々なものがある。通常の労働者とパート・有期雇用労働者との待遇差の比較に当たっては、それぞれの待遇ごとに、その待遇の性質等を踏まえたうえで、別々に判断する必要がある。

　待遇差の比較を行う場合に、個々の待遇ごとに検討するのではなく、待遇全体を総合的にみるという方法は許されない。法律には、待遇差に関して、職務内容、職務内容・配置の変更範囲などのうち、「当該待遇の性質及び当該待遇を行う目的に照らして適切と認められるものを考慮して、不合理と認められる相違を設けてはならない」と明記されている。

　待遇差の判断に当たって考慮する事情には、業務内容、責任の程度、職務内容・配置の変更範囲のほか、能力・経験、合理的な労使慣行等がある。待遇ごとに、ど

の事情を考慮すべきかは異なり、不合理性の判断が異なることになる。職務内容との関連が少ない、例えば、通勤や食事に関するものなどは、特段の事情がない限り、職務内容等が異なったとしても、待遇差は許されないということになる。

▶基本給

　基本給は職務の内容、職務の成果、能力・経験、勤続年数など、様々な要素を踏まえて決定されているので、それぞれの企業、雇用管理区分ごとの基本給の考え方を整理したうえで、不合理な待遇差がないかを判断する。

　通常の労働者とパート・有期雇用労働者との賃金決定基準・ルールに違いがある場合には、その違いが職務内容、職務内容・配置の変更範囲、その他の事情の客観的・具体的事実に照らして不合理でないと説明できなければならない。例えば、正社員は職能給で定期昇給あり、パートは職務給で昇給なしという賃金体系の場合、賃金決定基準が異なる理由が説明できなければならない。この場合の賃金決定基準の違いの説明は、将来の役割期待が異なるなど、主観的・抽象的説明では足りない。

　また、賃金決定基準が異なることが不合理でない場合について、賃金体系の違いによって正社員とパートタイム労働者の賃金水準に差が生じる場合には、その水準の差は職務内容、能力等によって説明できなければならない。

　賃金決定基準・ルールが同じ場合には、基本給の決定要素が同じであれば同一の、一定の違いがあればその違いに応じた基本給としなければならない。すなわち、職能給の場合は、通常の労働者とパート・有期雇用労働者が同じ能力・経験を持つのであれば同じ賃金、違いがあるのであればその違いに応じた賃金としなければならない。同様に、職務給であれば職務内容・責任、業績給であれば業績・成果、勤続給であれば勤続年数が同じであれば同じ賃金、違いがあるのであればその違いに応じた賃金としなければならない。

　基本給が複数の要素から構成されている場合には、それぞれの要素に分けて判断する必要がある。

　定年後に継続雇用された有期契約の契約社員についても、同一労働同一賃金の適用がある。定年後の再雇用によって、職務内容や職務内容・配置の変更範囲などを変更した場合には、その違いに応じた賃金の低下は許容される。また、職務内容等に変更がない場合についても、継続雇用後の賃金水準が不合理であるかの

判断に際して、定年後の継続雇用であるということ、退職金の支給や企業年金制度の存在などを、その他の事情として総合勘案することはできる。これらの要素で説明できないような大幅な賃金の低下は許されない。

また、パート・アルバイトの賃金に関して、地域のパート・アルバイトの賃金相場で決めるという方式は許されない。それぞれの企業において、パートタイム労働者等の職務内容等に応じて、当該企業の正社員との関係で不合理な待遇差ではないことの検証が求められる。

▶賞与

パート・有期雇用労働者には賞与を支給していない企業も多いが、その場合には、支給しないことが不合理でないことを説明できなければならない。単に非正規雇用だから支給しないということはできない。

正社員には会社の業績等への貢献に応じて比較的高額の賞与を支給し、パート・有期雇用労働者には全員一律の比較的低額の賞与を支給するような場合には、支給基準が異なることについて、職務内容等に照らして不合理でないという説明ができなければならない。

賞与の役割・意味、支給基準は様々であるが、その役割・意味を明確にして、パート・有期雇用労働者にとっても納得性のある支給基準とする必要がある。

▶通勤手当

通勤は、職場で仕事をするために、雇用形態を問わずに必要な行為なので、正社員に通勤手当を支給している場合には、パート・有期雇用労働者に対しても同一の通勤手当を支給しなければならない。

▶食事手当・食事補助

勤務時間内に食事時間がある場合に、正社員に食事手当支給、食堂利用券など食費補助等をしている場合には、パート・有期雇用労働者に対しても同様の手当支給・補助をしなければならない。

正社員とパート・有期雇用労働者の食事手当の額、食堂利用券の限度額が異なることは問題である。

▶役職手当

　役職についている者に支給する役職手当は、役職の内容、責任の範囲・程度が同じであれば、パート・有期雇用労働者の役職者に対して、正社員の同じ役職者と同一の役職手当を支給しなければならない。
　パート労働者を店長に登用している場合に、正社員の店長と比較して、店長としての職務内容・責任などが同じであれば、店長手当は同一でなければならない。店長として勤務する時間が短い場合に店長手当を時間に比例した額とすることは問題ない。
　また、同じ名称の役職であっても、正社員とパート・有期雇用労働者では役職の内容、責任の範囲・程度が異なる場合には、その違いを明確にしたうえで、違いに応じた手当を支給しなければならない。

▶職務に関連する手当

　業務の危険度や作業環境に応じて支給される特殊作業手当、交替勤務などの勤務形態によって支給される特殊勤務手当などは、同一の危険度、作業環境、勤務形態の場合は、パート・有期雇用労働者に対しても同一の手当を支給しなければならない。

▶地域手当

　勤務地によって地域手当を支給している場合には、パート・有期雇用労働者に対しても、原則として同様の地域手当を支給しなければならない。
　正社員は全国一律の基本給体系を適用して、地域による物価等を勘案して地域手当を支給し、地域採用のパート・有期雇用労働者は地域の物価水準を踏まえて基本給を設定することは問題ない。その場合には、正社員とパート・有期雇用労働者の基本給を比較するときは、正社員の基本給に地域手当を足したものとパート・有期雇用労働者の基本給を比較することになる。

▶精皆勤手当

　正社員に精皆勤手当を支給している場合であって、パート・有期雇用労働者に対しても所定労働日に欠勤しないよう求めている場合には、同様の精皆勤手当を

支給しなければならない。

▶時間外、休日、深夜手当

　パート・有期雇用労働者が時間外労働、休日労働、深夜労働をした場合には、正社員と同一の割増率の時間外労働手当、休日労働手当、深夜労働手当を支給しなければならない。正社員に対して、法定の割増率より高い率を適用している場合には、パート・有期雇用労働者に対しても同じ割増率にする必要がある。

▶家族手当

　正社員に対して、配偶者手当、子供手当など労働者の家族に着目した手当を支給している場合には、家族手当の趣旨、目的を明確にして、パート・有期雇用労働者の家族等との関係を勘案し、支給の有無、対象範囲等を検討する必要がある。
　家族手当については、それぞれの企業において、様々な経緯で設けられ、その役割、意味合いも異なることから、法律に基づくガイドラインでは考え方が示されていない。しかしながら、家族手当についても、法律の均衡待遇の規定の対象なので、各事業場の労使で十分に話し合い、正社員とパート・有期雇用労働者との違いがある場合には、それが不合理な違いとはならないようにしなければならない。
　その際、一人親家庭で、子育てのために短時間勤務を選択している者などもいるので、様々な観点から検討することが求められる。

▶住宅手当

　正社員に対して住宅手当支給、社宅提供をしている場合には、住宅手当支給・社宅提供の趣旨、目的を明確にして、パート・有期雇用労働者の住宅事情、勤務と住宅の関係等を勘案し、支給・提供の有無、対象範囲等を検討する必要がある。
　住宅手当についても、それぞれの企業において、様々な経緯で設けられ、その役割、意味合いも異なることから、法律に基づくガイドラインでは考え方が示されていない。しかしながら、住宅手当についても、法律の均衡待遇の規定の対象であるので、各事業場の労使で十分に話し合い、正社員とパート・有期雇用労働者との違いがある場合には、それが不合理な違いとはならないようにしなければならない。

▶ **退職金**

　正社員に退職金を支給している場合には、退職金の趣旨、目的を明確にして、パート・有期雇用労働者の企業とのかかわり・貢献、在職中の基本給水準などを勘案して、支給の有無、対象範囲等を検討する必要がある。

　退職金は、賃金後払い、長年の勤務に対する功労報償、退職後の生活保障などの性格を持っているとされる。退職金は、多様な性格を持ち、企業によって制度が様々であることから、ガイドラインでは考え方が示されていない。しかしながら、退職金についても、家族手当等と同様に、法律の均衡規定の対象なので、各企業において、それぞれの退職金制度の性格などを踏まえて、労使で十分に話し合い、正社員とパート・有期雇用労働者に違いがある場合には、不合理な違いとならないようにしなければならない。

　特に、退職金が賃金の後払いであるとした場合には、パート・有期雇用労働者に退職金を支給しない場合に、在職中の基本給の比較の際に退職金の違いをどう評価するかということも検討する必要がある。

▶ **休暇**

　正社員に法定の年次有給休暇を上回る休暇を付与している場合には、パート・有期雇用労働者に対しても同様の休暇を付与しなければならない。

　正社員にリフレッシュ休暇制度がある場合、長期勤続しているパートタイム労働者にも同等の休暇を付与する必要がある。なお、所定労働日数が少ないパートタイム労働者は比例的に算定される日数でよい。

　慶弔休暇など、労働者の事情によって付与される休暇や勤務免除は、正社員と同一に付与しなければならない。なお、所定労働日数が少ないパート労働者は、勤務日調整で対応することもできる。

　病気休暇については、正社員と同一の期間の休暇を付与しなければならない。有期雇用労働者は労働契約期間中の病気休暇を付与すれば足りる。

▶ **福利厚生施設**

　事業場にある福利厚生施設については、その事業場で働くパート・有期雇用労働者に、正社員と同様に利用させなければならない。食堂、休憩室、更衣室を含

めて、事業場にあるすべての福利厚生施設が対象になる。
　なお、パート・有期雇用労働法は、同一労働同一賃金の規定とは別に、正社員が利用できる食堂、休憩室、更衣室について、パート・有期雇用労働者に利用させなければならない旨を明記している。

▶教育訓練

　教育訓練は、労働者が職務を的確に遂行するために必要であるとともに、能力を高めて職域を広げ、昇進・昇給をするためにも重要である。
　現在の職務に必要な技能・知識を習得するために実施する教育訓練は、正社員と同一の職務内容であるパート・有期雇用労働者に対して、同一に実施しなければならない。
　パート・有期雇用労働法は、同一労働同一賃金の規定とは別に、職務の遂行に必要な能力を付与するための教育訓練について、職務内容が同じパート・有期雇用労働者に対しても実施しなければならないと規定している。
　また、現在の職務に直接関係のない様々な教育訓練、例えば、一般的な資質向上のための教育訓練、将来の職域を広げるための教育訓練などについて、事業者は、パート・有期雇用労働者の職務の内容、成果、意欲、能力及び経験などに応じて実施するように努めることとされている。
　パート・有期雇用労働者に対して、職務に直接かかわる教育訓練は正社員と同様に実施し、その他の教育訓練についても可能な限りパート・有期雇用労働者も参加できるようにする必要がある。パート・有期雇用労働者の活躍、意欲向上のために、積極的な対応が望まれる。

▶安全のための措置

　職務を遂行する場合に労働者の安全と健康を守るために必要な措置は、同一の職務環境の下で働く場合には、パート・有期雇用労働者に対して、正社員と同一の措置を講じなければならない。安全衛生教育など作業を安全に行うための教育の実施、安全帽、安全靴、防塵マスクなど安全と健康を確保するための機器の支給などである。

7. パート・有期雇用労働者への説明義務

▶雇用管理改善に関する事項の説明

　事業者は、パート・有期雇用労働者を雇い入れたときは、速やかに、差別禁止、賃金の決定方法、教育訓練の実施、福利厚生施設の利用、正社員転換の措置について、実施している雇用管理の改善措置の内容を説明しなければならない。
　パート・有期雇用労働者が理解しやすい資料を用いて説明することが適当である。

▶待遇決定に際して考慮した事項の説明

　事業者は、雇用しているパート・有期雇用労働者から求めがあった場合には、待遇決定に際して考慮した事項について説明しなければならない。
　差別禁止に関しては、正社員と同視しうる労働者であるかどうかを判断した根拠、同視しうる労働者でないと判断した場合には正社員と何が異なるか等を説明する。賃金の決定方法については、賃金を決定する際に職務内容、職務の成果、能力・経験等をどのように勘案したか等を説明する。教育訓練については、職務遂行に必要な教育訓練の対象範囲を決めた根拠、パート・有期雇用労働者が利用できる教育訓練の内容を決めた根拠などを説明する。福利厚生施設については、パート・有期雇用労働者の利用の可否を決めた根拠を説明する。正社員転換措置については、方法、要件等を決める際に考慮した事項を説明する。
　考慮した事項や判断した根拠を丁寧に説明することが必要である。客観的に十分な説明をしていれば、本人が納得していなくてもやむを得ない。
　パート・有期雇用労働者が説明を求めたことを理由とする不利益取り扱いは禁止されている。

▶正社員との待遇差と理由の説明

　事業者は、求めがあった場合、同じないし類似の職務に従事している正社員の待遇、正社員とパート・有期雇用労働者との待遇差、その待遇差の理由を説明しなければならない。

パート・有期雇用労働者が、当該企業において同一労働同一賃金が実現しているかどうかを確認する手段として義務付けられているものである。企業とパート・有期雇用労働者との情報の非対称性をなくし、パート・有期雇用労働者が待遇に疑問がある場合に、企業と同じ土俵で話し合いができるようにするためである。
　仮に企業内で話し合いがつかなかった場合には、行政ADR（裁判外紛争解決手続）や裁判で労働者が自分の主張をする前提の事実となるものであり、労働者にとって重要な意味を持つ。一方、きちんとした説明を行い、非正規労働者が自分の待遇に納得すれば、意欲を持って働くようになるので、企業にとってもメリットが大きい。
　説明の際に比較対象となるのは、職務内容が同じ正社員がいればその正社員であり、同じ職務内容では正社員がいない場合には最も職務内容が近い正社員である。
　正社員の待遇について、比較対象となる正社員の個人ごとの待遇を説明する必要はないが、正社員の待遇がどのようなものかが具体的にわかるように、基本給や手当の平均額、モデル額あるいは支給額のレンジ、賃金テーブルなどの支給基準などを説明する必要がある。
　待遇差の理由に関する説明は、支給基準が同じである場合には支給基準が同じなのに額が異なる理由、支給基準が異なる場合には支給基準が異なる理由について、役割、責任、能力の違いなど客観的な理由を示す必要がある。「非正規雇用だから」、「地域の相場」などの説明では不十分である。客観的に十分な説明をしていれば、本人が納得していなくてもやむを得ない。
　説明に当たっては、わかりやすい資料を活用し、書面で要点を示すことが適当である。なお、厚生労働省が説明書モデル様式を示している。
　この説明は、雇用しているパート・有期雇用労働者が申し出た場合に、必要な説明をしなければならないものである。パート・有期雇用労働者が説明を求めたことを理由として、解雇などの不利益な取り扱いをすることは禁止されている。

8. 正社員転換措置

　パート・有期雇用労働者を雇用している事業者は、正社員に転換する措置を講じなければならない。

パート・有期雇用労働者の中には正社員として働くことを希望しながらやむを得ず非正規雇用で働いている者がいる。また、子育て等のためにパートタイム労働者として働いていた者が、子育てが一段落して、そのまま正社員となることを希望する場合もある。このような者に正社員になるチャンスを提供するために義務付けられたものである。

　正社員転換の措置には、①正社員を募集する場合に雇用しているパート・有期雇用労働者に募集内容を周知する、②正社員のポストを社内公募する場合に雇用しているパート・有期雇用労働者にも応募機会を与える、③雇用しているパート・有期雇用労働者を正社員に登用する試験制度を設けるという3つの方法がある。

　正社員と無期雇用フルタイム社員がある場合には、正社員への転換措置が必要である。ただし、パート・有期雇用労働者から無期雇用フルタイムへ、その後正社員へというステップを設けることは可能である。

　結果として正社員に登用することは求められていない。しかしながら、長期にわたって転換した実績がない場合には、転換措置が形がい化していないか、要件が厳しすぎないかを検証する必要がある。

9. パート・有期雇用労働者が働きやすい職場

▶パート・有期雇用労働者の雇用管理

　パート・有期雇用労働者の雇用管理改善のためには、労働関係法令の遵守、パート・有期雇用労働法で規定されている雇用管理改善措置の実施はもとより、パート・有期雇用労働者が働きやすく、能力を発揮できる職場となるような取り組みが必要である。

　パート・有期雇用労働者について、これまで、「非正規」という観念の下に、社内で正社員とは異なる位置付けがされ、適正な評価がされていない状況がみられた。今後は、「非正規」という観念を捨てて、正社員もパート・有期雇用労働者も同じ社員であるという考えに立って、パート・有期雇用労働者も働き・貢献に見合った公正な待遇を確保することが重要である。

　パート・有期雇用労働者は企業内における働き方の会議等に参加しておらず、また、労働組合に加入していない場合も多いため、パート・有期雇用労働者の意

見や希望が企業における働き方や待遇に関する議論に反映されていないことが多くみられた。パート・有期雇用労働者の意見を聞く機会を設ける工夫をする必要がある。

パートタイム労働者は家庭生活との両立等のため短時間かつ自己の都合に合う就業時間帯を選択できる勤務を選択している。勤務シフトにおいて労働時間・労働日を設定する場合にはそれぞれの家庭の事情等に十分配慮し、できるだけ残業させないことが求められる。

パート・有期雇用労働者が希望に応じてキャリアアップが図られるよう、職業生活を通じて幅広い職業能力の向上のための機会を提供することが望まれる。

厚生労働省は、パート・有期雇用労働者の雇用管理の改善に資するよう、「事業主が講ずべき短時間労働者及び有期雇用労働者の雇用管理の改善等に関する措置についての指針」(パート・有期雇用労働指針)を公表している。

▶相談窓口の整備

事業者は、パート・有期雇用労働者からの相談に応じ、適切に対応するために必要な相談窓口を設け、体制を整備しなければならない。

相談窓口は、採用時における文書による明示事項となっており、パート・有期雇用労働者の雇用の改善にあって重要な役割を持つものとされている。十分な体制を整えることが必要である。

▶短時間・有期雇用管理者

事業者は、10人以上のパート・有期雇用労働者がいる事業場ごとに、短時間・有期雇用管理者を選任するように努めなければならない。

▶労働者の苦情等への対応

パート・有期雇用労働者の待遇等に関して労働者からの苦情があった場合には、企業内で自主的に解決されることが望ましい。事業者は、労使による苦情処理機関を設置するなど、自主解決の仕組みを設け、労働者に周知しておくことが望ましい。

企業内で解決できない場合には、都道府県労働局長による紛争の解決の援助や都道府県労働局に設置されている均衡待遇調停会議による調停を利用できる。

第7節 労働者派遣・業務請負

[ポイント]

- 労働者派遣の受け入れは、原則として、継続3年以内である。ただし、労働者代表から意見聴取するなどの手続きを経た場合には延長できる。
- 同じ派遣労働者を同一の部署で3年を超えて働かせることはできない。
- 派遣会社と労働者派遣契約を締結する場合の留意事項は以下。
    - 派遣労働者が従事する業務を行っている正社員の待遇の情報の提供
    - 派遣料金の決定に際して派遣労働者の適正な賃金に配慮すること
    - 派遣先は派遣される派遣労働者を特定することはできない
- 労働者派遣契約で定めた業務内容、労働条件等にしたがって派遣労働者を就業させなければならない。
- 派遣先に労働基準法・労働安全衛生法の労働時間、安全衛生措置等の規定が適用されるので、これらの法令を遵守しなければならない。
- 派遣先は、派遣労働者の教育訓練、福利厚生施設の利用などに配慮するとともに、派遣会社の行う派遣労働者の雇用管理に協力しなければならない。
- 派遣先責任者を選任し、派遣先管理台帳を作成しなければならない。
- 業務請負を利用する場合には、業務請負事業者の労働者に直接指揮命令をしてはならない。

1. 労働者派遣と業務請負

▶労働者派遣

　労働者派遣は、派遣会社(派遣元)が労働者を雇用し、派遣先との労働者派遣契約に基づいて労働者を派遣し、派遣先の事業場で派遣先が指揮命令をして働かせる制度である。

　労働者派遣に関しては、労働者派遣法によって、派遣会社に対して許可制などの事業規制が設けられるとともに、派遣労働者の適正な就労を確保するために派

遣就労のルールを定め、派遣会社及び派遣先に義務を課している。

労働者派遣法に基づいて派遣労働者を受け入れた場合には、派遣先は自ら雇用していない派遣労働者に対して直接業務に関する指揮命令をして働かせることができる。

▶業務請負

業務請負は、発注者の事業場内で業務を行うが、業務請負事業者が業務の遂行に責任を持ち、業務請負事業者が雇用している労働者に指揮命令をして業務を遂行する方式である。

業務請負は、民法に基づく請負契約によって実施されるものである。事業請負事業者の労働者は、発注者の事業場内で働いているが、発注者から直接業務に関する指揮命令を受けることはない。

労働関係は事業請負事業者とその雇用する労働者の間にしかないため、労働関係法令は通常通り事業請負事業者とその雇用する労働者に対して適用される。このため、業務請負に関する特別の労働関係法令はない。

業務請負の場合には、発注者が労働者を直接指揮命令することは許されないという点が極めて重要である。

▶偽装請負

業務請負の形式をとっていながら、実態として発注者が事業請負事業者の労働者に対して指揮命令を行っている場合は、いわゆる偽装請負であり、労働者派遣法違反となる。

発注者が業務請負事業者の労働者に直接指揮命令している場合は、法律的には労働者派遣とみなされるためである。

2. 労働者派遣の利用

▶許可制

労働者派遣事業は、厚生労働大臣の許可事業である。労働者派遣を利用する場合には、必ず、許可事業者を利用しなければならない。

派遣会社は、労働者派遣契約の締結の際に、許可を受けていることを明示することになっており、派遣を利用する場合にはしっかりと確認しなければならない。仮に無許可の派遣会社から受け入れた場合は、派遣されてきた派遣労働者が希望すれば派遣先との雇用契約が成立する。

▶労働者派遣禁止業務

　労働者派遣が禁止されている業務があり、これらの業務に派遣労働者を従事させることはできない。禁止されている業務で派遣労働者を受け入れた場合は、その派遣労働者が希望すれば派遣先との雇用契約が成立する。

　港湾運送業務は労働者派遣が禁止されている。港湾運送に関しては、港湾労働法において特別な労働者派遣制度が設けられている。

　建設業務は労働者派遣が禁止されている。建設現場の事務所における事務や施工管理は禁止対象でないが、建設現場の専任の主任技術者及び監理技術者には建設業法の趣旨から派遣労働者を就かせることはできない。建設現場の作業に関しては、建設労働者雇用改善法において建設業務労働者就業機会確保事業制度が設けられている。

　警備業務は労働者派遣が禁止されている。警備業務は、警備業法において、警備会社が請負形態によって適正に業務を実施することが規定されているためである。店舗入り口での誘導や手荷物検査、駐車場などでの車両の誘導、警備室での常駐待機などの業務に派遣労働者を従事させることはできないので、自社の労働者に担当させるか警備会社に委託しなければならない。

　病院等における医療関係業務は、紹介予定派遣、育休代替等を除いて、労働者派遣が禁止されている。医師、歯科医師、薬剤師、看護師のほか、臨床検査技師、理学療法士などの医療関連職種が禁止の対象である。

　公衆衛生または公衆道徳上有害な業務に就かせる目的での労働者派遣は禁止されており、そのような業務で労働者派遣を利用することはできない。

　派遣会社は、労働争議によってストライキやロックアウトが実施されている、あるいは実施される可能性がある事業場に新たに労働者を派遣することが禁止されている。ストライキやロックアウトの際の代替要員として労働者派遣を利用することはできない。また、派遣先は、派遣労働者に団体交渉や労使協定を締結する際における事業者側の直接の当事者として交渉に参加させることはできないと

されている。

▶事業場ごとの期間制限

　労働者派遣制度は、労働者の職業生活の全期間にわたる能力の有効な発揮及び雇用の安定に資する雇用慣行を前提とし、派遣就業は臨時的かつ一時的なものであることを原則とするとの考え方に基づいている。このため、派遣先の正社員が派遣労働者によって代替されることがないように、事業場で継続して派遣労働者を受け入れられる期間に制限が設けられている。

　同一の事業場で継続して労働者派遣を受け入れられる期間は3年である。この制限は事業場単位で適用されるので、支店、工場等が複数ある企業においては、支店、工場等の事業場ごとに期間を判断する。

　同一の事業場において、異なる職場や業務で受け入れている場合や異なる派遣会社から受け入れている場合などにも通算される。事業場全体における労働者派遣の受け入れ状況を一元的に管理する必要がある。

　事業場全体で労働者派遣を受け入れなくなってから3か月以上経過した場合には、この期間制限はリセットされる。事業場のすべての職場で派遣労働者の受け入れがない状態が3か月以上継続することが要件である。いずれかの職場で1日だけでも労働者派遣を受けていればリセットされない。

　労働者代表から意見聴取を行い、その意見を踏まえて検討した場合には、労働者派遣の受け入れ期間を3年間延長できる。この期間制限は、正社員の代替が生じることを防止するためのものなので、正社員の代表の意見を聞いて適切に判断することを求めているものである。

　労働者代表の意見を聞く場合には、制限期間となる1か月前までに意見聴取を行い、十分な考慮期間を設ける必要がある。また、意見聴取に際しては、労働者代表に正社員数の推移、部署ごとの派遣労働者数などの資料を提供しなければならない。

　労働者代表から異議が表明された場合には、再検討するとともに、対応方針を丁寧に説明する必要がある。必ずしも、期間の延長を中止する必要はないが、受け入れの範囲や人数の見直しなどを含めて、真摯に検討することが求められる。

　なお、期間制限に関しては、3年ごとに労働者代表の意見を聴取することによって、再延長することは可能である。

仮に労働者代表からの意見聴取をしないまま、3年を超えて労働者派遣を受け入れた場合は、派遣されている派遣労働者が希望すれば派遣先との雇用契約が成立する。

▶同一職場で同じ派遣労働者を受け入れる期間制限

派遣労働者の中には、正社員への転換などキャリアアップを求める者がいる。また、技術系の派遣にあっては、派遣労働者の技術力の向上が課題となる。派遣労働者の職業生涯を通じたキャリア形成のためには、教育訓練とともに、長年同じ仕事を続けるのではなく適切な配置転換も必要となる。

派遣労働者のキャリアアップに資するため、派遣労働者が派遣先の同じ組織単位で派遣就業できる期間は3年までに制限されている。

派遣労働者の就業期間の制限が適用される組織単位とは、課やグループなど、業務としての類似性、関連性があり、組織の長が業務配分、労務管理上の指揮監督権限を有するものとされている。

派遣労働者が、同一の職場で3年間派遣就業をした後に同一の事業場の異なる組織単位に異動して派遣就業することは可能である。

仮に同一の職場単位で同じ派遣労働者を3年を超えて受け入れた場合は、当該派遣労働者が希望すれば派遣先との雇用契約が成立する。

▶期間制限の例外

事業場ごとの期間制限及び同一職場で同じ派遣労働者を受け入れる期間制限は、正社員の代替防止や派遣労働者のキャリアアップのために設けられた規制であるので、そのような必要性が低い派遣労働者や業務については、期間制限が適用除外されている。

派遣会社に無期雇用される派遣労働者は、派遣会社での雇用が安定しているので、適用除外である。派遣労働者を無期雇用している派遣会社を利用している場合には、期間制限がないことになる。

60歳以上の派遣労働者は、有期雇用の者も含めて適用除外である。定年後に労働者派遣で働く者の雇用の場の確保を図るためである。

産前産後休業、育児休業、介護休業等を取得する労働者の代替要員として受け入れる場合、日数が少ない業務（月10日以下）に受け入れる場合、終期が明確な有

期プロジェクト業務に受け入れる場合は、正社員の雇用に及ぼす影響がないため、適用除外されている。

▶労働者派遣契約の締結

　労働者派遣を利用する場合には、法令で定められた必要的記載事項を網羅した労働者派遣契約を派遣会社と締結しなければならない。必要的記載事項は、①派遣労働者の業務の内容、責任の程度、②派遣就業の場所、組織単位、③派遣労働者を直接指揮命令する者、④派遣の期間、就業日、就業時間、時間外・休日労働、⑤福利厚生施設の利用に関すること、⑥苦情の処理に関すること、⑦派遣労働者に関して無期雇用に限るか等である。

　当該派遣会社と初めて契約する場合には、派遣の受け入れが可能な3年の期間の終了する期日を通知しなければならない。派遣会社は、他の派遣会社からの受け入れ状況はわからないので、派遣期間の制限を遵守するためには、派遣先から正確な情報が提供される必要があるためである。

　さらに、派遣労働者と同種の業務に従事する自社の正社員の待遇に関する情報を提供しなければならない。派遣会社は、派遣労働者に関して派遣先の正社員との同一労働同一賃金の確保が義務付けられており、派遣先の正社員の待遇の情報はこの義務を履行するために必須の情報だからである。派遣会社はこの情報提供がない場合には労働者派遣契約を締結してはならないとされている。

▶派遣労働者の賃金と派遣料金

　派遣会社は、派遣労働者の待遇に関して、派遣先の正社員との同一労働同一賃金の確保が義務付けられている。さらに、派遣先の正社員との均衡に配慮しつつ、派遣労働者の職務内容、意欲・能力・経験を勘案した賃金とすることとされている。

　派遣労働者の場合には、同一労働同一賃金の確保を義務付けられているのは派遣会社であるが、比較対象となるのは実際に仕事をしている派遣先の正社員であるため、2つの方式が認められている。派遣先の正社員との均等・均衡方式と労使協定による一定水準を満たす待遇決定方式である。

　派遣先の正社員との均等・均衡方式は、派遣労働者の待遇と派遣先の正社員の待遇とを比較するものである。この方式をとっている派遣会社から労働者派遣を受ける場合には、労働者派遣契約を締結するに際して、派遣会社において派遣先

の正社員の賃金との比較ができるよう、派遣先が自社の正社員の賃金等の情報を提供する必要がある。

労使協定による一定水準を満たす待遇決定方式は、派遣会社において、労使協定で、その地域の同種の業務に従事する正規労働者の平均的な賃金以上の賃金額などの一定水準を満たす待遇を定めた場合には、その労使協定で定めた待遇によることとするものである。この方式をとっている派遣会社から労働者派遣を受ける場合には、派遣先は自社の賃金水準に関わらず、派遣会社の労使協定で定めた賃金を前提として、労働者派遣を利用することになる。

派遣料金は基本的には派遣会社と派遣先との交渉で決まるものではあるが、派遣労働者の適切な待遇確保のためには、派遣先の理解と協力が必要なため、派遣料金に関して派遣先の配慮義務が法律で明記されている。派遣労働者が適正な賃金を得られるように派遣先の適切な判断が求められる。

▶派遣される労働者を特定する行為の禁止

労働者派遣は、労働者派遣契約に基づいて派遣会社が責任をもって業務内容等に適した労働者を選考して派遣する仕組みである。派遣先は、業務内容やそれを実施するために必要となる職業能力等を示すことはできるが、それを超えて労働者を特定することはできない。

労働者派遣契約において、派遣労働者の性別指定、年齢制限、障害者排除などの条項を定めてはならない。そのような条項は、男女雇用機会均等法、労働施策総合推進法、障害者雇用促進法の趣旨に反し、不適当である。

また、派遣先は、派遣される労働者と事前に面接すること、事前に履歴書を送付させること、派遣される労働者を指名することは禁止されている。労働者派遣法には、派遣先は派遣される労働者を特定する行為をしないようにとの努力義務規定がある。実際に面接等をした場合には雇用主としての責任が生じる場合がありうるので、そのような行為は厳に慎まなければならない。

労働者派遣契約が締結された後に、派遣会社が選考した派遣労働者と業務内容等の打ち合わせをすることは可能である。ただし、打ち合わせの結果によって派遣先が派遣労働者の変更を求めることはできない。派遣会社が選考した派遣労働者が業務内容等に適していないと判断した場合に交替することはあるが、あくまで派遣会社の自主的な判断であり、派遣先が要求することはできない。

▶労働者派遣契約の遵守

　派遣先は、労働者派遣契約で定めた業務内容、労働条件等にしたがって、派遣労働者に就業させなければならない。

　派遣労働者の業務の内容、働く組織単位などは労働者派遣契約で決められているので、自社の労働者のように配置転換を行い、業務内容や組織単位を変更することはできない。

　派遣労働者の上司等に業務内容や労働条件を周知徹底して、労働者派遣契約を定めていない業務を命じたり、残業可能とされている時間を超えて残業を命じたりすることがないようにしなければならない。

　派遣先責任者が定期的に派遣労働者の就業場所を巡回し、上司に派遣労働者の就業状況を報告させるなど、適正な就業の確保に努める必要がある。

▶派遣労働者受け入れの際の対応

　派遣先は、派遣労働者を受け入れる際に、派遣労働者の円滑な就業に必要な職場の状況や派遣労働者が利用できる福利厚生について説明する必要がある。

　職場の状況に即した安全衛生教育の実施は派遣先の義務なので、労働者派遣を受け入れた際に確実に実施しなければならない。

　また、派遣労働者は社会・労働保険に加入していない場合があるので、加入状況を確認し、未加入であれば派遣会社に加入するように申し入れることが望まれる。

▶労働関係法令の遵守

　労働基準法、労働安全衛生法、男女雇用機会均等法等の規定のうち、日々の業務に関する指揮命令に関わる規定や働く現場に関わる規定については、特例規定によって派遣先が事業者としての責任を負うこととされている。特例で規定されている条項については、派遣先が労働基準法等の事業者としての義務を負い、労働基準法等の違反があった場合には派遣先に労働基準法等の刑罰規定が適用される。

　労働基準法の労働時間、休日、休憩に関する規定は派遣先に適用される。ただし、労働条件の設定に関わる36協定の締結や変形労働時間制等の導入手続きは派

遣会社が行うこととされている。派遣先は、派遣会社の36協定等を確認し、派遣労働者の上司にその範囲内で働かせるように徹底しなければならない。

労働安全衛生法関係では、安全管理者、衛生管理者、安全委員会、産業医など安全管理体制の規定が派遣先に適用される。衛生管理者等は事業場の規模に応じて設置が義務付けられているが、事業場の規模の判定において派遣労働者の人数を加える必要がある。

また、働く場所の安全衛生に関する規定、例えば、機械等の安全措置、事務所の環境確保などの規定は派遣先に適用される。働く場所の安全衛生については、自社の労働者と同様に派遣労働者の安全衛生確保措置を講じなければならない。安全衛生教育のうち従事する業務に関わる事項についても、派遣先が実施しなければならない。

健康診断については、一般健康診断は雇用している派遣会社が実施するが、危険有害業務に従事した場合の特殊健康診断は派遣先が実施しなければならない。なお、特殊健康診断の結果は、派遣先で作業環境改善等のデータとして活用するとともに、派遣会社に送付して派遣労働者の健康管理に活用することとされている。

男女雇用機会均等法等でセクシャルハラスメント、マタニティハラスメント、パワーハラスメントについて事業者に防止措置を講じることが義務付けられているが、これらのハラスメント防止措置は派遣労働者も対象とすることとされている。派遣先の事業者は、自社の労働者が派遣労働者に対してハラスメントをしないように研修等を実施し、派遣労働者から相談があった場合などには適切に対応しなければならない。

また、育児・介護休業等を付与するのは派遣会社であるが、派遣先は派遣労働者が育児・介護休業等を請求したことを理由として、不利益な取り扱いをしてはならないこととされている。育児・介護休業等を取得した場合の代替要員については派遣会社と派遣先で調整すべきことであるが、派遣労働者に不利益を及ぼすような対応は許されない。

▶派遣先における適正就業のための措置

派遣労働者は、派遣先の事業場で働いているため、派遣先でなければ対応できない事項がある。派遣先は、適正な派遣就業を確保するため、実際の就業場所で

対応する必要があることについて、適切な措置を講じなければならないこととされている。

　派遣会社は、派遣労働者のキャリアアップのための教育訓練を計画的に実施することが義務付けられているが、派遣労働者は派遣先で就業しているため教育訓練の実施には派遣先の協力が必要である。業務遂行に必要な能力を付与する教育訓練については、派遣会社から要請があった場合には、派遣先が実施しなければならない。また、派遣会社が実施する派遣労働者のキャリアアップのための教育訓練に便宜を図ることが必要である。

　食堂など日々利用する福利厚生施設は、派遣会社が用意することは不可能であり、派遣先のものを利用するほかない。派遣先は、自社の社員が利用する食堂、休憩室、更衣室を派遣労働者にも利用させなければならない。また、自社が設置運営するその他の福利厚生施設を利用できるよう配慮することが望ましい。売店、診療所、浴場、理髪、保育所、図書館、体育館、保養所等が含まれる。

　障害者である派遣労働者の就業のための合理的配慮に協力する必要がある。派遣会社から要請があった場合には障害のある派遣労働者の就業拡大のために、自社の障害のある労働者と同様の合理的配慮の措置を講じることが望まれる。

　そのほか、派遣労働者に対するハラスメント防止や労働者間における派遣労働者に対する差別的な意識の払拭など、派遣労働者の働きやすい職場環境の整備に取り組む必要がある。

▶派遣会社の雇用管理への協力

　派遣先は、派遣会社が派遣労働者の雇用管理が適切に行えるよう情報提供する必要がある。

　派遣会社は、派遣労働者が残業をした場合には残業時間に応じた割増賃金を支払う必要があるので、派遣先は派遣労働者の労働時間を適正に把握し、派遣会社に連絡する必要がある。始業・終業時間等を把握し、派遣先管理台帳に記載したうえで、派遣会社に通知することは、労働者派遣法で定められた派遣先の義務である。

　また、派遣会社における派遣労働者の評価に協力するため、派遣会社から要請があった場合には勤務状況等を連絡する必要がある。

▶派遣労働者の社員登用

　派遣先は、労働者を募集する際に、就業している有期雇用の派遣労働者に機会を付与する必要がある。

　有期雇用の派遣労働者が1年以上就業していた業務について、派遣終了後に当該業務に従事する労働者を採用する場合には、それまで当該業務に従事していた派遣労働者の採用に努めることとされている。

　派遣先において正社員の募集をする場合には、1年以上就業している有期雇用の派遣労働者に正社員募集の情報を周知する必要がある。

　また、派遣先において正社員以外の労働者の募集をする場合には、同一の組織単位で3年就業見込みの有期雇用の派遣労働者に労働者募集の情報を周知する必要がある。

▶派遣労働者の苦情への対応

　派遣先は、派遣労働者の苦情に適切に対応しなければならない。そのために、苦情処理の窓口、対応マニュアルなどを整備し、苦情処理窓口を派遣労働者に周知する必要がある。

　また、派遣労働者の苦情に対応するためには、派遣会社と連携して対応することが必要な場合があるので、あらかじめ連携の体制を構築しておく必要がある。

　なお、苦情を申し出たことを理由として派遣労働者に不利益取り扱いをしてはならない。

▶派遣先責任者

　派遣先は、派遣労働者の適正な就業を確保するために、派遣先責任者を選任しなければならない。派遣先責任者は、派遣先における派遣労働者の就業管理を一元的に行い、派遣元責任者と連携して適正就業の確保に当たる。

　派遣先責任者は、派遣労働者が就業する事業場に専属の者でなければならない。派遣労働者が1人でもいれば選任の必要があり、派遣労働者が100人を超える場合には派遣労働者100人について1人選任する必要がある。

▶派遣先管理台帳

　派遣先は、派遣労働者が就業する事業場ごとに派遣先管理台帳を作成し、派遣労働者の氏名、派遣会社、派遣就業をした日、始業・終業時間、従事した業務、実施した教育訓練、苦情処理の状況等を記載しなければならない。

▶労働者派遣契約の中途解約

　労働者派遣においては、労働者派遣契約の中途解約は直接その契約に基づいて派遣されていた派遣労働者の雇用に影響を与える。特に登録型派遣においては労働者派遣契約の中途解約は解雇に近い効果を生じさせる。派遣先は基本的に労働者派遣契約の中途解約をすべきではないが、やむを得ず中途解約する場合には、派遣労働者への影響が小さくなるように適切に対応すべきである。

　労働者派遣契約を解約する場合には、派遣会社と協議を行い、派遣会社から請求があった場合には、解約する理由を明らかにする必要がある。

　専ら派遣先の都合で労働者派遣契約を解約する場合には、相当の猶予期間をもって申し入れ、派遣会社の合意を得る必要がある。

　その際には、派遣先は関連会社などでの就業機会の確保に協力し、就業機会が確保できないために派遣会社が派遣労働者を休業させる場合には休業手当相当分、やむを得ず解雇する場合には解雇予告手当相当分の損害賠償を行わなければならない。

3. 業務請負

▶業務請負と労働者派遣との区分

　業務請負の場合には、請負事業者が責任をもって業務を遂行し、業務に従事する請負事業者が雇用する労働者に対して業務上の指揮命令を行う。発注者は、請負事業者の労働者に対して指揮命令をしない。このことを前提として、請負事業者の労働者に対する労働関係法令や労働契約に基づく責任はすべて請負事業者が負うこととされている。このように労働者派遣と業務請負では、労働に関する責任関係がまったく異なる。

業務請負と労働者派遣では契約形式は異なるが、業務請負が発注者の事業場内で行われる場合には、ともすれば発注者やその労働者が直接請負事業者の労働者に対して指示をするなど、労働者派遣と類似の状況が生じやすい。いわゆる偽装請負の問題である。
　業務請負と労働者派遣とは、契約形式ではなく、実態によって区分することとなっており、労働者派遣事業と請負により行われる事業との区分に関する基準が示されている。
　第一に、請負事業者が業務遂行に関する管理・指示を行わなければならない。すなわち、請負事業者が仕事の割り付け、順序等の決定をし、労働者への技術指導・評価を行う。一方、発注者は直接請負事業者の労働者に具体的な業務指示を行ってはならない。
　第二に、請負事業者が労働時間の管理や残業の指示を行わなければならない。すなわち、業務の開始時間などはあらかじめ発注者と請負事業者との間で定め、請負事業者が労働者に対して開始時間を指定する。業務の進捗状況等で残業が必要な場合の判断は請負事業者が行い、労働者に指示する。また、全体の業務との関連で業務量の増減がある場合は、発注者は請負事業者と調整しなければならず、労働者には直接の指示をしてはならない。
　第三に、請負事業者が職場の秩序維持・確保のための管理・指示を行わなければならない。すなわち、請負事業者が労働者の服装、職場秩序、風紀保持等の服務規律を定め、労働者を管理する。また、請負事業者が労働者の配置等を決める。発注者は業務に従事する労働者の指名は行わず、職場規律等に問題がある場合にも労働者に直接注意をせずに、請負事業者に注意喚起する。
　第四に、請負事業者が発注者から独立して自己の業務として請け負った業務を処理しなければならない。すなわち、請負事業者は運営資金等は自ら調達し、民法等による事業者としての責任を負うものでなければならない。また、単に肉体的な労働力を提供するものではなく、業務に使用する機械設備の準備・保守、専門的技術・ノウハウの提供などを伴うものであることが必要である。
　業務請負と労働者派遣の判断基準は以上のとおりであるが、発注に当たっては、請負と労働者派遣を適切に選択し、請負を選択した場合は、請負事業者が独立して適正に請負として業務処理できるように対応する必要がある。また、ある程度業務に従事する労働者に直接指示する必要がある場合や自社の労働者と協力して

業務を遂行する必要がある場合には労働者派遣を選択することが適当である。

▶発注者による請負事業者の労働者の雇用改善への協力

　業務請負の場合には、発注者は請負事業者の労働者と直接かかわらないのが基本であるが、発注者の事業場内で業務を行うことから、その雇用管理の改善に一定の協力をすることが望まれる。

　請負契約に当たっては、請負業務のスペックを明確にし、請負業者の技術、生産管理等の能力を評価したうえで、請負業者の選定、価格の決定に反映させることが求められる。請負事業者の技術力等を正当に評価し、適正な報酬が支払われることによって、請負事業者の労働者は適切な待遇を受けることができる。

　事業場内の福利厚生施設について、適切な利用料を設定して、請負業者の労働者に利用させることが望まれる。発注者の事業場内で業務を行うため、請負事業者が独自の福利厚生施設を設けることは困難なためである。

　請負事業者の教育訓練に必要な協力をするとともに、適切な利用料を設定して、発注者の教育訓練へ参加させることが望まれる。製造業請負などでは、教育訓練のために発注者の設備を利用することなどが必要な場合がある。

　製造業請負で発注者の労働者と混在作業となる場合には、労働安全衛生法の元方事業者の講ずべき措置を確実に実施する必要がある。

　請負事業者は労働関係法令の遵守に取り組み、請負事業者の労働者の社会労働保険の加入促進を図ることが望ましい。発注者は直接責任を負うものではないが、発注者の事業場内で働く者の待遇等に関心を持っていただきたい。

　請負契約は可能な限り長期のものとし、請負事業者の労働者の雇用の安定が図られることが望ましい。請負契約期間の途中で解約する場合は相当な猶予期間をおき、請負事業者から求めがあった場合には理由を説明する必要がある。また、発注者の責めに帰すべき事由で解約する場合には、少なくとも請負事業者が支払う休業手当等の費用相当額を賠償するなどの対応をする必要がある。

第7章

労使関係と労使紛争

労働法制度ガイドブック

第1節 集団的労使関係

[ポイント]

- 憲法第28条は、労働基本権、すなわち、労働者の団結権、団体交渉権、団体行動権を保障している。
- 労働者は自由に労働組合を結成することができる。労働組合は民主的に運営することが求められ、労働組合法で定める要件を満たす組合規約を整備しなければならない。
- 事業者は労働組合から労働条件に関して交渉の申し入れがあった場合には誠実に団体交渉を行わなければならない。少数組合や従業員が1人でも加入する合同労組との団体交渉も拒否できない。
- 団体交渉で合意できない場合には、労働組合はストライキなどの争議行為を行うことができる。正当な争議行為には、刑事上の免責、民事上の免責があり、事業者による不利益取り扱いは禁止されている。なお、事業者は相当と認められる範囲で対抗措置を講じることができる。
- 団体交渉で合意できない場合に、労働委員会のあっせん、調停、仲裁制度を利用することができる。
- 団体交渉で合意されれば労働協約を締結する。労働協約は原則として締結した労働組合の組合員に適用されるが、一定の要件の下で拡張適用される。
- 事業者は労働組合に対して以下の不当労働行為をしてはならない。
    - 労働組合員に対する不利益取り扱い
    - 団体交渉の拒否
    - 労働組合に対する支配介入・経費援助
- 労働組合は不当労働行為があった場合には、労働委員会に救済を申し立てることができる。

1. 集団的労使関係と個別的労使関係

事業者と労働者との間の労使関係には、集団的労使関係と個別的労使関係とが

ある。

　集団的労使関係は、事業者と労働者の集団との間の関係である。事業者と労働者とは契約当事者としては本来対等の関係であるが、労働者1人ひとりでは立場が弱く、実質的に対等な交渉は困難であることから、憲法第28条は労働者に労働基本権を保障している。そして、憲法の規定を受けて、労働組合法、労働関係調整法等の集団的労使関係法が制定されている。

　集団的労使関係の下では、労働条件や職場環境など職場全体に関わる問題について、個々の労働者ではなく、労働者の集団である労働組合が事業者と交渉して決めていくことになる。

　正常な労使関係は企業活動の基本であり、産業や経済の発展の基盤ともなっている。労使当事者は正常な労使関係の構築を図り、労働争議が発生した場合には誠意をもって自主的に解決に向けて努力することが求められる。

　個別的労使関係は、事業者と個々の労働者との関係である。事業者と労働者の間では、労働契約を締結することによって個別的労使関係が生じる。労働契約に関するルールや最低基準を定めた法律には、労働契約法、労働基準法、男女雇用機会均等法等多くの法律があるが、これらを総称して個別的労使関係法と呼ばれている。

　事業者と個々の労働者の間では、個々の人事評価や配置、解雇などに関して紛争が生じることがある。事業場の労働者全体に関わらないような問題、すなわち個別的労使紛争については、原則として事業者と当該労働者との間で解決する。紛争解決の仕組みとして、個別労働紛争解決促進制度がある。

2. 労働基本権

▶団結権、団体交渉権、団体行動権

　憲法第28条は、「勤労者の団結する権利及び団体交渉その他の団体行動をする権利は、これを保障する。」と規定している。

　つまり、労働者に対して、団結する権利、団体交渉する権利、団体行動する権利の3つの権利を保障している。この3つの権利が労働基本権である。

　団結権は、労働者が労働組合を結成する権利である。労働者は、自由に労働組

合を結成することができる。労働組合法において事業者による労働組合の結成や運営に対する妨害は不当労働行為として禁止されており、実質的にも団結権が保障されている。

団体交渉権は、労働者がその代表である労働組合を通じて事業者と労働条件について対等の立場で交渉し、労働協約を締結する権利である。労働協約を締結することによって、労働者は、事業者と対等の立場で労働条件や職場のルールを決めることができる。すなわち、団体交渉権は単に交渉をする権利ではなく、労働協約を締結することに意味がある。

団体行動権は、団体交渉が決着しない場合にストライキなどを行う権利である。争議権ともいわれる。正当な争議行為については、刑事・民事の両面において免責される。

なお、労働基本権は、民間企業の労働者には全面的に保障されているが、公務員については一部制約がある。

3. 労働組合

▶労働組合の組織形態

労働組合には、4つの組織形態がある。

日本で最も多いのが、企業別労働組合である。企業別労働組合は、企業または事業場を単位として、職種横断的に組織されている。

欧米で多い組織形態が、産業別労働組合である。同一産業に属する労働者を企業横断的かつ職種横断的に組織している。

労働組合運動の原型となったのが職業別労働組合であり、欧米では建設関係など伝統的な産業分野で存続している。同一の職業の主として熟練工によって企業横断的に組織されている。

さらに、産業や企業を問わず1人でも加入できる組織形態として合同労組がある。労働組合がない企業の労働者や企業別労働組合に加入できない非正規雇用の労働者が、事業者との関係で問題を抱えている場合などに支援を求めて加入することがある。合同労組は労働組合法による労働組合なので、雇用している労働者が1人でも加入している合同労組から団体交渉や協議の申し入れがあった場合に

は適切に対応しなければならない。

　労働組合は、幅広い課題に対応するために、産業別組織及び全国的組織（ナショナルセンター）を組織している。産業別組織は同じ産業の企業別労働組合によって構成されている。ナショナルセンターは産業別組織を中心として構成されている。

　なお、上部団体に加盟していない企業別労働組合も相当数存在する。

▶労働組合の要件

　労働組合法では、労働組合は、「労働者が主体となって自主的に労働条件の維持改善その他経済的地位の向上を図ることを主たる目的として組織する団体又はその連合団体」であると定義している。

　事業者の利益を代表する者の参加を許すものは労働組合ではないとされている。事業者の利益を代表する者とは、役員、人事等の権限を有する人事部長等、労使関係に関する機密事項を扱う人事労務部門の管理職などである。これらの者は労働組合の組合員になれない。

　労働組合は、事業者の利益を代表する人を除けば、組合員の範囲を自由に決めることができる。

　人事労務部門以外の一般の管理職は事業者の利益を代表する者に該当しないので、労働組合は一般の管理職を組合員としても問題がない。なお、通常の労働組合とは別に、一般の管理職のみで労働組合を結成することもできる。いわゆる管理職組合も労働組合である。

　労働組合は、特定の雇用形態の労働者のみに組合員を限定することができる。現に、正社員のみを組合員としている労働組合も多い。ただし、同一労働同一賃金など非正規雇用労働者の待遇改善が求められている中で、労働組合が非正規雇用労働者の権利をどう考えるのか、判断が問われている。

　労働組合は特定の企業の労働者のみで組織することも複数の企業の労働者で組織することもできる。事業者は、自社の労働者以外の者が労働組合員になっていることをもって、その労働組合との交渉、協議を拒否することはできない。

　事業者から金銭的援助を受けている場合には労働組合とは認められないとされている。労働組合の運営経費を事業者が負担することはもとより、労働組合の専従役員の賃金を事業者が負担することなども許されない。ただし、労働組合員が所定労働時間中に事業者側と団体交渉や協議をする場合にその時間の賃金をカッ

トしないことは問題ない。また、労働組合が行う福利厚生事業に寄付すること、事業場内に最小限の組合事務所を無償で供与することは問題ない。

労働組合は労働者の経済的地位の向上を目的とするものであり、組合員の福利厚生事業のみを目的とするものや主として政治運動や社会運動を目的とするものは労働組合ではないとされている。労働組合が、付随的に、福利厚生事業を実施することや政治運動や社会運動をすることはできる。

労働組合に関して、組合員数や組織率に関する要件は定められていない。組合員が2人いれば労働組合と認められる。また、企業や事業場の労働者の少数の者を組織している場合にも労働組合と認められる。したがって、1つの企業や事業場に複数の労働組合が存在することもありうる。

労働組合が複数存在する場合において、事業者はそれぞれの労働組合を公平に扱う必要がある。少数組合であることを理由として、団体交渉や協議を拒否することはできない。なお、労働基準法等の労使協定については、労働者の過半数を組織する労働組合と締結することとされているので、労働基準法との関係においては多数組合とのみ労使協定を締結すれば足りる。

▶労働組合の結成

労働組合は、自由設立主義となっているので、労働組合を結成する際に、認可、登録などの手続きは必要ない。

労働組合は、組合員の多数の意思に基づいて、民主的に運営される必要がある。労働組合法は、労働組合の民主的運営を担保するために、労働組合は民主的な組合規約を策定することとしている。労働組合を結成する場合には、労働組合法が定める要件を満たす組合規約を策定する必要がある。

組合規約に、組合員は、労働組合のすべての問題に参与でき、均等な取り扱いを受ける権利を有することを明記しなければならない。組合員の権利の基本を定めるものである。

また、人種、宗教、性別、門地または身分によって組合員資格を奪われないことを明記しなければならない。労働組合は、職種や雇用形態等によって組合員の範囲を限定することはできるが、人種等によって限定することはできない。外国人労働者を日本国籍でないという理由で排除することは許されないことになる。

役員の選挙方法について記載する必要があるが、役員の選挙は組合員の直接無

記名投票とする必要がある。なお、連合体や全国規模の労働組合については、組合員が直接無記名投票で選んだ代議員による直接無記名投票による選挙とすることができる。

労働組合の運動方針の決定と財政に関しては、総会は毎年1回以上開催すること、会計報告は会計監査人の証明書とともに毎年1回以上組合員に公表することを明記しなければならない。

同盟罷業（ストライキ）を行う場合には、組合員の直接無記名投票で過半数の賛成により決定することとしなければならない。全国規模の組合の場合には代議員による投票方式をとることができる。同盟罷業を行うかどうかは労働組合にとって極めて重大な意思決定なので、役員のみで決めることはできず、組合員全体の意思で決めなければならないとしたものである。

組合規約の改正方法については、組合員の直接無記名投票による過半数の支持により改正することとしなければならない。組合規約の改正についても、全国規模の組合の場合には代議員による投票方式をとることができる。

▶労働組合の資格審査

労働組合が労働組合法の手続きに参与する場合などには、労働委員会の資格審査を受ける必要がある。資格審査においては、労働組合法で定める労働組合の要件を満たしているか、組合員の範囲、事業者からの金銭的援助の有無、組合規約などについて審査が行われる。

資格審査を受けていない場合であっても、労働組合法の要件を満たしていれば労働組合である。事業者は資格審査を受けていないことや法人登記をしていないことを理由として団体交渉や協議を拒否することはできない。

▶ユニオンショップ制

ユニオンショップ制とは、労働協約において、事業者が労働協約締結組合に加入しない労働者や脱退した労働者は解雇する義務を負う制度である。労働組合が労働者全員を組織することによって組織の維持強化を図ろうとする仕組みである。半数以上の労働組合がユニオンショップ協定を締結している。

労働組合法第7条第1項は、労働者の過半数を組織している労働組合でなければユニオンショップ協定を締結できないこととしている。

ユニオンショップ協定を締結している場合には、事業者は労働組合に加入しない労働者等を解雇する必要があるが、他の労働組合に加入している場合には適用されないという説が有力であるなど実際の運用には注意が必要である。

▶労働組合への便宜供与

　事業者は労働組合に対して金銭的援助をすることはできないが、それに当たらない範囲内で便宜供与が行われている。事業者に便宜供与をする義務はなく、便宜供与をするかどうかは事業者の自由である。労使間の交渉によって便宜供与の有無、内容が決められている。

　企業別労働組合などに対して事業場内に組合事務所が貸与される例がある。貸与する場合には有償、無償のいずれも可能である。労働組合法は、最小限の組合事務所の無償貸与は金銭的援助に当たらないと規定している。

　チェックオフは、事業者が給与支払いに際して労働組合員の給与から組合費その他の労働組合の徴収金を天引き控除し、労働組合へ直接渡すことである。

　チェックオフを行う場合には、労働基準法第24条に基づく賃金控除協定を締結する必要がある。また、チェックオフを希望しない労働者がいる場合には、事業者はチェックオフの対象から外す必要がある。

　在籍専従は、企業の従業員としての籍を維持したまま、一定の期間労働組合の業務に専念するものである。在籍専従中の労働者の賃金を事業者が負担することは労働組合への金銭的援助に該当するので無給としなければならない。

　労働組合の活動は本来就業時間外に行うべきものであるが、事業者の許可や承認を受けることによって、就業時間中の組合の会議等への出席を認めている例が多い。労働組合法は就業時間中の事業者側との団体交渉については賃金の支給を認めているが、通常の組合活動の場合に賃金を支給することは問題である。

4. 団体交渉

▶団体交渉義務

　団体交渉とは、労働組合と事業者あるいは事業者団体が労働条件や職場のルール等について交渉し、合意できれば労働協約を締結するものである。

事業者は、団体交渉の申し入れがあった場合には、正当な理由がない限り拒否することはできない。事業者が不当に団体交渉を拒否した場合には、不当労働行為として労働委員会による救済が行われるほか、民法の不法行為として損害賠償請求されることがある。

　少数組合にも団体交渉権があるので、多数組合と同様に団体交渉をする必要がある。多数組合と団体交渉が妥結していても少数組合との団体交渉を行わなければならず、多数組合と同等に説明や資料の提供をしなければならない。また、従業員が1人でも加入しているのであれば、企業外の合同労組との団体交渉にも応じる必要がある。

　団体交渉においては、労使双方がお互いの主張について事実関係や根拠を示して主張をし、お互いに譲歩できる点は譲歩をして、合意に達する必要がある。事業者は、誠実に団体交渉に臨むことが求められるが、譲歩や合意が強制されるものではない。交渉が行き詰まった場合には、事業者側は交渉を打ち切ることができる。そのような場合には、労働組合側は事態を打開するためにストライキなどの争議行為を行うことがある。

▶団体交渉事項

　団体交渉の交渉事項は、賃金、労働時間・休日、安全衛生、教育訓練など広く労働条件全般に及ぶ。就業規則で定める賃金制度や労働時間制度などのほか、賃金と関わる人事評価の枠組みや基準、毎年の賞与なども当然交渉事項である。また、安全衛生委員会で議論する職場の安全衛生管理や具体的な安全衛生確保措置などについても、労働組合は団体交渉で交渉することができる。

　会社の経営方針や取引関係、設備投資など経営や生産に関する事項そのものは交渉事項ではない。しかしながら、生産方法、設備の更新、会社組織の変更などが労働者の労働条件や雇用の継続に影響がある限りにおいては交渉事項となる。事業者側は、経営問題であるということで団体交渉を拒否することはできない。

　労働者個人の配置転換や解雇などについては、労働条件や職場のルールを決めて労働協約を締結するという団体交渉本来の機能とは異なる。公務員法制では個別人事は団体交渉とは別に苦情処理手続きの対象となっている。しかしながら、民間企業に関しては、団体交渉と苦情処理が区分されておらず、個別人事に関しても団体交渉事項になると解されている。

なお、労働組合法で、事業者が団体交渉に応じる必要がある義務的交渉事項とされているのは以上の事項であるが、事業者が応じる限りにおいては、企業に関するすべての事項が団体交渉の対象となりうる。一方、政治問題や社会問題など企業とは関係のない事項については、団体交渉の対象事項にならない。

▶団体交渉のルール

団体交渉の日時、場所、交渉事項などのルールは、労使の話し合いで決める。労働協約・慣行や予備折衝でルールを決めることになるが、話し合いがまとまらない場合には、交渉ルール自体が労働委員会の調整や不当労働行為救済手続きの対象になりうる。

事業者側の交渉担当者は、交渉事項に関して実質的な交渉をできる権限がある者でなければならない。単に事業者側の考えを説明するだけで、何ら実質的な交渉権限がない者を交渉担当者とすることは不適当である。交渉事項によって交渉担当者のレベルが異なることがありうる。

労働組合側の交渉担当者は、労働組合法第6条において、労働組合の代表者または労働組合の委任を受けた者とされている。労働組合の会長・委員長が自ら交渉に参加するか、参加しない場合には労働組合として交渉担当者を委任することになる。委任できる範囲に制限はないので、労働組合の役員のほか、上部団体の役員、弁護士等に委任することもできる。労働組合側の交渉担当者に企業外の者が入っていることを理由として団体交渉を拒否することはできない。

団体交渉は、団体としての交渉であって、代表者によって交渉を行うものである。大人数で圧力をかけるようなものは団体交渉とはいえない。労使双方の出席者の範囲や人数は、交渉が円滑にできるように労使で決めることになる。なお、団体交渉の場が吊し上げのような状況になれば、事業者側は交渉を打ち切ることができる。

事業者は、団体交渉において、誠実に交渉しなければならない。交渉に当たっては、必要な資料を提供するなど、交渉の進展に努めなければならない。事業者側が、必要な資料の提供を拒む、労働組合の主張を聞くだけでまったく回答しないなどの対応をすることは不誠実な交渉であり、団体交渉の拒否と判断される。

5. 労働争議

▶労働争議と争議行為

　労働争議とは、団体交渉において労使の合意ができずに、争議行為が行われているか、争議行為が行われそうになっている状況である。

　争議行為とは、労使当事者が自らの主張を通すため、あるいはそれに対抗するために実施する行為であって、業務の正常な運営を阻害する行為である。労働組合による争議行為には、同盟罷業（ストライキ）、同盟怠業（サボタージュ）、ピケッティング（ストライキを維持・強化する活動）、不買運動（ボイコット）などがある。また、事業者による対抗措置としては、作業場閉鎖（ロックアウト）がある。

▶争議行為に対する保護

　正当な争議行為については、刑事上の免責、民事上の免責、不利益取り扱いの禁止の3つの面で保護されている。

　刑事上の責任に関しては、刑法第35条に「法令又は正当な業務による行為は、罰しない」との規定があるが、労働組合法第1条第2項において、労働組合の正当な行為には刑法第35条の適用があることが明確にされている。労働組合がストライキ等を行っても、強要罪や業務妨害罪にはならないということである。

　民事上の責任に関しては、労働組合法第8条で、事業者は、労働組合の正当な争議行為による損害について、賠償を請求することはできないと規定している。ストライキに参加した組合員は労働契約に基づく労務の提供を履行せず、職場を占拠するなどの行為をするが、民法による債務不履行責任や不法行為責任を負うことはない。ただし、ストライキによって働かなかった期間の賃金はノーワーク・ノーペイの原則によって支払わないことができる。

　また、労働組合員がストライキに参加したことを理由として、解雇や懲戒処分などの不利益取り扱いをすることは、労働組合の正当な行為をしたことによる不利益取り扱いであり、不当労働行為として禁止されている。

　労働組合の行為が正当でない場合には、事業者はその態様等に応じて、労働組合に対して損害賠償の請求をし、あるいは実際に行為を行った組合員に対して懲

戒処分をすることができる。懲戒処分に際しては組合幹部と一般の組合員とで関与の状況なども考慮する必要がある。

なお、労働組合法では、いかなる場合でも、暴力の行使は労働組合の正当な行為ではないとされている。争議行為中に事業者側の管理者等に対して暴行を働く、会社の設備を破壊するなどの行為があった場合には、刑事上も民事上も免責されない。

▶正当な争議行為

争議行為の正当性は、目的、手続き、態様などによって判断される。

争議行為は、労働組合が主体となって、その統一的意思の下で実施されるものである。労働組合の意思決定によることなく労働組合員の一部が独自に行うストライキには正当性が認められない。一般に山猫ストライキといわれている。

ストライキを行う場合には、組合規約に基づいて、組合員または代議員による直接無記名投票で過半数の賛成が必要である。この手続きを経ることなく、執行部の判断でストライキを実行した場合等には、組合規約違反となり、正当な争議行為とはいえない。

争議行為は、団体交渉による合意形成を基本として、団体交渉で決着しない場合の手段として位置づけられているので、争議行為の目的は団体交渉の交渉事項に関わるものでなければならない。政治目的の争議行為、いわゆる政治ストライキは正当ではない。また、事業者の権限が及ばない事項、例えば、他の企業における問題解決を支援するために実施するような争議行為、いわゆる同情ストライキは正当ではない。

また、争議行為は団体交渉が行き詰まった場合の打開手段であるので、団体交渉を行うことなくいきなり争議行為を行うようなことは認められない。ただし、事業者が団体交渉を拒んでいるような場合はこの限りではない。

団体交渉の結果、合意して労働協約が締結されている場合には、労使ともにその有効期間中は労働協約の遵守義務がある。有効期間中に労働協約で定めた事項に関して団体交渉を申し入れ、争議行為を行うことは正当ではない。

▶争議行為の態様と正当性

ストライキは、労働組合の統一的な意思の下に労働組合員が労務の提供を拒否

する行為である。参加者の範囲によって、全面ストライキ、部分ストライキ、特定の組合員のみが実行する指名ストライキなどがある。実施期間によって、解決まで実行する無期限ストライキ、ストライキを繰り返す波状ストライキ、一定の期間実行するストライキなどがある。また、1日のうち一定の時間のみ行う時限ストライキ、時間外労働拒否などもある。

　ストライキによる労務提供の拒否は基本的に正当である。ただし、工場等の安全施設の維持・運用を阻害することは許されない。労働組合員が工場等安全施設の保安要員である場合などには、その組合員はストライキの対象から外さなければならない。事業者は労働組合に保安要員の確保を申し入れることができる。

　サボタージュは、労働組合の統一的意思によって作業能率を落とす行為である。単に作業能率を落とす行為は正当であるが、機械設備を壊す行為、積極的に不良品を製造する行為などは正当とはいえない。

　ピケッティングは、ストライキを実施中に、組合員に対する統制のために、組合員が労働組合の指令に反して就労することを阻止するものである。説得行為のほかに、スクラムを組んで労働組合の団結を誇示することなどが行われる。

　ピケッティングによって、事業者側の管理者や非組合員の労働者の就労を阻止する行為や店舗等において顧客の入店を阻止する行為については、ストライキの対象外への働きかけであるので、言葉による説得は問題ないが、それを超えた示威的な行動は問題である。

　ストライキ中に組合員が職場に立ち入る行為について、ストライキで操業が停止している場合に平和的に職場にとどまることは問題ないとされるが、非組合員等によって操業が行われている場合にそれを阻害するようなことは問題と考える。

　ボイコットは、自社製品を購入しないように呼び掛ける行為である。基本的には正当であるが、虚偽の事実を流布して不買を呼び掛ける行為や取引先に直接働きかける行為などは正当ではない。

▶事業者による対抗措置

　労働組合がストライキを行っている場合に、事業者が非組合員や臨時に雇用した労働者によって操業継続を図ることは問題ない。

　事業者による争議行為としては、作業場閉鎖（ロックアウト）がある。事業者が労働組合の争議行為に対抗して作業所を閉鎖し、就業を拒み、賃金を支払わない行

為である。サボタージュが行われている場合などに実施されることがある。労働組合の争議行為の態様、事業者の被る打撃の程度などを勘案し、衡平の見地から相当と認められる場合に限るものとされている。

▶労働組合の活動

争議行為以外の労働組合の活動について、正当性が問題となる事例がある。

事業場内部における労働組合のビラの配布については、事業者の施設管理権等との関係で問題となるが、平穏に業務を阻害することがないような形態での配布は基本的に正当とされている。

事業場の施設へのビラの貼付については、貼付の場所、態様等にもよるが、企業の施設管理権の侵害となるとして、一般的には正当とは認められていない。

勤務時間中に、リボンや腕章を着用する行為は、職務専念義務に反するとして、一般的には正当と認められていない。

街頭での宣伝活動は、基本的には自由であるが、社屋の周辺の平穏を害する場合や経営者の個人宅周辺での活動は正当ではないとされている。また、宣伝の内容が真実ではない場合なども正当とは認められない。

▶公益事業における争議行為の予告

公益事業の労働組合または事業者は、争議行為をしようとする場合には、争議行為行う10日前までに争議行為の予告を文書で通知しなければならない。1つの都道府県内における争議行為の場合には都道府県労働委員会と都道府県知事に、2つ以上の都道府県にまたがる場合と全国的に重要な案件の場合には中央労働委員会と厚生労働大臣に届け出る。

争議行為の予告が必要な公益事業とは、運輸業、郵便業、電気通信業、水道・電気・ガス供給業、医療業、公衆衛生業である。

公益事業における争議行為は国民生活に大きな影響を与える場合があるので、争議行為が予定されていることを知らせる必要があるためである。届け出を受けた厚生労働大臣・都道府県知事は争議行為の予告を公表することとなっている。

▶争議行為の届け出

争議行為が発生した場合には、1つの都道府県内における争議行為は都道府県

労働委員会または都道府県知事に、2つ以上の都道府県にまたがる争議行為と全国的に重要な案件の場合には中央労働委員会に届け出なければならない。

▶労働争議の調整制度

　労働争議が発生した場合には、労使間で誠意をもって話し合い、自主的に解決に向けて努力することが基本である。しかしながら、労使当事者だけでは解決が困難な場合もあるため、労働委員会が労働争議の解決に向けて調整する制度がある。労働委員会の調整制度には、あっせん、調停、仲裁、緊急調整の4つがある。
　あっせんは、労働委員会が指名するあっせん員が労使双方の主張の要点を確認し、公正な立場から解決に向けて労使双方に働きかけるものである。解決のめどが立たない場合には打ち切られる。
　調停は、公労使三者構成の調停委員会を設け、調停委員会が労使双方の主張を聞いたうえで調停案を作成し、労使当事者に受諾を勧告するものである。労使当事者に調停案を受諾する義務はないが、調停委員会は解決を促すために調停案に理由を付して公表できることとされている。
　仲裁は、公益委員等によって構成される仲裁委員会を設け、仲裁委員会が実情を調査して仲裁裁定を作成する。仲裁裁定は労働協約と同様の効力を有するものであり、労使当事者はこれに従わなければならない。
　緊急調整は、公益事業における争議行為が国民経済を著しく阻害する場合や国民の日常生活を危うくするおそれがある場合に、内閣総理大臣の決定によって行われる。内閣総理大臣が緊急調整の決定をした場合には、中央労働委員会は最優先で対応することとされている。中央労働委員会は、あっせん、調停、仲裁等の手法を用いて労働争議の解決に努める。なお、緊急調整の決定があった場合には、争議行為の予告が50日間できないこととなっており、その間は争議行為ができない。

6. 労働協約

▶労働協約とは

　労働協約は、事業者と労働組合との間における労働条件や労使間のルールに関

する協定である。労働組合法に定める労働協約として効力を有するためには、書面を作成し、両当事者が署名または記名押印することが必要である。

労働協約の内容については特段の制限はない。労使間の合意によって、賃金、労働時間などの労働条件、昇進・昇格や解雇などの人事基準、事業場の安全衛生、福利厚生、組合事務所の貸与、チェックオフ、団体交渉のルールなど労働組合との関係などが定められる。

また、労働協約の形式については、書面であることと署名または記名押印すること以外には、特段の様式は定められていない。必ずしも1つの労働協約にまとめる必要はなく、事項ごとに労働協約を締結することもできる。例えば、賃金協定、組合事務所貸与協定などである。細目を定めたものなども書面にして署名または記名捺印をすれば労働協約となる。

▶労働協約の有効期間

労働協約に有効期間を定める場合には3年以内の期間を定めなければならない。3年を超える期間を定めた場合には有効期間3年とみなされる。

有効期間を定めない労働協約の場合には、労使当事者は90日以上前に書面で相手方に予告することによって解約することができる。

労働協約の有効期間中は、労使当事者は労働協約を遵守しなければならず、労働協約の見直しを求めて争議行為を行うことはできないとされている。一般に平和義務といわれている。

労働組合が有効期間中に労働協約で定めた事項の見直しについて団体交渉の申し入れをした場合には、事業者は団体交渉を拒否することができる。

▶労働協約の効力

労働協約は、労働協約を締結した労働組合とその組合員に対して適用される。労働組合員以外の労働者には直接的には適用されない。

労働協約は、労働条件に関して、就業規則、労働契約に優越する。すなわち、労働協約に定める労働条件の基準に違反する就業規則や労働契約の条項は無効であり、労働協約で定めた労働条件が適用される。労働協約のこの効力は規範的効力といわれている。就業規則に関しては労働基準法第92条に、労働契約に関しては労働組合法第16条に明確に規定されている。

就業規則を上回る労働条件を定めた労働協約を締結した場合には、労働協約と就業規則を整合させるために、事業者は就業規則を改正する必要がある。就業規則が改正されれば、労働組合員以外の労働者の労働条件も改善される。また、労働協約の有効期限後の労働条件に関して紛れがなくなる。

　事業経営上の必要等から労働組合と交渉して労働協約を締結し、労働条件を引き下げることとする場合には、事業者は併せて就業規則の改正を行わなければならない。その際、就業規則の改正による労働条件の引き下げが非組合員に対して有効であるかについては労働契約法に基づいて判断される。

　労働協約のうち、組合事務所の貸与など労働組合に対する便宜供与や団体交渉のルールなどを定めた部分については、一般の契約と同様に、労使当事者は履行する責任を負う。

▶一般的拘束力

　労働協約が事業場の常時使用される同種の労働者の4分の3以上に適用される場合には、他の同種の労働者にも適用される。

　労働協約の対象がすべての職種であれば、当該事業場のすべての労働者に適用される。一定の職種を対象としている場合には、その職種の労働者全員に適用される。

　一般的拘束力は事業場単位で判断されるので、複数の事業場がある企業において、企業全体で1つの労働協約を締結した場合には、事業場ごとに見て当該労働組合の組合員が4分の3を超えている事業場では拡張適用され、4分の3に満たない事業場では拡張適用されない。

　事業場に複数の労働組合があり、少数組合の労働協約のほうが有利であっても、多数組合が4分の3を超えていれば、多数組合の労働協約が拡張適用され、少数組合の労働協約は効力が停止される。

　労働組合員が4分の3を下回った場合には、拡張適用は終了する。

▶地域的な拘束力

　1つの地域の同種の労働者の大部分が1つの労働協約の適用を受けている場合には、労使当事者等の申し立てによって、厚生労働大臣または都道府県知事は、労働委員会の議決を経て、その地域の同種の労働者及び事業者にもその労働協約を

適用する決定をできる。

　大部分の労働者に適用される労働協約がある場合には、それを当該地域の公正労働基準として適用するものである。少数ではあるが活用された例がある。

7. 不当労働行為の禁止

▶不当労働行為とは

　労働基本権の実効性を確保するため、事業者に対して不当労働行為を禁止している。不当労働行為には、労働組合員に対する不利益取り扱い、団体交渉拒否、支配介入・経費援助などの類型がある。

　不当労働行為があった場合には、労働委員会による準司法的な手続きによる救済制度がある。

▶不利益取り扱い

　事業者は、労働組合の組合員であること、労働組合に加入しようとしたこと、労働組合を結成しようとしたこと、労働組合の正当な行為をしたことを理由として、労働者に対して解雇などの不利益な取り扱いをしてはならない。

　労働組合の結成が具体化していない早い段階も含めて、労働組合の結成に向けて相談や準備活動をしている者に対する不利益取り扱いも許されない。

　労働組合の正当な行為には、労働組合の会議等への出席、組合加入の勧誘などのほか、労働組合の活動として行われる政治活動やサークル活動なども含まれる。

　労働組合の活動であっても、正当性が否定される行為、すなわち争議行為中の暴力行為や企業の施設管理権を侵害するビラ張りなどについては、正当な行為とはいえないので、懲戒処分等を行うことができる。

　不利益取り扱いには、解雇、懲戒処分のほか、不利益な配置転換・転勤、人事評価における差別的な査定などが含まれる。労働組合員と非組合員の人事評価を比較して、能力等を考慮しても労働組合員の評価が不当に低い場合などは不利益取り扱いとなる。また、労働組合員には仕事を回さない、職場の行事に参加させないなどの行為も不利益取り扱いである。

▶黄犬契約

　黄犬契約とは、労働者が労働組合に加入しないこと、あるいは労働組合から脱退することを雇用する際の条件とすることであり、そのような条件を附すことは許されない。

▶団体交渉の拒否

　事業者は、正当な理由なく団体交渉を拒否してはならない。
　事業者の団体交渉義務、団体交渉事項に関しては、団体交渉の項で説明したとおりである。
　団体交渉の拒否には、まったく団体交渉を行わない場合のほか、正当な理由がなく団体交渉を打ち切った場合、誠実に団体交渉を行わなかった場合なども該当する。
　義務的団体交渉事項でない事項で団体交渉を申し入れられた場合、労働組合が求める団体交渉のルールに問題がある場合などには団体交渉を拒否できる。ただし、団体交渉ルールについては、労使で誠実に話し合う必要があり、ルールを理由にいつまでも団体交渉を拒否することは不適当である。
　また、誠実に団体交渉を行った結果、交渉が行き詰まった場合、労働組合側が団体交渉の過程で威圧的行動をとるなど著しい問題がある場合などには団体交渉を打ち切ることができる。
　労働組合が子会社の労働問題に関して親会社に団体交渉を求めることがある。基本的には労働者を雇用している事業者が団体交渉義務を負い、親会社は団体交渉を行わなくてもよい。ただし、親会社が子会社の基本的な労働条件に関して雇用主と同視できる程度に現実的・具体的に支配決定できる地位にある場合には、親会社は団体交渉に応じなければならないとされている。

▶支配介入

　事業者は、労働組合の結成や運営に対して支配介入してはならない。
　労働組合の結成に対する支配介入の態様としては、労働組合結成を非難すること、労働者に対して労働組合に加入しないように働きかけること、労働組合に先んじて事業者主導の労働者組織を立ち上げることなどがある。労働組合結成を主

導している労働者の解雇や配置転換は、労働組合結成に関わる不利益取り扱いであるとともに、支配介入にも該当する。

　労働組合の運営に対する支配介入の態様には様々なものがある。正当な組合活動への妨害行為、組合幹部を懐柔するための買収・供応、組合の役員選挙などへの干渉、組合員に対する脱退勧奨、複数の労働組合がある場合における差別的取り扱いなどである。労働組合幹部に対する解雇・不利益な配置転換や人事評価における労働組合員の差別的査定などは、労働組合の運営に対する不利益取り扱いであるとともに、支配介入にも該当する。

　事業者等による労働組合に関する意見表明は、発言の内容、発言の状況、労働組合活動に対する影響などによっては、支配介入に該当することになるので、慎重な考慮が望まれる。また、管理職等に関しても、労働組合について嫌悪するような発言は控えるように指導する必要がある。

　労働組合が組合活動のために会社の施設を利用することを希望した場合について、基本的には、会社の施設の利用を認めるかどうかは会社の自由であるが、企業別労働組合が主流の状況において、労働組合の施設利用の必要性等を考慮して適切な判断をすることが望まれる。なお、複数の労働組合がある場合に、労働組合によって施設利用に差を設けることは問題である。

　労働組合に対して、組合事務所の貸与、チェックオフなどの便宜供与をするかどうかは事業者の自由であるが、いったん開始した便宜供与を打ち切る場合には、労働組合に対して十分な説明をするなど慎重な対応が必要である。特段の廃止の理由がなく、長年の便宜供与を打ち切ることは、その時点の労使関係等によっては支配介入と判断される場合がある。

▶経費援助

　事業者は、労働組合の運営経費について金銭的援助をしてはならない。

　事業者が金銭的援助をすることによって、労働組合の意思決定等に影響力を持つことを排除するために金銭的援助が禁止されているものである。労働組合に関しても、事業者から金銭的援助を受けてはならないとされている。

　なお、就業時間中の交渉の場合の賃金支給、最小限の事務所の無償提供、福利厚生等の基金への拠出は可能とされている。労働組合から金銭的援助の要求があった場合には、事業者は、これらの例外事項を除き、断らなければならない。

▶労働委員会利用を理由とする不利益取り扱い

事業者は、労働者が労働委員会に対して、不当労働行為の申し立て、再審査の申し立て、不当労働行為の調査等で発言をしたこと等を理由として、解雇などの不利益な取り扱いをしてはならない。

▶不当労働行為の救済制度

不当労働行為があった場合には、労働組合または労働者は、労働委員会に不当労働行為の救済を申し立てることができる。

不当労働行為の救済申し立ては、不当労働行為があった日から1年以内に、事業場が所在する県の地方労働委員会に対して行う必要がある。

地方労働委員会では、会長または会長が指名した公益委員が中心となって審査を行う。審査には労使委員が参与する。労使当事者は、弁護士等を代理人とすることができる。

審査においては、まず、調査手続きが行われ、労使当事者の主張を聴いて争点や証拠の整理を行い、審査の計画が策定される。次に、審査の計画に基づいて、公開の審問廷で証人尋問、証拠調べなどの審問が行われる。審問は、司法手続きに準じた形式で行われる。審査に必要な場合には、証人等出頭命令、物件提出命令が出されることがある。

不当労働行為の救済手続きにおいては、将来の労使関係の安定を図るため、和解が重視されており、調査あるいは審問の過程において、担当公益委員は労使参与委員の協力を得て和解の試みを行う。審問終了後においても、状況を見て和解が試みられることがある。

審問が終了し、和解による解決が見込めない場合には、公益委員会議において事実を認定し、その認定に基づいて不当労働行為に当たるか否かを判断し、救済命令あるいは棄却命令を決定する。

地方労働委員会から救済命令が出された場合には、事業者は不服があれば中央労働委員会に再審査を申し立てることができる。また、地方裁判所へ労働委員会命令の取り消し訴訟を提起することもできる。

地方労働委員会が棄却命令を出した場合や救済命令の内容に不服がある場合には、申立人の労働組合や労働者は、中央労働委員会に再審査を申し立てることが

できる。

　中央労働委員会に再審査を申し立てる場合には、15日以内に申し立てる必要がある。中央労働委員会においては、地方労働委員会と同様の手続きを経て、命令を発する。

　再審査段階においても和解が重視されている。当事者間で和解が成立し、その和解が正常な労使関係の維持・確立に適当と認められる場合には、和解認定によって和解に関わるすべてに事件が集結し、地方労働委員会の命令は失効する。

　中央労働委員会の命令に不服がある場合には、労使当事者は東京地方裁判所に中央労働委員会命令の取り消し訴訟を提起することができる。

　事業者が確定した労働委員会の救済命令を履行しなかった場合には過料、取り消し訴訟において裁判所が支持して確定した救済命令を履行しなかった場合には刑事罰に処せられる。

8. 労働委員会

　労働委員会は、労働基本権の擁護と労使関係の調整を行うために設置されている委員会であり、中央労働委員会と各都道府県に設置されている地方労働委員会がある。

　労働委員会は、公益委員、労働者委員、使用者委員の三者構成となっている。労働者委員は労働組合の推薦に基づいて、使用者委員は使用者団体の推薦に基づいて任命される。公益委員は、労働者委員と使用者委員の同意を得て任命される。なお、中央労働委員会の公益委員の任命には国会の同意が必要である。

　労働委員会は、不当労働行為事件の審査・救済命令、労働争議のあっせん・調停・仲裁、労働組合の資格審査を所掌している。また、多くの地方労働委員会では、個別労働紛争解決のあっせんも行っている。

第 2 節　労働者代表制度

[ポイント]

- 労働基準法等の例外措置のための労使協定は、労働者の過半数で組織する労働

組合がある場合は当該労働組合（過半数組合）、ない場合には労働者の過半数を代表する者（過半数代表者）と締結する。
- 過半数代表者の選出方法は民主的なものでなければならず、事業者の意向が反映されることがあってはならない。
- より厳格な手続きが必要な場合には労使委員会方式が用いられている。事業者は労働者代表委員の人選に関与してはならない。

1. 労働者代表制度の概要

　労働基準法、育児・介護休業法などは、業種、職種、雇用形態等を問わず、すべての企業、すべての労働者に適用することを基本として、労働条件の基準を定めている。

　しかしながら、様々な業種、職種、雇用形態等がある中で、一律の基準では、実情に適さない場合があり、企業活動に大きな支障となることや労働者にとっても不都合となることもありうる。そのために、労働基準法等においては、一部の基準に関して、特例措置の適用について、それぞれの事業場の労働者全体の意思にゆだねる仕組みが設けられている。法定労働条件を緩和する場合の要件として、一般的には労働者代表との協定方式、より厳格な手続きが必要な場合には労使委員会方式を用いている。

2. 労働者代表との協定方式

　賃金の控除、法定時間外・休日労働、育児休暇の適用除外などについては、労働者の過半数で組織する労働組合がある場合は当該労働組合（過半数組合）、過半数労働組合がない場合には、労働者の過半数を代表する者（過半数代表者）との協定を締結することが要件とされている。

　労使協定を締結する場合には、過半数組合あるいは過半数代表者は、当該事業場のすべての労働者の代表として、その意思を体現する機能を果たすことになる。したがって、過半数組合または過半数代表者が労使協定を締結した場合には、その労使協定の効果は当該事業場のすべての労働者に及ぶことになる。

ただし、この労使協定の効果は、法律で定める要件としての効果であり、労働者との権利義務関係には影響しない。例えば、過半数労働組合と36協定を締結した場合には、すべての労働者が36協定で定める範囲で時間外・休日労働が可能となるが、少数組合との労働協約で時間外・休日労働をさせないことになっているのであれば少数組合の組合員に時間外・休日労働を命じることはできない。

▶過半数労働組合との協定

　労使協定は事業場ごとに締結する。締結に際して、それぞれの事業場ごとに、労働者の過半数を組織する労働組合があるかどうかを判断する。労働組合が企業全体では労働者の過半数を組織している場合であっても、特定の事業場において組合員がその事業場の労働者の過半数に満たない場合には、当該事業場では過半数代表者を選任して労使協定を締結する必要がある。

　事業場の労働者数には、パート、アルバイトなどの非正規雇用労働者も含まれる。過半数労働組合であるかどうかの判断に当たっては、労働組合員の人数がパート、アルバイトなどを含めた全労働者の人数の2分の1超であることの確認が必要である。例えば、正社員100人、パートタイム労働者30人の事業場で、労働組合が正社員のみ60人を組織している場合は、130分の60で半数以下なので過半数組合ではない。パート・アルバイト等が多い事業場では注意が必要である。

　複数事業場がある場合において、企業と企業別労働組合本部が一括して労使協定を締結することは可能である。その場合には、事業場ごとの組織状況によって、組合員が労働者の過半数である事業場において有効な協定となる。

　事業場に複数の労働組合があって、いずれも過半数の労働者を組織していない場合については、各労働組合の組合員を合計すれば労働者の過半数となるのであれば、事業者と各労働組合の連名の協定を締結することができる。連名の協定によらない場合には、過半数代表者を選任することになる。

　労使協定の締結時点で組合員が労働者の過半数であれば、その後全体の労働者数や組合員数に変動があって過半数に満たなくなっても労使協定の有効期間中は有効である。

▶過半数代表との協定

　労働者の過半数を組織する労働組合がない場合には、労働者の過半数を代表す

る者を選出して、その代表者と協定を締結する。

　過半数代表者は、当該事業場における労働条件等に関わる協定を締結する重要な役割を担う者なので、その選出は適正に行われなければならない。過半数代表者の選出方法が不適正である場合には労使協定は無効となり、そのような労使協定を前提に働かせた場合には法違反となる。

　過半数代表者は、労働組合や労使委員会と異なり常設の機関ではないので、協定の締結や委員の推薦などの必要がある場合に、その都度選出することが原則である。選出手続きは、何をするための過半数代表者の選出であるか明らかにして実施しなければならない。複数の労使協定を締結する場合には、その旨を明らかにしなければならない。

　過半数代表者は、事業場のすべての労働者の代表なので、その選出手続きには、正社員のみならず、パート・有期雇用労働者などの非正規雇用労働者を含めたすべての労働者が参加する必要がある。正社員が労働者の過半数を占めていても、正社員だけで選出することは許されない。

　過半数代表者の選出方法は民主的なものでなければならず、事業者の意向が影響するようなことがあってはならない。具体的な選出方法としては、労働者全員による投票、労働者全員が集まって挙手、労働者全員による話し合い、イントラネットや持ち回りによる決定などがある。一方、事業者による指名、親睦会の代表を自動的に選出するなどの方法は民主的のものではないため認められない。

　過半数代表者には、労働基準法の労働時間規制が適用除外される管理監督者を選任することはできない。労働時間に関する協定以外についても、管理監督者はなれないこととされている。ただし、管理監督者も当該事業場の労働者の一員として、過半数代表者の選出手続きに参加することはできる。

　過半数代表者に選出された労働者は、事業者が提示した協定の案にそのまま同意するのではなく、できるだけ労働者の意向を反映させるように事業者と話し合う必要がある。労働組合は日ごろから組合活動を通じて組合員の意向を把握しているが、過半数代表者はそのような機能を持っていないため、事業者との話し合いに向けて労働者意見を集約する必要がある。事業者は過半数代表者が職場を回り、あるいはイントラネットを利用するなどによって労働者の意向を聞くなどの準備を円滑にできるように必要な配慮することとされている。

　事業者は過半数代表者が事業者の協定案に修正を求め、あるいは協定の締結を

拒否するなどの正当な行為を行ったことを理由として不利益取り扱いしてはならない。

適切に選出された過半数代表者によって締結された労使協定は、有効期間中は、過半数代表者が退職した場合や労働者の構成が変わった場合でも有効である。有効期間中に、労使いずれかが一方的に破棄することはできない。また、事業者が労使協定の改定を望む場合には、新たに労使協定を締結することになるので、改めて過半数代表者を選出し、その過半数代表者と労使協定を締結する必要がある。

3. 労使委員会

▶事業場の労使委員会

労働基準法では、より厳格な手続きが必要な場合には、労使委員会方式を要件としている。

労使委員会は、事業場ごとに設置される、賃金、労働時間などの労働条件について調査審議する恒常的組織である。労使協定方式では、協定締結時点において労働者側の意向を反映できるが、その後の運用状況をチェックする機能はない。過半数労働組合との労使協定の場合には労働組合としてのチェック機能があるが、過半数代表者の場合には労使協定締結によって役割が終了してしまうためである。これに対して労使委員会方式の場合には、制度導入とともに、その後の運用状況もチェックすることができる。

新たに労使委員会を設置する場合には、委員会の構成等について労働者側の意向を反映させるため、過半数労働組合または過半数代表者と事前に調整することが望ましい。

労使委員会は、労働者代表委員と事業者代表委員によって構成され、労使委員は同数としなければならない。なお、労使1人ずつという構成は許されず、それぞれ複数名とする必要がある。

労働者代表委員は、過半数労働組合または過半数代表者が任期を定めて指名する。事業者が人選に関与することは許されない。また、労働基準法の労働時間規制が適用除外される管理監督者を労働者代表委員とすることはできない。

労使委員会を初めて開催した際に、労使委員会の同意を得て、労使委員会の開

催時期、定足数、議事運営、議事録等に関する運営規程を作成する必要がある。議事録については開催の都度作成し、労働者に周知するとともに、少なくとも3年間保存することとしなければならない。

　企画業務型裁量労働制と高度プロフェッショナル制度を導入する場合には労使委員会の設置が必須である。これらの制度を導入、改正する場合には、労使委員会において委員の5分の4以上の賛成による決議が必要である。

　労使委員会を設置している事業場においては、フレックスタイム制、1年単位の変形労働時間制、専門業務型裁量労働制、法定時間外・休日労働、代償休日、年休の計画的付与、年休の時間単位付与などに関して、労使委員会で5分の4以上の賛成による決議をすることによって労使協定に代えることができる。

　事業者は、労使委員会の労働者代表委員である労働者に対して委員としての正当な行為を理由とした不利益取り扱いをしてはならない。

▶労働時間等改善設定委員会

　労働時間等設定改善法は、労働時間短縮等を調査審議する労働時間等設定改善委員会を設置する努力義務を規定している。事業場ごとの委員会とともに、企業全体について調査審議する労働時間等設定改善企業委員会の設置が推奨されている。

　労働時間等設定改善委員会は、労使委員はそれぞれ半数であること、労働者代表委員は過半数労働組合または過半数代表者が指名すること、議事録作成と3年以上保存など基本的要件は労使委員会と同じである。

　事業場ごとの委員会において5分の4以上の賛成による決議をした場合には、フレックスタイム制、1年単位の変形労働時間制、専門業務型裁量労働制、法定時間外・休日労働、代償休日、年休の計画的付与、年休の時間単位付与等について労使協定に代替できる。

　また、企業単位の委員会において5分の4以上の賛成による決議をした場合には、代償休日、年休の計画的付与、年休の時間単位付与に関しては、企業のすべての事業場の労使協定に代替できる。

第 3 節 個別労働紛争

[ポイント]
- 個別労働紛争が発生した場合には、企業内で自主的に解決されることが望ましい。
- 個別労働紛争が企業内で解決できない場合には、民事裁判、労働審判、都道府県労働局の個別労働紛争解決援助制度、地方労働委員会の個別労働紛争のあっせん制度、社労士会労働紛争解決センターなどを利用できる。

1. 個別労働紛争の状況

　雇用形態の多様化が進展し、また、成果主義などによって労働条件の個別化が進んでいる。一方で、労働組合の組織率が低下し、労働組合の紛争解決機能が弱まってきた。そのような状況の下で、事業者と個々の労働者との間における個別労働紛争の増加傾向がみられる。
　個別労働紛争には、解雇、雇止め、労働条件の不利益変更などの労働条件に関する紛争、いじめ・嫌がらせなどの職場環境に関する紛争、退職に伴う研修費用の返還、営業車など会社所有物の破損についての損害賠償をめぐる紛争などがある。

2. 企業内における解決

　個別労働紛争は本来企業内において事業者と労働者との話し合いによって解決されることが望ましい。個別労働関係紛争解決促進法では、個別労働関係紛争が生じたときは、当該個別労働関係紛争の当事者は、早期に、かつ、誠意をもって、自主的な解決を図るように努めなければならないと規定している。
　事業者は、労働者の不満が紛争に至ることがないように、苦情申し立て制度や相談窓口を設置するとともに、労働者に対して法令・判例等の情報を提供するなど法令に基づいた話し合いができる環境を整える必要がある。

また、実際に事業者と労働者との間で紛争が生じた場合には、お互いの主張や問題点を整理して、誠実に話し合い、企業内での解決に努める必要がある。

なお、男女雇用機会均等法、育児・介護休業法、パート・有期雇用労働法などには、雇用機会均等、同一労働同一賃金、ハラスメント防止など各法律の分野における苦情処理、自主的解決に関する事業者の対応に関する規定が設けられている。

3. 個別紛争解決のために利用できる主な制度

個別労働紛争が企業内で解決できない場合には、公的な個別紛争解決のための制度があるので、状況に応じてそれらの制度を利用することができる。

具体的には、民事裁判、労働審判、都道府県労働局の個別労働紛争解決援助制度、地方労働委員会の個別労働紛争のあっせん制度、社労士会労働紛争解決センターなどがある。

民事裁判は司法手続きであり、他の制度で解決しない場合には、最終的には民事裁判において決着をつけることになる。

労働審判は、裁判所における民事裁判よりは簡易な個別労働紛争解決制度である。裁判官である労働審判官と労使団体のOBなど労働関係の専門家である労働審判員によって審理が行われる。労働審判で解決しない場合には正式な民事裁判に移行する。

都道府県労働局の個別労働紛争解決援助制度は、個別労働関係紛争解決促進法に基づく制度で、都道府県労働局長による助言・指導とあっせん員によるあっせん制度がある。男女雇用機会均等法などの対象となる事案は、それぞれの法律に調停制度が設けられているので、個別紛争解決促進制度でなく、それぞれの調停制度を利用することになる。

助言・指導は当事者の双方又は一方から解決援助を求められた場合に行われる。法令や判例に関する理解不足に起因する紛争の解決を目指すものであり、問題点を指摘し、解決の方向性を示唆して、自主的解決を促す。

あっせんは、当事者の双方または一方からあっせんの申請があり、都道府県労働局長が紛争解決のために必要があると認める場合に実施される。解決の見込みがある場合には、あっせん案を作成して当事者に提示する。解決の見込みがない場合にはあっせんを打ち切る。

なお、事業者は、労働者が紛争解決援助、あっせんを求めたことを理由とした不利益取り扱いをしてはならない。

　地方労働委員会の個別労働紛争のあっせんは、公労使三者構成のあっせん員によって行うものである。多くの地方労働委員会で実施されている。

　社労士会労働紛争解決センターのあっせんは、ADR法に基づく制度であり、社会保険労務士であるあっせん員により行われる。

　都道府県労働局、地方労働委員会、社会保険労務士会の制度は、複線的な制度であり、利用者が最も適していると考える制度を選択して利用することとなる。

岡崎淳一
おかざき・じゅんいち

昭和32年3月生まれ。昭和55年労働省（当時）入省。厚生労働省大臣官房長、職業安定局長、労働基準局長を経て、平成27年厚生労働審議官。その間、労働基準法、労働安全衛生法、障害者雇用促進法等の改正などの法制度改正を担当。内閣官房働き方改革推進室室長代行補として働き方改革に参画。平成29年厚生労働省を退官。現在、公益財団法人産業雇用安定センター理事長、日本大学法学部客員教授、特定社会保険労務士。主要著書『アメリカの労働』（日本労働研究機構、平成8年）、『働き方改革のすべて』（日本経済新聞出版、平成30年）、『実務のための労働法制度』（日本経済新聞出版、令和2年）。

労働法制度ガイドブック

2025年3月21日　1版1刷

著者　岡崎淳一

発行者　中川ヒロミ

発行　株式会社日経BP
　　　日本経済新聞出版

発売　株式会社日経BPマーケティング
　　　〒105-8308　東京都港区虎ノ門4-3-12

装幀　野網雄太（野網デザイン事務所）
組版　マーリンクレイン
印刷・製本　シナノ印刷

©2025 Junichi Okazaki　ISBN 978-4-296-12196-0　Printed in Japan

本書の無断複写・複製（コピー等）は著作権法上の例外を除き、禁じられています。
購入者以外の第三者による電子データ化および電子書籍化は、私的使用を含め一切認められておりません。
本書籍に関するお問い合わせ、ご連絡は下記にて承ります。
　https://nkbp.jp/booksQA